Dîners

Qu'est-ce qu'on mange ce soir ?

À mes compagnons de table préférés,
Hugh, Arya et Yogi,
et aux deux femmes extraordinaires
de ma vie, Hannah et Meron.

Dîners

Qu'est-ce qu'on mange ce soir ?

120 recettes végétaliennes et végétariennes
pour le repas le plus important de la journée

éditions la plage

Sommaire

Au fil des saisons

Printemps

Été

Automne

Hiver

Sommaire alternatif

Rapide à préparer

En une seule casserole / poêle

Glissez-le au four

Currys

Nouilles / Pâtes

Riz

Soupes & ragoûts

Salades

Les favoris de Meera

Introduction

Il y a quelques années, j'ai perdu mon amour pour la nourriture.

Je ne voulais plus aller faire les courses, ni cuisiner. Je ne mangeais plus que par nécessité, et non par plaisir.

En réalité, il ne s'agissait pas uniquement de la nourriture. Tout ce qui m'entourait semblait s'être mué en variations de gris. La plupart du temps, je n'arrivais même plus à sortir de mon lit le matin et je ne remarquais presque pas la nuit tomber. J'aimerais vous dire qu'il y avait une raison précise à tout cela, mais la vérité – comme la vie – est souvent un sacré bazar.

Tout cela m'a fait me sentir vide. La nourriture avait rempli mes journées, payé mes factures. C'était le langage que je connaissais le mieux. C'est à travers elle que j'exprimais mes émotions et convoquais ma mémoire. C'est elle qui me connectait à mon histoire familiale, à mes racines lointaines, par-delà l'Angleterre – jusqu'en Inde et en Afrique – et aux temps d'avant ma naissance.

J'ai bien essayé de faire fuir cette sensation de vide, de lui ordonner de disparaître, mais elle est restée. Et les semaines se sont succédé, puis sont devenues des mois. Pour moi et pour ceux qui m'entouraient, je savais que je devais trouver un moyen de me sortir de là, et vite.

Et puis un jour, Hugh, mon mari, qui nous avait maintenues à flot – mes filles et moi – tout en continuant d'effectuer son travail et d'en supporter la pression, m'a avoué qu'il était en train de craquer. Voir la personne que j'aime vulnérable m'a fait l'effet d'un électrochoc. J'ai donc remis les pieds dans la cuisine, pris une poêle, et j'ai recommencé à cuisiner.

Je voulais tellement qu'il aille mieux. Me mettre à cuisiner était ma façon de lui apporter du réconfort. J'ai donc préparé le dîner ce soir-là. Oh, rien de spécial, juste un dahl malaisien qu'il adorait, comme celui que nous avions mangé ensemble au marché ambulant de Singapour.

Après dix ans à travailler autour de la nourriture et de la cuisine, préparer ce plat pour Hugh avait soudain une saveur nouvelle. J'avais passé des années à inlassablement chercher de nouvelles recettes, de nouvelles idées, et cela m'avait engloutie.

VEGAN BAKED VANILLA CHEESECAKE
27th June
Tomato & tofu stir-fry

Je disparaissais pendant des heures, la tête plongée dans les livres et les magazines de cuisine, à la recherche de nouvelles recettes. J'essayais cinq variations de la même idée, toujours en quête du plat qui ferait toute la différence. Je cuisinais des journées entières, mais très rarement pour ma famille ou mes amis. J'avais perdu de vue ce que signifie vraiment la cuisine pour moi. Mais tout a changé ce soir-là.

Pendant le repas, ni lui ni moi n'avons vraiment parlé de ce moment de révélation, de cette petite lumière qui pourrait enfin m'aider à sortir de l'obscurité. Ni de son instant de vulnérabilité qui m'avait indirectement redonné l'envie de cuisiner. Nous avons simplement profité du repas et dévoré nos assiettes avec grand appétit.

Le lendemain, j'étais rabibochée avec la cuisine, mais j'ai décidé d'instaurer une nouvelle règle. J'allais cuisiner en me focalisant sur le plaisir, et non sur mes obligations. Je voulais laisser mon humeur et mes émotions me guider. Et lentement, mais sûrement, comme des brindilles qu'on allume pour un feu de camp, la flamme est revenue.

Quand je trouvais que ce que j'avais cuisiné était particulièrement bon, j'en écrivais la recette dans un vieux cahier orange. J'ajoutais aussi la date et les événements de la journée. Mon cahier orange s'est vite rempli, et au fur et à mesure, je me suis rendu compte d'une chose : les recettes concernaient presque toutes un repas particulier : le dîner.

Contrairement au petit-déjeuner, qui chez nous consiste généralement à manger quelques toasts sur le comptoir de la cuisine, ou au déjeuner, avalé entre deux plages horaires de travail, notre repas du soir – notre dîner – était devenu le moment le plus important de notre vie familiale à tous les quatre.

J'ai enfin réalisé que le simple fait de réfléchir au dîner, de le prévoir, avait le pouvoir de m'ancrer dans l'instant présent, et de me remonter le moral après une mauvaise journée. Et puis, si Hugh, les filles et moi avions été séparés toute la journée, c'était l'occasion de partager un vrai moment ensemble. Et si la journée avait été particulièrement chouette, c'était le moment d'en reparler et de la célébrer ensemble. Le dîner avait donc réponse à tout, et le fait même de le préparer me faisait me sentir capable de « gérer » les jours où j'avais l'impression que tout m'échappait.

Plus j'en parlais à mes amis et à ma famille, plus je réalisais que ce sentiment était partagé : le dîner avait une sorte de pouvoir. Une façon de remédier au rythme effréné de la société moderne. Pour certains, cuisiner était comme une forme de méditation, pour d'autres, un moment d'exploration créative. Pour beaucoup, c'était purement et simplement un moyen de reprendre le contrôle. Ce que mes amis et ma famille préparaient n'était finalement pas très sophistiqué, loin des images idéalisées que les réseaux sociaux veulent bien nous montrer.

Les recettes de ce livre sont profondément personnelles. Elles viennent toutes de mon cahier orange, ce carnet où je notais chaque jour la même question : « Qu'est-ce qu'on mange ce soir ? » Quand j'ai décidé de me recentrer, ce cahier est devenu comme une boussole. Écrire ces recettes m'a ramenée à moi-même (ainsi qu'une thérapie importante et le soutien de mes proches).

Ce sont les recettes de tous les plats que j'adore préparer dans ma cuisine pour les partager avec celles et ceux que j'aime le plus. Peut-être que vous en retrouverez certaines de ma rubrique « New Vegan » du journal *The Guardian*, mais beaucoup sont inédites. Elles sont toutes vegan ou végétariennes, parce que c'est comme ça que je préfère manger.

Nombre d'entre elles ont été inspirées par de superbes voyages post-pandémie en Thaïlande et à Taïwan. Et elles ont toutes été dirigées par mes fringales enthousiastes, les ingrédients de mon garde-manger ou des repas que j'ai dégustés dans les salles à manger de mes amis ou dans des restaurants ici et là. Elles sont finalement un peu comme un carnet de voyage de mon cœur.

Ce livre n'est pas celui que je pensais écrire pour la suite, mais après une période difficile et beaucoup d'introspection, il est devenu celui que je devais écrire. Préparer un bon dîner est devenu mon super-pouvoir. Je suis certaine que nous détenons toutes et tous cette capacité à créer des changements positifs dans nos journées, nos relations et nos vies. Je voudrais donc que ce super-pouvoir devienne le vôtre, et ce, chaque soir de la semaine.

Le vieux cahier orange qui a tout déclenché est maintenant tout abîmé, taché de sauce, et rempli de recettes. Au moment où j'écris ces lignes, mes filles sont encore petites et mangent surtout des pâtes à la sauce tomate, mais un jour, ce livre sera l'un des plus beaux cadeaux que je pourrai jamais leur offrir.

Après tout, quand on a à cœur de préparer un bon dîner tous les soirs, on a déjà l'un des ingrédients les plus précieux d'une belle vie – et ça, rien ni personne ne pourra jamais nous l'enlever.

Une note sur...

L'organisation de ce livre

J'ai organisé ce livre par catégories d'ingrédients (les types de légumes, les légumineuses, etc.), car c'est souvent mon point de départ lorsque je pense à la préparation du dîner (et peut-être que c'est le vôtre aussi). Un petit pot de kimchi dans le réfrigérateur ou un grand bol de tomates mûres sur le comptoir me feront de l'œil. Ou peut-être que le temps automnal m'orientera vers des légumes faciles à rôtir, comme un butternut. Il se peut aussi que je doive utiliser la dernière tête de brocoli que nous n'avons pas mangée la veille. Tout est possible, c'est vrai, mais tout commence toujours par un ingrédient.

Après avoir choisi ce premier ingrédient, je me pose toujours cette même question simple : « Qu'ai-je envie de manger ce soir ? » C'est à ce moment que j'opte pour un type de repas en particulier : un curry, un dahl, des nouilles, une sorte de rôti, une salade ou du riz. Vous trouverez d'ailleurs des suggestions dans le sommaire alternatif des pages 6 et 7, après le « fil des saisons ».

100 recettes dans ce livre sont dédiées au dîner car c'est le repas sur lequel j'aime me concentrer, en prenant mon temps et sans gaspiller d'énergie. Mais vous trouverez quelques suggestions d'entrées à la page 15 (principalement des aliments demandant juste un soupçon de cuisine ou des produits que l'on peut acheter en supermarché). Vous trouverez également des recettes de dîner pouvant facilement être servies en guise d'entrées (en adaptant les proportions).

J'ai ensuite inclus 10 accompagnements dans le chapitre « Seconds rôles », à partir de la page 259. Certains d'entre eux – comme les légumes verts cuits et les salades faciles – ont été conçus dans un esprit d'adaptabilité, c'est-à-dire en réfléchissant à des petits plats qui seraient délicieux avec à peu près tous les types de dîners. D'autres, comme le thoran d'asperges ou la salade thaïe, peuvent également être considérés comme des pièces maîtresses (et ils ne diraient pas le contraire).

Le chapitre le plus important de ce livre est, bien sûr, « Happy Ends » (voir page 283), qui contient 10 recettes de desserts. L'éventail est large, vous y trouverez entre autres : une version améliorée de glace achetée dans le commerce (« Glace au Bubble tea ») ; une adaptation des légendaires rötis thaïs (spoiler : avec de la pâte à filo) ; ainsi qu'un cheesecake vegan que j'ai mis des mois à mettre au point.

Et, dernier point mais non des moindres, un dernier chapitre intitulé « Extras bonus / Bonus extras » (voir page 304), qui renferme quelques recettes d'accompagnements que je considère essentiels pour le dîner (comme du riz, des chapatis ou des naans – tous infaillibles – ; et des petits pickles éblouissants).

La taille des portions

Celle-ci varie beaucoup, notamment en fonction de l'appétit des convives et de ce qui est servi à côté. Prenez donc ce qui suit pour une règle générale et non spécifique.
Riz : 85 g de riz sec par personne.
Lentilles : 85 g de lentilles sèches par personne (sauf si les lentilles sont l'ingrédient principal, vous pouvez alors aller jusqu'à 100 g) ou une demi-boîte de légumineuses précuites.
Nouilles ou pâtes : 80 à 100 g par personne.
Légumes : 300 g de légumes crus par personne.
Tofu, paneer et œufs : 125 g par personne ou 2 œufs.

Les ingrédients

Oignons, échalotes, ail et gingembre : pelés avant utilisation, sauf indication contraire.

Sel : du sel de mer fin, sauf indication contraire.
Lait : toujours entier, qu'il soit de coco, de vache, ou qu'il s'agisse de boisson végétale à l'avoine.
Huile de cuisson : toute huile neutre peut être utilisée dans ces recettes. J'aime utiliser une huile de colza pressée à froid de bonne qualité pour de multiples raisons. Son point de fumée est élevé, je peux donc l'utiliser pour frire tout ce qui me plaira, et sa qualité est suffisante pour que je l'utilise dans une vinaigrette. Elle est riche en acides gras monoinsaturés – tout comme l'huile d'olive – et faible en graisses saturées. En plus de cela, vous pouvez facilement acheter de l'huile de colza locale cultivée et pressée en France.

Les accompagnements

Lorsqu'un accompagnement est suggéré pour un repas (comme du riz ou du pain), je vous recommande de préparer le riz à l'avance s'il s'agit d'un repas rapide, car une fois couvert, votre riz restera chaud pendant 1 h. Si vous optez pour des naans ou d'autres pains chauds, il est préférable de les réchauffer juste avant de les manger. Faites-les chauffer au micro-ondes, deux par deux, pendant 30 sec, retournez-les et faites-les chauffer 30 sec supplémentaires, ou jusqu'à ce qu'ils soient chauds, puis conservez-les sous un torchon ou enveloppés de papier d'aluminium jusqu'au moment de les servir.

Les temps indiqués

Le temps de « préparation » est une estimation du temps nécessaire pour préparer les éléments de la liste des ingrédients, en supposant qu'ils soient devant vous : par exemple, je prends en compte le temps nécessaire pour éplucher et découper des pommes de terre. Le temps de « cuisson » ou d'« assemblage » est une estimation du temps nécessaire pour effectuer la méthode proposée par la recette (qu'elle soit active ou passive), comme faire bouillir les pommes de terre, puis les écraser.

Le matériel

Un couteau bien aiguisé ; une balance numérique ; et un bon ensemble de cuillères doseuses, c'est un bon début. Un presse-ail ; une grande casserole allant au four ; une sauteuse de 28 cm de diamètre munie d'un couvercle ; quelques grandes plaques à four (j'aime celles de 30 x 40 cm) ; et un tapis de cuisson réutilisable : on se rapproche de la perfection. Un mixeur pour nos chers légumes (j'utilise un blender Nutribullet® dans ce livre) et un robot de cuisine : bienvenue au pays magique du dîner efficace et rapide.

Adapter les recettes pour les jeunes enfants

Si vous cuisinez pour de jeunes enfants, n'hésitez pas à enlever le piment de toutes les recettes (c'est ce que je fais) et à réduire le sel (vous pourrez toujours en rajouter dans votre assiette). Pensez aussi à ajouter petit à petit les épices dont le goût est prononcé, comme le poivre noir, le cumin ou la cardamome, par exemple. Faites-le par ¼ de c. à café, jusqu'à ce que le goût vous semble adapté.

Abréviations

V ou OV: vegan ou option vegan
SPL ou OSPL: sans produits laitiers ou option sans produits laitiers
SG ou OSG: sans gluten ou option sans gluten

De nombreuses recettes de ce livre sont exemptes de gluten, à l'exception d'un seul ingrédient : la sauce soja, car elle est souvent obtenue en faisant fermenter des graines de soja avec du blé. Pour être sûr que ces recettes ne contiennent pas de gluten, utilisez plutôt une sauce soja de type tamari.

Pour commencer

Étant donné que vous êtes ici, je suppose que nous avons tacitement convenu que le dîner sera le repas dans lequel vous mettrez toute votre énergie. Mais cela ne veut pas dire que vous ne devriez pas inclure quelques petites choses à grignoter pour vous ouvrir l'appétit, ou quelques entrées si vous recevez des amis. Je suis tout de même civilisée.

Je dis « recevoir des amis » plutôt qu'« organiser un dîner » car cette dernière expression me semble être encore étouffée par les conventions des années 1980. Elle jette une ombre de crainte sur une soirée qui devrait être conviviale. Enfin, c'était le cas jusqu'à récemment, pour moi.

Jusqu'à il y a quelques années, je finissais toujours par être royalement exténuée avant l'arrivée de mes invités. Je n'arrivais pas à m'empêcher d'astiquer la maison comme une hygiéniste dentaire, je me pomponnais comme si j'allais au théâtre, puis je préparais plusieurs plats que je cuisinais encore (et toute transpirante) pendant que mes amis s'amusaient à table. Ce n'était pas vraiment agréable pour moi et j'avais l'impression de tout faire de travers. Puis, un jour, j'ai vu la lumière.
Nos amis, les Adamo, nous avaient invités à dîner. Ben avait préparé le dîner à l'avance (des nouilles dan dan). Nous avons discuté et bu des cocktails jusqu'à ce que nos ventres commencent à gargouiller, puis Ben est passé en cuisine pour nous apporter à manger.

Et il est miraculeusement revenu trois minutes plus tard (top chrono) avec une montagne de nourriture, chaude et pleine de couleurs étincelantes, recouverte de sauce, de mayonnaise et d'un topping appétissant. Il nous a donné des serviettes et des fourchettes, et nous nous sommes tous jetés tête la première sur sa belle pyramide. Il y avait tout ce qu'il fallait : du fun, du style, de la saveur ! Personne ne s'est soucié du fait que cela avait été réchauffé au micro-ondes après avoir été décongelé. C'était délicieux et nous étions heureux qu'il nous ait rejoints à table si rapidement. J'ai alors compris ceci : la barre sera toujours haute si vous êtes l'hôtesse ou l'hôte, mais les gens (en général) seront simplement reconnaissants qu'on s'occupe d'eux.

Je ne vous suggère évidemment pas de passer toutes vos entrées au micro-ondes, mais je vous conseille d'apprendre à connaître les rayons de votre supermarché et ceux des supermarchés chinois, des épiceries indiennes ou coréennes locales si vous avez la chance d'en avoir à proximité – dans ce cas, je vous invite à consulter la page 310 où vous trouverez une liste de fournisseurs.

Depuis ce jour, fouiller dans mon congélateur est devenu l'un de mes plus grands plaisirs, même si je préfère encore passer du temps autour d'une table avec de bons amis.

Juste un petit effort

Ma façon préférée de préparer un petit apéritif ou une entrée : ne pas avoir grand-chose à faire, si ce n'est faire bouillir quelque chose ou le mixer, le mettre au four ou le faire revenir à la poêle, tout au plus.

Chips et dips : je n'ai jamais rencontré un être humain qui n'aime pas les chips. Achetez les meilleures chips salées que vous connaissez ou les chips les plus tentantes du supermarché asiatique où vous allez. Il en existe toute une myriade de variétés, de la tomate épicée à la patate douce, en passant par les algues. Celles de pommes de terre au jaune d'œuf salé sont mes préférées. Vous pouvez également placer des chips salées de bonne qualité dans une grande assiette creuse, les recouvrir d'un zigzag de mayonnaise japonaise Kewpie® puis les parsemer de piments rouges émincés ou marinés ou encore de furikake (un délicieux mélange d'algues, de graines de sésame, de sucre et de sel que vous pouvez acheter à l'avance).

Broccolini et sauce au sésame : le broccolini est un aliment parfaitement adapté à la forme de vos doigts, et il aime se plonger dans les petits bols de dips. Faites bouillir environ 3 tiges par personne pendant 5 à 6 min, égouttez-les bien et servez-les avec la sauce au sésame de la page 309.

Dumplings surgelés et pancakes à la ciboulette : ces dumplings sont un vrai délice pour un dîner. Ils peuvent être bouillis, cuits à la vapeur ou frits à la perfection. Fresh Asia propose une gamme particulièrement excellente de dumplings végétariens (j'aime beaucoup ceux aux champignons et au bambou). Avec une sauce pour les tremper (voir page 309), vous serez au septième ciel. Les pancakes à la ciboulette, frits à la poêle et coupés en tranches, sont d'excellents amuse-gueules lorsqu'ils sont accompagnés d'une sauce au sésame (voir page 309).

Les aloo paratha et samosas surgelés se trouvent en épiceries indiennes. Faites frire les paratha, coupez-les en tranches et servez-les avec du yaourt au pickles de citron vert (voir page 140). Faites cuire les samosas et servez-les avec du chutney à la coriandre (voir page 308).

Juste deux petits efforts

Sachez que je ne vous en voudrai pas si vous avez envie de préparer quelque chose d'un peu plus élaboré. La différence entre une entrée et un plat principal repose souvent sur la taille de la portion. Et ce livre contient moult recettes qui pourraient être revisitées en petit format :

Cornbread au cheddar et au gochujang (voir page 107) découpé en fines tranches. Surplombez de salade marinée au maïs juste avant de servir et accompagnez d'un peu de crème fraîche relevée de citron vert.

Rouleaux d'été à la patate douce (voir page 175), une entrée parfaite à préparer à l'avance.

Haricots borlotti, salade émincée et tahini (voir page 155) servis avec des flatbreads dans lesquels les enrouler.

Gâteau de riz aux sept trésors (voir page 63), une excellente entrée. Peut être préparé à l'avance, mais faites frire les tranches à la poêle juste avant de servir.

Dumplings de kimchi et de tofu (voir page 233) peuvent être préparés à l'avance, puis conservés dans un récipient hermétique en couches séparées par du papier cuisson, pour éviter qu'ils ne collent, jusqu'au moment de les poêler avant de les déguster.

Salade rujak à l'avocat, au tofu et au tamarin (voir page 76), un préambule parfait pour le dahl de curry malaisien (voir page 160), le laksa 18 carats (voir page 172) ou le curry de pois chiches et de pommes de terre et ses parathas (voir page 190). Coupez l'avocat et la pomme au dernier moment pour éviter qu'ils ne noircissent, mélangez la salade et servez.

Aubergines

Aubergines rôties à la sauce satay

Ce que je demande à mes amis, c'est d'être là quand ils le peuvent, de partager de bons moments... et aussi de partager mon amour pour les condiments, les pickles et les sauces. Dans mon « top 10 », il y a d'ailleurs la sauce satay indonésienne parce qu'elle incarne la joie et la vie. Cette sauce est digne de confiance et est très respectueuse de tout ce qui entre en contact avec elle... La sauce satay serait-elle donc l'amie parfaite ?

POUR 4 PERSONNES

3 grosses aubergines (1,2 kg)
huile de colza
sel
4 échalotes longues (250 g), *coupées en 2 puis émincées*
2 gousses d'ail, *écrasées*
2 piments rouges longs, *finement hachés*
2 bâtons de citronnelle, *finement hachés*
1 morceau de gingembre de 2 cm, *râpé*
1 c. à soupe de sauce soja foncée
1 c. à soupe de pâte de tamarin
1½ c. à café de sucre roux
250 g de beurre de cacahuète crunchy

pour servir

1 poignée de feuilles fraîches de menthe, de coriandre et d'aneth, *ciselées*
1 poignée d'oignons frits *(en sachet)*
riz parfumé au jasmin, *cuit* *(voir page 304)*

Préchauffez le four à 220 °C (th. 7) ou 200 °C (th. 6) à chaleur tournante, puis tapissez un plat à four de papier cuisson.

Coupez chaque aubergine en forme de « pieuvre » : conservez le pédoncule vert intact, tranchez l'aubergine en 4, dans la longueur, du milieu vers le bas : vous obtenez ainsi 4 « tentacules » d'aubergine. Tranchez ceux-ci en 2 parties pour arriver au nombre de 8.

Disposez ensuite les aubergines tête-bêche dans le plat, arrosez-les avec 2 c. à soupe d'huile. Frottez-les doucement pour bien répartir l'huile sur toutes les faces, dans les coins et les recoins Faites de même avec un peu de sel, à l'intérieur comme à l'extérieur. Enfournez 30 min, jusqu'à ce que les aubergines soient tendres.

Pendant le temps de cuisson, préparez la sauce : faites chauffer 4 c. à soupe d'huile dans une poêle (feu moyen à doux) ; une fois l'huile chaude, ajoutez les échalotes, l'ail, les piments, la citronnelle et le gingembre, puis faites-les rissoler 15 à 20 min, en mélangeant régulièrement, jusqu'à ce qu'ils soient tendres et translucides. Incorporez la sauce soja, la pâte de tamarin, le sucre, ¾ de c. à café de sel ainsi que le beurre de cacahuète. Laissez cuire en remuant 2 à 3 min. Versez lentement 40 cl d'eau, en mélangeant au fur et à mesure, afin de créer une sauce épaisse, puis retirez du feu.

Une fois les aubergines joliment rôties, versez la sauce dans le plat en veillant à ce qu'elle les recouvre bien. Remettez le plat au four pendant 10 min.

Pour servir, parsemez de menthe, de coriandre, d'aneth et d'oignons frits. Accompagnez de riz au jasmin fraîchement cuit à la vapeur et d'une salade si cela vous fait envie.

V PRÉPARATION 15 min / CUISSON 50 min

Pad Kra Pao aux aubergines, haricots verts et tofu

Le Pad Kra Pao, qui se traduit par « sauté au basilic sacré », est l'un des plats de cuisine de rue les plus populaires et les plus appréciés de Thaïlande. J'aime l'appeler « Kra POW ! », car son ingrédient principal, le basilic sacré, a une saveur vibrante de clou de girofle et de poivre. On l'ajoute à la dernière minute, comme un coup de baguette magique, pour donner de la force, de la beauté et de la vitalité à ce plat extraordinaire.

NOTE Le Kecap Manis est une sauce soja sucrée et épicée d'Asie de l'Est. Certaines des épices qui la composent (dont le basilic sacré) sont parfois difficiles à trouver en-dehors des épiceries et supermarchés asiatiques. Vous pouvez la remplacer par de la sauce soja sucrée.Si vous n'arrivez pas à vous procurer du basilic sacré, remplacez-le par du basilic thaï.

POUR 4 PERSONNES

2 grosses aubergines (650 g), *coupées en cubes de 2 cm ½*
huile de colza
sel
300 g de haricots verts fins, *équeutés*
1 paquet de 280 g de tofu extra-ferme, *égoutté*
4 échalotes longues (250 g), *finement émincées*
1 morceau de gingembre de 2 cm, *râpé*
7 gousses d'ail, *écrasées*
3 piments œil d'oiseau (ou piment thaï), *finement hachés*
1½ c. à soupe de vinaigre de riz
3 c. à soupe de sauce soja Kecap Manis
3 c. à soupe de sauce soja foncée
1½ c. à soupe d'huile de sésame grillé
25 g de feuilles de basilic sacré ou de basilic thaï frais, *ciselées*
1 citron vert, *coupé en 2*

pour servir

facultatif : 1 piment œil d'oiseau (ou piment thaï), *finement émincé*
riz parfumé au jasmin, *cuit* *(voir page 304)*

Préchauffez le four à 220 °C (th. 7) ou 200 °C (th. 6) à chaleur tournante.

Placez les cubes d'aubergines sur 1 (ou 2) grande(s) plaque(s) à four recouverte(s) de papier cuisson en veillant à ce qu'ils soient suffisamment espacés. Arrosez-les de 4 c. à soupe d'huile, puis saupoudrez de 1 c. à café de sel. Mélangez, enfournez et faites rôtir 30 min. Ajoutez ensuite les haricots verts, mélangez-les pour qu'ils soient enrobés d'huile et remettez au four 10 min supplémentaires, jusqu'à ce que tous les légumes soient tendres.

Épongez le tofu avec du papier absorbant et coupez-le en cubes de 1½ cm. Faites chauffer 2 c. à soupe d'huile dans une large poêle antiadhésive et faites revenir le tofu jusqu'à ce qu'il soit croustillant et brun sur toute sa surface, puis déposez-le dans une assiette.

Faites chauffer à nouveau 2 c. à soupe d'huile dans la même poêle. Ajoutez-y les échalotes, le gingembre, l'ail et les piments, et faites rissoler en remuant 10 min, jusqu'à ce que les échalotes soient bien tendres. Ajoutez le vinaigre, la sauce soja Kecap Manis, la sauce soja foncée et l'huile de sésame. Mélangez le tout et laissez cuire 2 min. Retirez du feu et incorporez les légumes grillés, le tofu sauté et la moitié du basilic.

Pressez le citron vert, parsemez le reste de basilic et ajoutez un peu de piment émincé si vous le souhaitez. Servez avec du riz parfumé au jasmin.

V PRÉPARATION 10 min / CUISSON 1 h

Trésors du Shandong

On l'oublie parfois, mais c'est grâce aux anciennes routes commerciales que les habitants de nombreux pays peuvent aujourd'hui remplir leurs bacs à légumes d'aubergines, de pommes de terre et de poivrons. Observer la façon dont chaque communauté les cuisine ressemble à un super jeu télévisé. En Inde, par exemple, ces légumes sont toujours cuisinés en curry, alors qu'en Grèce, ils entrent dans la composition d'un gratin appelé briam. Et à Shandong, dans le Nord de la Chine, on prépare le Di San Xian, ou « Les trois trésors de la terre », un délicieux sauté de légumes, léger et riche à la fois, où aubergines, pommes de terre et poivrons sont rissolés puis mélangés à du vin Shaoxing doux et capiteux, et à de la sauce soja. Je crois que le Shandong a tout gagné pour cette fois !

NOTE Cette recette est rapide à faire, alors préparez le riz à l'avance si vous souhaitez le manger en même temps.

POUR 4 PERSONNES

1½ c. à soupe de Maïzena®
huile de colza
2 grosses pommes de terre cireuses (450 g), *épluchées et coupées en quartiers de 3 cm au point le plus large*
2 aubergines (500 g), *coupées en morceaux de 4 x 2 cm*
2 poivrons verts (350 g), *coupés en morceaux irréguliers de 3 x 4 cm*
4 gousses d'ail, *finement émincées*
1 c. à café de sel
2 c. à soupe de sauce soja claire
2 c. à soupe de vin de Shaoxing
1 c. à café de poivre noir moulu

pour servir

riz parfumé au jasmin, *cuit* *(voir page 304)*

Dans un petit bol, mélangez la Maïzena® avec 10 cl d'eau, puis réservez. Préparez une très grande assiette à proximité pour y déposer les légumes une fois cuits.

Dans une grande poêle antiadhésive munie d'un couvercle, faites chauffer 2 c. à soupe d'huile à feu moyen. Une fois l'huile chaude, déposez les quartiers de pommes de terre. Faites-les cuire 8 à 10 min en remuant de temps en temps. Une fois dorés et tendres (la pointe d'un couteau doit pouvoir s'enfoncer facilement à cœur), retirez-les de la poêle à l'aide d'une cuillère écumoire et placez-les sur la grande assiette.

Versez à nouveau 1 c. à soupe d'huile dans la poêle, déposez-y les aubergines. Faites-les cuire 3 min de chaque côté, jusqu'à ce qu'elles soient bien dorées, puis couvrez pendant quelques minutes. Découvrez de temps en temps pour vérifier la cuisson. Une fois les aubergines bien fondantes, déposez-les sur la grande assiette avec les quartiers de pommes de terre.

Ajoutez 1 nouvelle c. à soupe d'huile dans la poêle. Une fois chaude, déposez les morceaux de poivrons. Laissez-les cuire environ 4 min, jusqu'à ce qu'ils semblent légèrement ramollis. Versez à nouveau 1 c. à soupe d'huile ainsi que l'ail émincé.

Faites rissoler 1 min, puis remettez les légumes déjà cuits dans la poêle, avec le sel, la sauce soja, le vin de Shaoxing, le poivre noir et le mélange de Maïzena®. Remuez pour bien napper tous les légumes. Ajoutez de l'eau si nécessaire. Laissez mijoter quelques minutes en remuant de temps en temps, puis retirez du feu. C'est prêt, vous pouvez servir avec du riz parfumé au jasmin.

V PRÉPARATION 10 min / CUISSON 25 min

Salade d'aubergines à la sauce Nam chim et son riz sauvage

Au centre de toute table thaïlandaise se trouvent pléthore de sauces de couleurs et de saveurs différentes pour apporter feu et vie à tous les repas. La sauce Nam chim est l'une de mes préférées ; il en existe de nombreuses variantes, et leur effet est toujours fabuleusement percutant. Cette sauce se compose de piments, de sucre, d'ail, de citron vert et d'un élément salé (comme la sauce soja). J'y ai donc déposé mes aubergines rôties, puis les ai mélangées à du riz sauvage et à des herbes fraîches pour ajouter encore un peu de feu et de vie à votre table.

NOTE Vous pouvez acheter des sachets de riz mélangé (basmati & sauvage) en supermarchés. Vous aurez besoin d'un pilon et d'un mortier pour préparer la sauce.

POUR 4 PERSONNES

les aubergines

4 aubergines moyennes (1,2 kg)
huile de colza
300 g de riz basmati et de riz sauvage
sel

la sauce Nam chim

30 g de coriandre fraîche, *feuilles détachées et tiges finement émincées*
3 gousses d'ail
3 piments œil d'oiseau (ou piment thaï), *hachés*
1 c. à soupe de sucre brun
2 c. à soupe de sauce soja claire
5 c. à soupe de jus de citron vert *(2 à 3 citrons verts)*
3 c. à soupe de jus d'orange *(1 orange)*
20 g de feuilles de basilic thaï frais, *ciselées grossièrement*
20 g de feuilles de menthe fraîche, *ciselées grossièrement*

Préchauffez le four à 200 °C (th. 6) ou 180 °C (th. 6) à chaleur tournante. Tranchez les aubergines en longs quartiers de 2 cm au point le plus large. Mettez-les dans un saladier, versez 4 c. à soupe d'huile et mélangez. Une fois les aubergines couvertes d'huile, disposez-les en 1 seule couche sur 2 plaques à four. Enfournez 25 min et retournez les aubergines à mi-cuisson. Réservez le saladier.

Pendant que les aubergines rôtissent, déposez le riz dans une passoire pour le rincer jusqu'à ce que l'eau soit claire, puis versez-le dans une casserole munie d'un couvercle hermétique. Ajoutez 45 cl d'eau froide et ½ c. à café de sel, puis couvrez la casserole avant de porter à ébullition. Une fois le point d'ébullition atteint, baissez à feu très doux et laissez cuire 20 min. Après ce temps, éteignez le feu mais ne soulevez pas le couvercle.

Pour la sauce Nam chim, déposez les tiges de coriandre, l'ail et les piments dans un mortier avec ¾ de c. à café de sel, puis écrasez le tout jusqu'à obtenir une texture lisse. Versez dans le saladier et ajoutez le sucre, la sauce soja et le jus des citrons verts et de l'orange. Remuez jusqu'à ce que le sucre se dissolve. Déposez alors les aubergines cuites dans le saladier, immergez-les dans la sauce et réservez quelques minutes.

Pour la salade, découvrez le riz, versez-le dans un plat de présentation. Prélevez les aubergines pour les ajouter au riz en laissant la sauce retomber dans le saladier. Déposez les feuilles de basilic, de menthe et de coriandre dans le saladier de sauce Nam chim, mélangez délicatement, puis versez la sauce sur les aubergines.

V PRÉPARATION 15 min / CUISSON 35 min

Aubergines au miso avec chou kale noir au sel et au vinaigre

Aubergines et miso : un beau duo. L'une est confiante, tendre et solidaire. Elle est du genre à s'adapter à toutes les situations et s'en sort toujours à merveille. L'autre est charmant, éblouissant, plutôt intense. Il aime être en haut de l'affiche et ne s'entend pas avec tous les ingrédients. Notre duo est donc prudent à l'heure de partager son assiette, mais fait une exception pour le beau et renversant chou kale noir (ou cavalo nero).

NOTE Le shiro miso, ou miso blanc sucré, est un miso blanc, doux et sucré. Celui de la marque Clearspring est excellent, très facile à trouver en Angleterre et disponible en épiceries spécialisées, en France et sur Internet.

POUR 4 PERSONNES

les aubergines

4 aubergines petites à moyennes (1 kg)
huile de colza, *pour badigeonner*
100 g de shiro miso ou de miso blanc doux
60 g de beurre doux, *végétal ou laitier, ramolli*
4 c. à soupe de mirin
2 gousses d'ail, *écrasées*
1 poignée de graines de sésame *(j'utilise des graines noires et blanches mélangées)*

le chou kale noir (ou cavalo nero)

400 g de chou kale noir (ou cavalo nero), *effeuillé*
2 c. à soupe d'huile de colza
1 piment rouge, *finement émincé*
3 c. à soupe de vinaigre de vin blanc
2 c. à café de sucre en poudre
1 c. à café de sel
20 g de feuilles de menthe fraîche *cueillies*

pour servir

riz parfumé au jasmin, *cuit* *(voir page 304)*

Préchauffez votre four à 220 °C (th. 7) ou 200 °C (th. 6) à chaleur tournante.

Tranchez les aubergines en 2 dans le sens de la longueur, en conservant leur pédoncule vert intact. À l'aide d'un couteau, faites plusieurs entailles profondes en forme de croix. Badigeonnezles aubergines d'huile et enfournez 20 min, jusqu'à ce que la chair soit tendre et légèrement dorée.

Pendant la cuisson, préparez le beurre miso. Déposez le miso, le beurre, le mirin et l'ail dans un bol et mélangez bien. Au bout de 20 min, sortez les aubergines du four et étalez soigneusement 1 c. à soupe 1 ½ du mélange sur chacune d'entre elles, en veillant à les recouvrir de façon bien uniforme. Enfournez à nouveau 15 min, jusqu'à ce que le beurre miso soit bien doré. Retirez du four et saupoudrez de graines de sésame.

Pour le chou kale, versez 2 c. à soupe d'huile dans une grande poêle munie d'un couvercle. Une fois chaude, ajoutez le chou kale, puis recouvrez. Au bout de 2 min, découvrez, retournez les feuilles puis ajoutez 4 c. à soupe d'eau. Remettez le couvercle pour 2 min, découvrez puis retournez les feuilles de chou, une nouvelle fois et laissez sur le feu 2 min supplémentaires (ou jusqu'à ce que le chou kale soit tendre et grillé par endroits). Ajoutez enfin le piment, le vinaigre, le sucre, le sel et la menthe, mélangez puis retirez du feu. Pour servir, disposez 2 moitiés d'aubergine dans chaque assiette, accompagnées du chou kale et de riz parfumé au jasmin.

OV PRÉPARATION 10 min / CUISSON 45 min

Aubergines, pois chiches et tomates au four

Donne une poêle à un homme, et il pourra se tenir près de la cuisinière et se faire à manger. Remonter en ligne précédente.s plaques à four à un homme, et il pourra s'asseoir sur le canapé et regarder Netflix pendant que le dîner cuit tout seul ! Remonter en ligne précédente. d'esprit que j'ai adapté l'un de mes plats préférés : un mélange de tomates, de pois chiches et d'aubergines à déguster à la cuillère – avec juste ce qu'il faut d'épices pour vous faire lever un sourcil en regardant votre série préférée.

NOTE Vous aurez besoin d'une très grande plaque à four (ou de 2 moyennes) pour les aubergines, et d'un plat à four à bords hauts, de 30 x 40 cm, pour les tomates.

POUR 4 à 6 PERSONNES

les aubergines

100 ml d'huile d'olive extra vierge, *plus un peu d'huile pour badigeonner*
3 aubergines moyennes (900 g)
6 gousses d'ail, *écrasées*
3 boîtes de 400 g de concassé de tomates
1½ c. à café de sel
½ c. à café de poivre noir moulu
¾ de c. à café de cannelle moulue
2 c. à café de flocons de piment d'Urfa
2 boîtes de 400 g de pois chiches, *égouttés*

le yaourt au tahini

200 g de yaourt grec ou de « yaourt » végétal nature
2 c. à soupe de tahini, *mélangées à 2 c. à soupe d'eau*
½ c. à café de sel *(environ)*

pour servir

1 poignée de feuilles de menthe fraîche, *hachée*
poivre noir
pain plats *(voir page 305)* **ou riz parfumé au jasmin,** *cuit (voir page 304)*

Préchauffez le four à 200 °C (th. 6) ou 180 °C (th. 6) à chaleur tournante. Recouvrez une grande plaque à four (ou 2 plaques moyennes) de papier cuisson et badigeonnez-la d'huile.

Coupez les aubergines en rondelles de 1½ cm d'épaisseur, placez-les côte à côte sur la plaque et badigeonnez le dessus avec de l'huile.

Versez 10 cl d'huile dans un plat à four de 30 x 40 cm à bords hauts. Ajoutez l'ail, les tomates, le sel, le poivre, la cannelle et le piment puis mélangez.

Enfournez la plaque d'aubergines et le plat de tomates et de condiments 30 min. À la sortie du four, vérifiez que les tranches d'aubergines s'affaissent lorsqu'elles sont pressées les unes contre les autres ; si ce n'est pas le cas, laissez cuire à nouveau 5 à 10 min. Une fois les aubergines à point, ajoutez-les au plat de tomates et de condiments avec les pois chiches, puis mélangez. Enfournez 30 min supplémentaires, le temps que la sauce soit bien riche et confite.

Pendant ce temps, mélangez le yaourt et le tahini bien délié avec le sel dans un joli bol de présentation.

Pour servir, répartissez les aubergines, les tomates et les pois chiches dans des bols (ou assiettes creuses). Ajoutez de généreuses cuillerées de yaourt au tahini et parsemez de menthe. Assaisonnez avec un peu de poivre noir fraîchement moulu et un filet d'huile (si vous le souhaitez), puis servez avec le reste du yaourt dans un bol à part et des pains plats ou du riz chaud.

OV/OSG PRÉPARATION 5 min / CUISSON 1 h 10

Ronde d'aubergines rôties et de tofu soyeux, sauce tahini à l'huile pimentée croustillante

Il y a des moments en cuisine où 2 plus 2 font... 10. Une aubergine rôtie est tout à fait agréable ; un filet de tahini, un peu de tofu soyeux ou de l'huile pimentée croustillante sont excellents en soi ; mais lorsqu'ils sont tous réunis, vous obtenez l'équivalent culinaire d'un vrai feu d'artifice.

NOTE J'utilise ici la sauce Lao Gan Ma, d'huile pimentée croustillante que l'on trouve en épiceries spécialisées en France. Vous pouvez également accompagner ce plat de légumes verts, comme le broccolini au sésame et au citron vert (voir page 271) par exemple.

POUR 4 PERSONNES

huile de colza
½ c. à café de sel
3 aubergines moyennes (900 g), *coupées en rondelles de 2½ cm d'épaisseur*
1 paquet de 300 g de tofu soyeux, *égoutté*
1 morceau de gingembre de 2 cm, *émincé*
1 c. à soupe de sauce soja claire
2 c. à café de vinaigre de vin blanc
6 oignons nouveaux, *finement émincés*
2 c. à soupe d'huile pimentée croustillante
½ c. à soupe de tahini

pour servir
riz parfumé au jasmin, *cuit (voir page 304)*
ou riz rond, *cuit (voir page 305)*

Préchauffez le four à 200 °C (th. 6) ou 180 °C (th. 6) à chaleur tournante puis tapissez 2 grandes plaques et 1 petite plaque à four de papier cuisson.

Mélangez 4 c. à soupe d'huile avec le sel dans un petit bol, badigeonnez les rondelles d'aubergines des 2 côtés. Disposez-les sur les 2 grandes plaques en 1 seule couche, puis placez le tofu sur la petite plaque, enfournez le tout 20 min. Sortez ensuite la plaque avec le tofu, mais laissez cuire les aubergines 10 à 15 min supplémentaires, jusqu'à ce qu'elles soient bien dorées.

Pendant la cuisson, préparez la sauce. Versez 6 c. à soupe d'huile dans une petite casserole, ajoutez le gingembre, la sauce soja, le vinaigre, les oignons nouveaux, l'huile pimentée croustillante et le tahini. Portez le tout à ébullition rapide, puis retirez du feu.

Une fois le tofu suffisamment froid pour être manipulé, coupez-le en tranches de 3 ou 4 cm d'épaisseur. Disposez alors les rondelles d'aubergines et de tofu en alternance dans un plat à bords hauts. Vous aurez plus d'aubergine que de tofu, alors placez les rondelles supplémentaires au centre, ou superposez 2 rondelles d'aubergine entre 2 tranches de tofu afin d'obtenir un aspect plus uniforme. Arrosez de sauce pimentée, puis servez à table en garnissant des bols de riz.

V PRÉPARATION 15 min / CUISSON 45 min

Donburi d'aubergines

Ce que j'aime avec les donburi, ou bols de riz japonais, c'est qu'ils constituent des repas complets à eux tout seuls. Je mange toujours mes dahls et mes currys avec du riz. Pourtant, ce sont des plats assez flexibles, car ils peuvent être dégustés avec d'autres choses : du pain, des chapatis, ou même seuls. Dans le cas des donburi, le riz n'est pas un élément secondaire, mais bien le principal. Cela signifie que la garniture – comme les aubergines de cette recette – doit être puissamment aromatisée pour s'allier au côté chaleureux et réconfortant du riz blanc.

NOTE J'ai choisi l'une de mes garnitures préférées pour ce donburi : une poêlée d'oignons nouveaux et de gingembre, salée et vinaigrée à point. Si vous n'avez pas le temps de la préparer à l'avance, remplacez-la par un mélange de fines allumettes de gingembre frais avec de longues lamelles d'oignons nouveaux.

POUR 4 PERSONNES

les aubergines

350 g de riz rond
4 c. à soupe de saké de cuisine
4 c. à soupe de sauce soja claire
2½ c. à soupe de mirin
2 gousses d'ail, *écrasées*
3 aubergines moyennes (900 g), *coupées en tranches de 1 cm d'épaisseur, dans la longueur*
huile de colza

le topping de gingembre et d'oignons frits

6 c. à soupe d'huile de colza
1 morceau de gingembre de 6 cm, *coupé en fines allumettes*
6 oignons nouveaux, *finement hachés*
½ c. à café de sel
2 c. à café de vinaigre de vin blanc

Rincez le riz dans une passoire jusqu'à ce que l'eau soit claire, puis placez-le dans une casserole munie d'un couvercle hermétique. Couvrez d'eau chaude à hauteur et laissez tremper 5 min. Égouttez, puis versez 40 cl d'eau froide sur le riz, couvrez la casserole et portez à ébullition. Une fois le point d'ébullition atteint, baissez à feu très doux puis laissez cuire 12 min. Retirez du feu et réservez la casserole toujours couverte.

Pour la sauce donburi, mélangez le saké, la sauce soja, le mirin, l'ail et une petite quantité de gingembre en fines allumettes (réservez le reste pour le topping).

Recouvrez une grande plaque à four de papier cuisson. Faites chauffer l'huile pour la garniture dans une grande poêle à feu moyen, ajoutez-y les allumettes de gingembre ainsi que les oignons nouveaux. Laissez cuire environ 8 min, jusqu'à ce qu'ils soient tendres et commencent à caraméliser. Versez le tout dans un bol, ajoutez le sel et le vinaigre, mélangez puis réservez.

Reprenez la poêle, ajoutez un peu d'huile si nécessaire, puis déposez les tranches d'aubergines côte à côte, en les faisant cuire par lots. Faites-les rissoler 3 min (ou jusqu'à ce qu'elles soient dorées), puis retournez-les et faites-les rissoler 3 min supplémentaires, jusqu'à ce qu'elles soient tendres. Déposez-les au fur et à mesure sur la plaque précédemment tapissée. Une fois toutes les aubergines rissolées, remettez-les délicatement dans la poêle les unes par-dessus les autres, puis baissez le feu. Versez alors la sauce donburi et laissez-la bouillonner pendant quelques minutes, jusqu'à ce qu'elle réduise et qu'elle devienne bien brillante, puis retirez du feu (si la sauce semble s'évaporer, ajoutez un peu d'eau pour la réhydrater et lui donner de la consistance).

Répartissez enfin le riz dans 4 bols et formez des dômes avec le dos d'une cuillère. Disposez les tranches d'aubergine sur le dessus, versez un peu de sauce et parsemez de gingembre et d'oignons nouveaux.

V PRÉPARATION 10 min / CUISSON 45 min

Ben Benton a encore frappé

Chaque jour, j'aime savoir ce que mange mon ami le cuisinier et écrivain Ben Benton, car je sais d'avance qu'il s'agira d'un plat excellent. Je n'ai jamais rencontré de cuisinier avec un talent aussi naturel, capable de transformer les ingrédients les plus basiques avec tant de magie. Ses nouilles Ben (publiées dans *East*) ont d'ailleurs fait de nombreux adeptes. Alors voilà l'un de ses nouveaux coups d'éclat : un plat d'aubergines et de céleri braisés qu'il aime préparer pour ses amis. Élégant, simple, mais surtout... éblouissant.

NOTE Vous aurez besoin d'huile pimentée Lao Gan Ma, pour préparer ce plat, commercialisée sous le nom de « Lao Gan Ma Kohlrabi, Peanuts & Tofu Chili Oil ». Si vous utilisez un autre type d'huile pimentée, ajoutez-en 1 c. à soupe à la fois, jusqu'à ce que le goût vous convienne.

POUR 4 PERSONNES

2 c. à café de poivre de Sichuan
3 aubergines moyennes (900 g)
huile de colza, *pour la cuisson*
2 branches de céleri (300 g), *coupées en biseaux en morceaux de 2 cm feuilles réservées*
1 c. à café de graines de fenouil
2 c. à soupe de sauce soja claire
2 c. à soupe de vinaigre de riz
4 c. à soupe de sauce Lao Gan Ma®, *(chou-rave, arachides et tofu à l'huile pimentée)*

pour servir
riz parfumé au jasmin, *cuit (voir page 304)*

Écrasez légèrement les grains de poivre dans un mortier - ou sautez cette étape si vous aimez (comme moi) avoir un petit croquant fougueux dans vos plats.

Tranchez chaque aubergine en 2 dans le sens de la longueur, puis découpez chaque moitié en 4 longs quartiers. Préparez une assiette et une pince pour transférer les tranches d'aubergines que vous ferez rissoler par lots.

Versez 2 c. à soupe d'huile dans une grande poêle antiadhésive (ou une casserole) munie d'un couvercle, à feu moyen à vif. Une fois l'huile bien chaude, placez des quartiers d'aubergines dans la poêle (les uns à côté des autres autant que possible, le côté coupé vers le bas). Faites-les cuire 2 à 3 min, jusqu'à ce qu'ils soient dorés, puis retournez-les et ajoutez 1 autre c. à soupe d'huile dans la poêle. Faites-les rissoler encore 2 min, puis transférez-les dans l'assiette. Faites rissoler les quartiers restants, en versant un peu d'huile à chaque fois que vous en ajoutez ou que vous les retournez. Ne vous inquiétez pas s'ils ne sont pas complètement cuits, ils seront bientôt braisés.

Versez ensuite 2 autres c. à soupe d'huile dans la poêle à feu moyen. Une fois chaude, ajoutez le céleri puis couvrez. Laissez cuire 5 min, en remuant de temps en temps. Ajoutez les graines de fenouil, puis couvrez à nouveau 5 min supplémentaires.

Pour finir, remettez les aubergines dans la poêle. Ajoutez la sauce soja, le vinaigre et la sauce Lao Gan Ma®. Remuez délicatement tout enrober de sauce. Versez ensuite 5 c. à soupe d'eau, remettez le couvercle. Baissez à feu doux et faites sauter le tout 15 min pour permettre aux différentes saveurs de se mélanger. Décorez le plat de feuilles de céleri, puis servez avec du riz parfumé au jasmin chaud.

V PRÉPARATION 10 min / CUISSON 35 min

Keftas d'aubergines en sauce tomate aux épinards

L'aubergine est protéiforme. À l'heure de couper sa chair blanche et spongieuse, on est loin d'imaginer la myriade de plats que l'on peut créer, allant du katsu croustillant au baba ganoush fumé. Dans cette recette, l'aubergine se transforme en keftas, ou boulettes de « viande » indiennes (faute d'une meilleure description), qui ne sont pas aussi charnues que la viande, puisque ça n'en est pas, mais dont la texture est dense et absolument irrésistible. Nos keftas sont ici nichées dans leur lieu de prédilection : une sauce tomate épicée au garam masala.

NOTE Pour cette recette, vous aurez besoin d'un robot de cuisine. Ne lésinez pas sur le temps de cuisson des aubergines : elles doivent être bien sèches pour que les keftas se tiennent.

POUR 4 PERSONNES
(16 keftas)

huile de colza
800 g d'aubergines (environ 3), *coupées en cubes de 1½ cm*
6 gousses d'ail, *écrasées*
1½ c. à café de cannelle moulue
¾ c. à café de poivre noir moulu
½ c. à café de cumin moulu
1½ c. à soupe de purée de tomates
100 g de chapelure
sel
700 g de passata de tomates
1½ c. à café de piment Kashmiri moulu
1 c. à café de garam masala
100 g de jeunes pousses d'épinard

pour servir
naan ou pains plats
(voir pages 305 à 307)

Faites chauffer 4 c. à soupe d'huile dans une grande poêle antiadhésive à feu moyen. Une fois très chaude, déposez les cubes d'aubergines. Faites-les cuire 15 min, en remuant régulièrement, jusqu'à ce qu'ils soient tendres et dorés. Ajoutez ensuite la moitié de l'ail écrasé, laissez cuire 2 min. Ajoutez enfin la cannelle, le poivre noir, le cumin, la purée de tomates, la chapelure et 1¼ c. à café de sel. Laissez cuire quelques minutes, jusqu'à évaporation, puis retirez du feu et laissez refroidir.

Une fois le mélange refroidi, passez-le au mixeur puis rincez la poêle. Placez le mélange dans une grande assiette et divisez-le en 2 parties à l'aide d'un couteau de table. Divisez ensuite chaque partie en 8 pour obtenir 16 pièces d'environ 35 g chacune. Roulez chaque pièce en boule, puis pressez-les pour former des galettes d'environ 4 cm de diamètre avant de les placer sur une autre grande assiette.

Pour la cuisson des keftas, faites chauffer 2 c. à soupe d'huile dans la même poêle antiadhésive. Une fois l'huile chaude, déposez 8 keftas, en les espaçant bien, et laissez-les ainsi quelques minutes pour éviter qu'elles ne collent à la poêle. Une fois leur dessous croustillant, prenez une spatule pour les retourner, puis laissez-les cuire 8 min, jusqu'à ce qu'elles soient croustillantes et bien dorées sur toute la surface. Transférez-les dans la grande assiette et répétez l'opération avec les 8 keftas restantes. Réservez pendant la préparation de la sauce.

Pour la sauce, faites chauffer 3 c. à soupe d'huile dans la même poêle à feu entre doux et moyen. Ajoutez le reste de l'ail et laissez cuire environ 3 min, jusqu'à ce qu'il soit tendre et doré. Versez la passata avec 20 cl d'eau, puis laissez cuire 15 min, jusqu'à ce que le mélange soit confit et épais. Ajoutez ensuite le piment moulu, le garam masala et 1 c. à café de sel. Faites cuire 5 min supplémentaires, puis déposez les épinards poignée par poignée et remuez pour les faire réduire.

Baissez à feu très doux, puis placez les keftas dans la sauce pour qu'elles se réchauffent doucement. Servez avec des naans chauds pour enrober les boulettes, mais aussi pour les tremper et savourer la sauce.

V PRÉPARATION 10 min / CUISSON 1 h 15

Les aubergines au tamarin d'Anaïs

Anaïs Ca Dao est le genre d'amie qui arrive chez vous, puis fouille dans votre réfrigérateur pour préparer le déjeuner ; et qui, tout en mangeant, veut parler de ce qu'il y aura à dîner. Cette recette est née de notre amour mutuel pour les plats sucrés-salés au tamarin de Thaïlande. Pour la réaliser, tourner et retourner vos aubergines de manière méditative jusqu'à ce qu'elles dorent et se ramollissent, et faites suer vos oignons jusqu'à ce qu'ils brillent comme de jolis rubis. Les aubergines au tamarin d'Anaïs constituent un plat idéal à préparer entre amis – surtout lorsque l'on aime parler cuisine.

NOTE Ne lésinez surtout pas sur les temps de cuisson des aubergines et des oignons, car ce sont eux qui rendent cette recette excellente.

POUR 2 PERSONNES

2 grosses aubergines *(600 g)*
huile de colza
2 oignons rouges, *coupés en 2, finement émincés*
1 c. à café de sel
4 gousses d'ail, *finement hachées*
1 c. à café de flocons de piment
1 c. à soupe de sucre roux
3 c. à soupe de pâte de tamarin
½ c. à soupe de sauce soja claire
15 g de feuilles fraîches de basilic thaï

pour servir
riz parfumé au jasmin, *cuit* *(voir page 304)*

Coupez et retirez le pédoncule des aubergines, tranchez les aubergines en 2, dans la longueur, puis découpez chaque moitié en longs quartiers d'environ 4 à 5 cm, au point le plus large.

Versez 4 c. à soupe d'huile dans une grande poêle antiadhésive à feu moyen à vif, avec une grande assiette à proximité. Une fois l'huile chaude, déposez une couche de quelques quartiers d'aubergine (chacun disposé sur l'un de ses côtés tranchés) et laissez cuire 3 min. Retournez ensuite chaque quartier sur son autre face tranchée, laissez cuire encore 3 min, puis transférez-les dans l'assiette. Ajoutez alors 1 ou 2 c. à soupe d'huile dans la poêle et répétez l'opération avec les quartiers restants.

Gardez la même poêle, baissez à feu moyen, puis ajoutez 3 c. à soupe d'huile. Une fois chaude, déposez les oignons avec le sel. Remuez juste un peu afin de faire suer les oignons environ 12 min, jusqu'à ce qu'ils soient bien dorés. Si vous constatez qu'ils risquent d'accrocher à la poêle ou de brûler, versez un peu d'eau (2 c. à soupe maximum). Ajoutez l'ail et laissez cuire 3 min supplémentaires, ou jusqu'à ce que les oignons soient tendres et caramélisés.

Versez ensuite les flocons de piment, le sucre, la pâte de tamarin, la sauce soja et 17,5 cl d'eau dans la poêle. Incorporez les quartiers d'aubergines, puis baissez à feu entre moyen et doux et faites mijoter 10 min. Retournez les aubergines et faites-les mijoter encore 10 min, ou jusqu'à ce qu'elles soient tendres.

Déposez enfin les quartiers d'aubergines un par un dans un plat de présentation, en les superposant. Ajoutez les feuilles de basilic thaï à la sauce au tamarin et à l'oignon restée dans la poêle. Remuez pour bien les incorporer au mélange, puis versez le tout sur les aubergines. Servez avec du riz parfumé au jasmin.

V PRÉPARATION 10 min / CUISSON 45 min

Brocolis et autres brassicacées

Spaghettis aux brocolis et au zhoug

La vérité avec le brocoli, c'est qu'il en reste toujours une tête dans notre réfrigérateur… Comme beaucoup de cuisiniers (je suppose), je m'efforce chaque semaine de relever ce que l'on pourrait appeler « Le grand défi du brocoli », afin de trouver le moyen d'en faire un repas. Voici une bonne façon de résoudre ce problème. Dans cette recette, le brocoli et les spaghettis constituent une toile de fond douce pour le zhoug, une sauce addictive très populaire au Moyen-Orient. J'y ai mis de la coriandre fraîche, des piments jalapeños, du cumin moulu et de la cardamome, mais vous pouvez la considérer comme un genre de guide et non comme un ensemble de règles à suivre : prenez les herbes, les piments et les épices que vous avez sous la main.

NOTE Vous aurez besoin d'un mixeur pour cette recette.

POUR 4 PERSONNES

1 tête de brocoli *(350 g ou moins)*
60 g de coriandre fraîche, *grossièrement hachée*
30 g de persil plat frais, *grossièrement haché*
3 piments jalapeños, *hachés*
1½ c. à café de cumin moulu
1½ c. à café de coriandre moulue
½ c. à café de cardamome moulue
1½ c. à soupe de jus de citron *(1 citron)*
huile d'olive extra vierge
sel
300 g de spaghettis

Coupez et retirez tous les morceaux ligneux de la tige (c'est-à-dire les parties les plus dures) du brocoli. Hachez-le grossièrement, puis placez-le dans un mixeur pour le réduire en un hachis très fin. Disposez-le ensuite dans un saladier.

Pour le zhoug, placez la coriandre fraîche, le persil, les piments, le cumin et la coriandre moulue, ainsi que la cardamome dans le mixeur. Versez le jus de citron, 5 c. à soupe d'huile d'olive, ½ c. à café de sel, puis mixez jusqu'à obtention d'une pâte lisse.

Versez ensuite 2 c. à soupe d'huile dans une très grande poêle antiadhésive à feu moyen. Une fois l'huile chaude, déposez le hachis de brocoli avec ½ c. à café de sel. Laissez cuire environ 8 min, en remuant de temps en temps, jusqu'à ce que le brocoli soit tendre, puis éteignez le feu.

Remplissez une grande casserole d'eau, en ajoutant 1 c. à café de sel par litre d'eau. Portez à ébullition et faites cuire les spaghettis *al dente*. Pendant la cuisson, plongez délicatement une tasse dans la casserole pour recueillir un peu d'eau de cuisson.

Égouttez les spaghettis et déposez-les dans la poêle de brocoli (vous pouvez aussi les transférer depuis la casserole à l'aide d'une pince). Ajoutez le zhoug, puis mélangez. Afin que les spaghettis ne s'assèchent pas, versez l'eau de cuisson précédemment recueillie (8 à 10 c. à soupe), jusqu'à ce que la sauce les enrobe bien. Vérifiez l'assaisonnement, ajoutez du sel, du piment ou du citron si vous le souhaitez, puis servez sur des assiettes ou dans des bols, et dégustez tant que c'est chaud.

V PRÉPARATION 10 min / CUISSON 30 min

THAI
SRIRACHA

Riz sauté au tofu et au chou kale noir

Ce n'est pas vraiment une recette, mais plutôt une explosion de saveurs qui vous attend lorsque vous avez des restes de riz et de légumes un peu passés dans votre réfrigérateur. Il faut cependant savoir les dompter. De mon côté, je préfère le tofu soyeux ainsi que les légumes verts à grandes feuilles. Les grains crémeux du tofu apportent du corps et de la texture – le rêve de tout coiffeur ! –, tandis que le chou kale noir est doux, juteux et sait recueillir les épices au creux de ses feuilles émeraude escarpées.

NOTE Les restes de riz sont idéaux pour les sautés, car ils sont plus fermes et plus secs que le riz fraîchement cuit. Si vous préférez prendre du riz précuit, utilisez-en 600 g pour cette recette, puis assaisonnez-le à votre goût avant de servir.

POUR 4 PERSONNES

300 g de riz parfumé au jasmin, cru, ou 600 g de riz blanc, cuit
45 cl de bouillon de légumes
3 c. à soupe d'huile de colza
1 gros oignon, *coupé en 2 et finement émincé*
3 gousses d'ail, *écrasées*
400 g de chou kale noir (ou cavolo nero), *effeuillé et haché*
1 c. à café de cinq-épices chinois
½ c. à café de sel
1 c. à soupe d'huile de sésame grillé
2 c. à soupe de sauce soja claire
1 paquet de 350 g de tofu soyeux, *égoutté*
sauce sriracha

Si vous utilisez du riz déjà cuit, passez les étapes suivantes.Placez le riz dans une passoire et rincez-le abondamment à l'eau froide. Égouttez-le avant de le placer dans une casserole munie d'un couvercle. Ajoutez alors 45 cl de bouillon chaud, puis portez à ébullition. Couvrez, baissez à feu très doux et laissez cuire 15 min. Retirez du feu mais laissez cuire à la vapeur, le couvercle toujours en place, 5 à 10 min supplémentaires. Retirez enfin le couvercle, puis déposez le riz sur une grande plaque à four et laissez refroidir.

Pendant ce temps, versez l'huile dans une grande poêle à feu moyen. Une fois chaude, ajoutez l'oignon émincé et faites-le revenir environ 8 min jusqu'à ce qu'il soit tendre et doré. Déposez l'ail et laissez cuire 2 min. Ajoutez alors le chou kale et laissez cuire 5 à 7 min en remuant de temps en temps, jusqu'à ce que les feuilles flétrissent. Agrémentez le tout de cinq-épices, de sel, d'huile de sésame et de sauce soja. Remuez, puis, avec des mains propres, émiettez le tofu dans la poêle.

Laissez cuire quelques minutes jusqu'à ce que tous les ingrédients soient bien mélangés, puis ajoutez le riz refroidi (j'aime utiliser une cuillère à spaghetti pour ne pas trop le « casser »). Faites rissoler jusqu'à ce que le riz soit chaud, en mélangeant doucement pour bien incorporer tous les ingrédients. Vérifiez l'assaisonnement : il se peut que vous deviez ajouter du sel si vous utilisez du riz précuit. Servez dans des bols de présentation et arrosez de sriracha.

V PRÉPARATION 10 min / CUISSON 20 min (plus, si cuisson du riz)

Soupe de nouilles soba au chou caramélisé et aux pickles

Ce plat s'inspire de la soupe japonaise toshikoshi soba, ou, « les nouilles pour passer à la nouvelle année ». Elle se déguste traditionnellement le soir du Nouvel An afin de faire le point sur l'année passée et d'accueillir la nouvelle : l'idée est d'aspirer à savourer une vie longue (à l'image de ces nouilles) et tranquille à chaque bouchée et de rompre avec les difficultés du passé lorsque les nouilles se cassent. Ce plat, dans sa version la plus basique, est composé de nouilles soba de sarrasin et d'un bouillon dashi chaud, mais j'avoue avoir pris des libertés et y avoir ajouté du chou caramélisé et des pickles de navet.

NOTE Le kombu, une algue déshydratée, est un ingrédient parfait pour un bouillon très savoureux. Il est disponible en France en épiceries spécialisées ainsi qu'en ligne (voir page 310). Les pickles restants peuvent se conserver 2 semaines au réfrigérateur.

POUR 4 PERSONNES

le chou caramélisé

2 c. à soupe d'huile de colza
1 gros chou rouge (800 g), *paré et coupé en morceaux de 1 cm*
1 oignon rouge, *finement haché*
4 c. à soupe de mirin
1 c. à soupe de vinaigre de riz
1 c. à café de sel

les pickles de navets

½ c. à café de sel
10 cl de vinaigre de riz
2 petits navets (200 g), *épluchés et coupés en allumettes épaisses*

la soupe de nouilles soba

1 grand morceau de kombu *(environ 30 x 40 cm)*
4 c. à soupe de miso de riz brun
4 c. à soupe de sauce soja claire
4 c. à soupe de mirin
200 g de nouilles soba
2 c. à soupe d'huile de sésame grillé
60 g de cresson de fontaine, *bases des tiges retirées*

Commençons par le chou. Versez l'huile dans une grande poêle à feu moyen. Une fois chaude, ajoutez le chou et l'oignon et laissez cuire 30 min, en remuant de temps en temps pour éviter qu'ils n'attachent. Ajoutez le mirin, le vinaigre et le sel, puis laissez cuire 20 min supplémentaires, jusqu'à ce que le chou soit très tendre et caramélisé.

Pendant ce temps, faites mariner les navets. Pour ce faire, mélangez le sel avec le vinaigre et 10 cl d'eau fraîchement bouillie, puis versez le mélange sur les navets dans un bol résistant à la chaleur. Réservez.

Pour la soupe, portez 1½ l d'eau à ébullition dans une casserole de taille moyenne. Baissez le feu à très doux, ajoutez le kombu et laissez mijoter 10 min, puis retirez du feu. Enlevez le kombu de la casserole délicatement, à l'aide d'une pince, puis jetez-le. Prenez alors un fouet pour incorporer le miso, la sauce soja et le mirin au bouillon chaud. Réservez.

Pour les nouilles, suivez les instructions figurant sur l'emballage, mais réduisez leur temps de cuisson de 1 min. Égouttez-les, puis rincez-les à l'eau froide. Déposez-les alors dans un saladier, versez 2 c. à soupe d'huile de sésame et mélangez.

Avant de servir, répartissez les nouilles dans 4 bols. Réchauffez le bouillon à feu doux, versez-le sur les nouilles, puis garnissez de chou caramélisé, de cresson et de navets marinés.

V PRÉPARATION 20 min / CUISSON 1 h 10

Chou-fleur entier rôti et pilaf aux amandes et aux pistaches

Une excellente pièce maîtresse. Ce pilaf est plein d'oléagineux, d'épices et d'oignons caramélisés ; il peut mijoter sur vos plaques pendant que le chou-fleur rôtit tranquillement au four (ou même avant cela). La sauce tahini, d'une véritable onctuosité, peut-être réalisée dans un pot à confiture avant de servir. Quel style, me direz-vous. J'aime également ajouter une petite touche supplémentaire à ce plat, en servant le chou-fleur avec un couteau planté sur le dessus, tel Excalibur, prêt à être sorti par un invité pour s'exclamer qu'il ou elle est le roi ou la reine de la table, ou tout simplement pour servir les autres convives.

POUR 4 PERSONNES

le chou-fleur

2 c. à café de cumin moulu
½ c. à café de piment Kashmiri moulu
½ c. à café de sel
2 c. à soupe d'huile de colza
1 grand chou-fleur ou 2 petits *(800 g)*

le riz pilaf

300 g de riz basmati
4 c. à soupe d'huile de colza
2 gros oignons, *coupés en 2 et finement émincés*
1 c. à café de sel
1 c. à café de cumin moulu
1 c. à café de coriandre moulue
¼ de c. à café de poivre noir moulu
50 g de pistaches non salées décortiquées
50 g d'amandes entières, *hâchées*
20 g de coriandre fraîche, *finement hachée*
20 g de persil plat frais, *finement haché*

la sauce tahini

4½ c. à soupe de tahini
3 c. à soupe d'huile de colza
2 c. à soupe de jus de citron *(1 citron)*
½ petite gousse d'ail, *râpée*
⅓ de c. à café de sel

Préchauffez le four à 200 °C (th. 6) ou 180 °C (th. 6) à chaleur tournante. Dans un petit bol, mélangez le cumin, le piment en poudre, ½ c. à café de sel et 2 c. à soupe d'huile jusqu'à obtention d'une pâte lisse.

Retirez quelques feuilles du chou-fleur, puis tranchez sa base de manière à ce qu'elle soit plate. Frottez-le avec la pâte épicée que vous venez de former, puis placez-le sur une plaque à four à bords hauts. Versez 10 cl d'eau chaude au fond de la plaque et laissez rôtir 1 h, jusqu'à ce que le chou-fleur soit tendre (vérifiez à l'aide d'une brochette) et doré. Retirez-le du four et réservez.

Pendant que le chou-fleur rôtit, rincez bien le riz dans une passoire, jusqu'à ce que l'eau soit claire. Égouttez-le, mettez-le dans un bol, couvrez-le d'eau tiède et réservez.

Faites chauffer 4 c. à soupe d'huile à feu moyen dans une grande casserole munie d'un couvercle. Une fois l'huile chaude, ajoutez les oignons et le sel. Faites revenir 12 min, en remuant de temps en temps, jusqu'à ce que les oignons soient tendres et foncés. Ajoutez ensuite les épices, laissez cuire pendant 1 min, puis ajoutez les pistaches et les amandes. Remuez pour les enrober. Égouttez bien le riz, puis versez-le dans la casserole avec les oignons en même temps que 45 cl d'eau juste bouillie et recouvrez. Portez à ébullition, puis baissez le feu au minimum et laissez mijoter 12 min. Retirez du feu, avec le couvercle toujours en place, et laissez la cuisson se terminer à la vapeur.

Pendant ce temps, préparez la sauce tahini. Mettez tous les ingrédients dans un pot à confiture ou autre bocal en verre, ajoutez 4 c. à soupe d'eau, puis secouez-le très fort jusqu'à ce que vous obteniez une sauce émulsionnée, avec une consistance semi-épaisse mais pouvant se verser facilement. Ajoutez un peu d'eau si elle est trop épaisse. Dans le cas contraire, si elle est trop liquide, ajoutez du tahini. Vérifiez l'assaisonnement, agrémentez de sel et de jus de citron si nécessaire.

Pour servir, ajoutez les herbes fraîches au plat de riz, mélangez puis transvasez dans un plat de présentation. Déposez-y le chou-fleur rôti. Versez ensuite la sauce tahini dans une saucière. Plantez un couteau pointu dans le chou-fleur et encouragez vos convives à se servir en riz, d'un morceau de chou-fleur et d'une bonne dose de votre délicieuse sauce.

V/SG PRÉPARATION 5 min / CUISSON 1 h 15

Curry gujarati de pommes de terre et de chou

Ceci est la recette d'un plat qui me vient de mes ancêtres. Ils le cuisinaient au feu de bois dans leur village de la péninsule de Kathiawar, au Gujarat, dans l'ouest de l'Inde. C'est aussi un plat que je mangeais très souvent lorsque je rentrais de l'école dans le Lincolnshire en Angleterre, en regardant la série australienne *Les Voisins* à la télévision, et que je voulais manger presque tous les jours lorsque j'étais enceinte ! C'est un plat simple et bon marché, mais surtout délicieux et très sain. Il mérite vraiment d'être transmis à de nombreuses générations à venir.

POUR 4 PERSONNES

800 g de pommes de terre Maris Piper (ou autre pommes de terre à chair farineuse), *épluchées et coupées en cubes de 3 cm*
sel
3 c. à soupe d'huile de colza
1 pincée de graines de fenugrec
½ c. à café de graines de moutarde noire
1 c. à café de graines de cumin
1 gros oignon, *finement haché*
4 gousses d'ail, *finement hachées, plus pour servir*
½ boîte de 200 g de tomates italiennes, *dans leur jus*
500 g de chou blanc (½ gros chou), *râpé*
1 c. à café de coriandre moulue
⅓ de c. à café de curcuma moulu
1½ c. à café de piment Kashmiri moulu

pour servir

chapatis achetés dans le commerce ou faits maison *(voir page 307)*
yaourt grec ou « yaourt » végétal
1 poignée de feuilles de coriandre fraîche, *hachées*

Commencez par mettre les pommes de terre dans une casserole, couvrez-les d'eau froide, ajoutez 1 c. à café de sel et portez à ébullition. Laissez cuire 15 min, ou jusqu'à ce qu'elles soient tendres, puis égouttez-les et laissez la cuisson se terminer à la vapeur.

Pendant la cuisson, versez l'huile dans une grande poêle munie d'un couvercle et chauffée à feu moyen. Une fois l'huile très chaude, ajoutez les graines de fenugrec, de moutarde et de cumin. Lorsque celles-ci commencent à crépiter, incorporez l'oignon et faites-le rissoler 6 min, jusqu'à ce qu'il soit tendre. Ajoutez l'ail, laissez cuire 2 min, puis ajoutez les tomates en les versant d'une main et en les écrasant de l'autre avant qu'elles atteignent le fond de la casserole. Laissez cuire jusqu'à ce que les tomates deviennent concentrées et forment une pâte et que l'huile remonte à la surface (environ 8 à 10 min).

Augmentez le feu, ajoutez le chou et remuez jusqu'à ce qu'il soit bien enrobé du mélange de tomates, puis couvrez la casserole et laissez cuire environ 10 min en remuant de temps en temps, afin que le chou caramélise un peu en même temps qu'il ramollit.

Une fois le chou bien tendre, incorporez les pommes de terre, les épices et 1½ c. à café de sel, puis mélangez délicatement pour que les pommes de terre ne se désagrègent pas trop. Ajoutez petit à petit 25 cl d'eau tiède en remuant après chaque ajout, et laissez cuire 5 min, couvercle bien en place, jusqu'à ce que le liquide épaississe pour devenir une sauce. Vérifiez et ajustez l'assaisonnement si nécessaire, puis retirez du feu.

Servez de généreuses portions de curry accompagnées des chapatis chauds, de 1 grande c. de yaourt et de coriandre fraîche.

OV PRÉPARATION 10 min / CUISSON 40 min

Nouilles pimentées aux choux de Bruxelles et aux cacahuètes

Arrivée en Angleterre en 1972, ma mère, Nita, n'a jamais hérité de l'idée que les choux de Bruxelles étaient un élément obligatoire (et parfois mal-aimé) du repas de Noël. Elle les considérait simplement comme de magnifiques petits choux verts, et se réjouissait lorsqu'ils étaient de saison. Nous les avons cuisinés de toutes les façons possibles depuis lors.

NOTE Si vous disposez d'un robot de cuisine muni d'une lame, c'est le moment de le sortir. Mais rappelez-vous aussi que déchiqueter les choux de Bruxelles à la main ou les jeter, à l'occasion, sur les gens est une méthode éprouvée pour réduire le stress. J'aime utiliser l'huile pimentée Chiu Chow de Lee Kum Kee pour cette recette, mais vous pouvez utiliser ce que vous avez sous la main.

POUR 4 PERSONNES

- **1 à 2 c. à soupe d'huile pimentée croustillante, et sa garniture,** *plus pour servir*
- **1½ c. à soupe de vinaigre de vin blanc**
- **3 c. à soupe d'huile de sésame grillé**
- **3 c. à soupe de sauce soja claire**
- **1 c. à soupe de graines de sésame noir,** *plus pour servir*
- **4 c. à soupe de cacahuètes salées,** *finement hachées, plus pour servir*
- **6 oignons nouveaux,** *parties blanches et vertes séparées, finement émincés*
- **200 g de nouilles de blé complet**
- **3 gousses d'ail,** *écrasées*
- **500 g de choux de Bruxelles,** *finement hachés*
- **sel**

Commencez par préparer la sauce pimentée. Pour ce faire – et selon le degré de piquant que vous aimez – mettez entre ½ et 1 c. à soupe de garniture de piment du fond du bocal, et entre ½ et 1 c. à soupe d'huile pimentée dans un bol. Ajoutez ensuite le vinaigre, 2 c. à soupe d'huile de sésame, la sauce soja, les graines de sésame, les cacahuètes et 1 petite poignée de fanes d'oignons nouveaux. Mélangez et réservez.

Faites cuire les nouilles selon les instructions figurant sur l'emballage, en veillant à les remuer avec une fourchette pendant la cuisson pour bien les séparer. Égouttez-les et rincez-les à l'eau froide jusqu'à ce qu'elles soient bien refroidies, puis égouttez-les à nouveau et réservez.

Pour les choux de Bruxelles, versez 1 c. à soupe d'huile de sésame dans une grande poêle à feu moyen. Une fois l'huile chaude, ajoutez l'ail et les oignons nouveaux. Faites revenir 2 min, puis ajoutez les choux de Bruxelles et augmentez le feu. Faites rissoler pendant 4 à 5 min, jusqu'à ce que les choux soient tendres et colorés. Ajoutez alors les nouilles ainsi que votre sauce pimentée. Mélangez délicatement, idéalement avec une cuillère à spaghetti et vérifiez l'assaisonnement : ajoutez du sel si nécessaire.

Pour servir, déposez des parts généreuses sur des assiettes de présentation, puis parsemez de fanes d'oignons nouveaux, de graines de sésame et de cacahuètes hachées – avec un filet d'huile pimentée si vous le souhaitez.

V PRÉPARATION 5 min / CUISSON 20 min

170g

Mijoté de broccolini au tofu et au kimchi

Le fait maison n'est pas toujours la meilleure option. Surtout lorsque les ingrédients employés sont asiatiques, comme le kimchi et le gochujang, tous deux employés dans cette recette. Leur fabrication nécessite des mains expertes et des années de savoir-faire. Et puis, ils sont assez faciles à trouver aujourd'hui, et reposent d'ailleurs souvent docilement dans vos placards ou réfrigérateurs, tels des géants endormis, prêts à déployer leur saveur puissante et instantanée. Ce plat mijoté est donc ma version du kimchi jjigae, ce célèbre plat coréen, savoureux, piquant, réconfortant et absolument formidable grâce à ses ingrédients magiques venus de loin.

NOTE Le gochujang est une pâte de piment rouge coréenne, douce et modérément piquante, que l'on trouve en épiceries spécialisées ou en ligne.

POUR 4 PERSONNES

3 c. à soupe d'huile de colza
1 oignon jaune, *finement haché*
2 gousses d'ail, *écrasées*
1 morceau de gingembre de 1½ cm, *finement râpé*
300 g de kimchi de bonne qualité
1 c. à soupe de pâte de gochujang
1 c. à soupe de miel ou de sirop d'agave
200 g de pleurotes, *coupés en lamelles*
1 l de bouillon de légumes
1 paquet de 400 g de tofu extra-ferme, *égoutté, coupé en tranches de ½ cm*
250 g de broccolini, *tranchés en 2 dans la longueur*
sel
2 oignons nouveaux, *finement émincés dans la longueur*

pour servir

riz parfumé au jasmin, *cuit* *(voir page 304)*

Faites chauffer l'huile dans une cocotte à feu moyen. Une fois chaude, ajoutez l'oignon et faites-le revenir 8 min, jusqu'à ce qu'il soit tendre. Ajoutez l'ail, le gingembre et le kimchi. Faites revenir jusqu'à ce que le kimchi commence à caraméliser (environ 10 min), puis incorporez le gochujang et le miel ou le sirop d'agave. Ajoutez ensuite les pleurotes et faites revenir pendant 3 min.

Versez le bouillon, portez à ébullition, puis baissez le feu et laissez mijoter 10 min, jusqu'à ce que toutes les saveurs se soient bien mélangées.

Déposez les tranches de tofu en éventail sur le bouillon, d'un côté de la cocotte, faites de même avec les tranches de broccolini de l'autre côté de la cocotte. Tapotez-les doucement pour les plonger légèrement dans la sauce. Laissez mijoter encore 6 à 8 min, ou jusqu'à ce que le broccolini soit tendre. Goûtez pour vérifier l'assaisonnement et ajoutez du sel si nécessaire.

Parsemez d'oignons nouveaux émincés, puis servez à même la cocotte ou dans un plat de présentation, accompagné de bols de riz parfumé au jasmin cuit à la vapeur.

OV/SG PRÉPARATION 10 min / CUISSON 40 min

Tandoori de chou-fleur à la coriandre et à la sauce aux noix de cajou

Le secret pour cuisiner de délicieux plats tandoori n'est pas d'utiliser le célèbre four traditionnel indien en terre cuite dont ils tirent leur nom, mais d'y intégrer du yaourt. En effet, ce dernier enveloppe et protège les épices de la marinade, et leur permet d'exercer leur puissante magie sans pour autant brûler. Et puis, le yaourt se caramélise au fur et à mesure de la cuisson, ce qui lui procure une saveur digne du paradis ou du fromage – ne serait-ce pas la même chose ?

NOTE Vous aurez besoin d'un mixeur pour cette recette, ainsi que de naans et de pickles.

POUR 4 PERSONNES

les pickles et la sauce

½ oignon rouge, *très finement émincé*
4 c. à soupe de jus de citron *(2 citrons)*
sel
100 g de noix de cajou non salées
100 g de coriandre fraîche, *grossièrement hachée*
¾ de c. à café de sucre en poudre
3 piments verts longs, *hachés*
2 c. à soupe d'huile de colza

le tandoori de chou-fleur

450 g de yaourt grec
2 c. à soupe de jus de citron *(1 citron)*
5 gousses d'ail, *écrasées*
1 morceau de gingembre de 2 cm, *râpé*
¾ de c. à café de curcuma moulu
2 c. à café de piment Kashmiri moulu
2 c. à café de sel
1½ c. à café de garam masala
4 c. à soupe d'huile de colza
2 c. à café de moutarde anglaise Colman's
2 gros choux-fleurs (1,6 kg), *coupés en tranches de 1½ cm d'épaisseur*
naans chauds, beurrés, *achetés dans le commerce ou faits maison (voir page 306)*

Commencez par préparer les pickles. Placez l'oignon dans un bol, ajoutez 2 c. à soupe de jus de citron et ½ c. à café de sel, froissez l'oignon avec vos doigts pour bien séparer les lamelles, puis réservez.

Pour la sauce, placez les noix de cajou dans un bol résistant à la chaleur. Couvrez de 12,5 cl d'eau bouillante, laissez-les tremper 5 min, puis versez le tout dans un mixeur. Ajoutez alors la coriandre, le sucre, les piments, ½ c. à café de sel, l'huile et 2 c. à soupe de jus de citron. Mixez jusqu'à obtention d'un mélange homogène. Goûtez et ajustez sel, citron ou piment selon votre goût.

Recouvrez 2 grandes plaques à four de papier cuisson et badigeonnez-les légèrement. Préchauffez votre four à 240 °C (th. 8) ou 220 °C (th. 7) à chaleur tournante.

Pour la marinade tandoori, placez tous les ingrédients (à l'exception des choux-fleurs et des naans) dans un saladier et mélangez-les à l'aide d'un fouet. Placez chaque chou-fleur à la verticale sur une planche à découper, tête vers le haut ; coupez-les en deux moitiés égales, puis partez de leur point de découpe pour les trancher verticalement en « steaks » de 1½ cm d'épaisseur. Vous devriez obtenir 2 à 4 tranches intactes par chou-fleur ainsi que de nombreuses fleurettes supplémentaires.

Plongez maintenant vos « steaks » dans la marinade tandoori. Enrobez-les bien, puis secouez-les légèrement pour ôter le surplus de sauce. Placez-les sur l'une de vos 2 plaques à four. Déposez ensuite les fleurettes dans la marinade et mélangez avec vos mains pour bien les enrober. Secouez-les avant de les placer sur la seconde plaque, séparées de quelques cm. Enfournez vos plaques vers le haut du four : 20 min pour les fleurettes et 25 min pour les « steaks ». Interchangez-les au bout de 10 min de cuisson, jusqu'à ce que chaque morceau soit bien tendre et légèrement bruni.

Pour servir, répartissez ¼ de la sauce aux noix de cajou et à la coriandre sur chaque assiette avec le dos d'une cuillère. Déposez-y 1 ou 2 « steaks » de chou-fleur et quelques fleurettes, puis parsemez de pickles d'oignon. Accompagnez de naans chauds et beurrés.

PRÉPARATION 10 min / CUISSON 1 h

Gâteau de riz aux sept trésors

Voilà un plat qui suscite l'enthousiasme des foules (à l'exception de ceux qui n'aiment pas le chou). Il contient de véritables trésors, tels que son riz gluant, ses échalotes caramélisées, ses navets marinés, ses shitakés, ail, gingembre et épices… tous délicatement enveloppés au cœur de feuilles de chou de Milan, puis transformés en un clin d'œil en frittata couleur jade. Ce plat n'a besoin de personne pour briller, mais peut être servi accompagné d'une sauce (voir page 237) ou encore de la fameuse aubergine rôtie au tofu soyeux (voir page 33), qui convient parfaitement.

NOTE Le riz gluant (également connu sous le nom de riz glutineux) peut être acheté dans la plupart des supermarchés. Pour cette recette, vous aurez besoin d'une casserole antiadhésive large et profonde munie d'un couvercle (j'utilise celle de 28 cm de diamètre) et d'une planche de présentation (ou d'un plateau) afin d'y démouler le gâteau de riz et de le servir.

POUR 4 PERSONNES

400 g de riz gluant Thaï
3 c. à soupe d'huile de colza, *plus un peu pour badigeonner*
4 échalotes longues (200 g), *hachées*
4 gousses d'ail, *écrasées*
1 morceau de gingembre de 4 cm, *râpé*
1 étoile de badiane
1 bâton de cannelle
4 navets moyens (350 g), *épluchés et coupés en cubes de 1 cm*
170 g de champignons shiitakés frais, *hachés*
3 c. à soupe de sauce soja claire
1 c. à soupe de sauce soja foncée
2 c. à soupe de vin de Shaoxing
1¼ de c. à café de sel
1 gros chou de Milan *ou 2 moyens (1 kg)*

Rincez soigneusement le riz, puis couvrez-le d'eau chaude et laissez-le tremper 30 min. Pendant ce temps, faites chauffer l'huile à feu moyen dans une grande poêle munie d'un couvercle. Une fois chaude, ajoutez les échalotes, l'ail, le gingembre, la badiane et la cannelle. Laissez cuire environ 12 min, en remuant de temps en temps, jusqu'à ce qu'ils soient ramollis, sucrés et dorés. Ajoutez alors les navets, mélangez bien et laissez cuire 2 à 3 min. Ajoutez les champignons et laissez cuire 4 min supplémentaires. Incorporez les sauces soja et le vin de Shaoxing, puis laissez mijoter 10 min.

Versez le mélange dans un saladier. Égouttez le riz, ajoutez-le aux légumes avec le sel puis mélangez. Une fois la poêle refroidie, essuyez-la avec du papier absorbant, puis badigeonnez le fond et les côtés d'un peu d'huile.

Retirez les plus grandes feuilles du chou puis retirez son cœur à l'aide d'un couteau pointu. Disposez les feuilles en couche dans le fond et sur les côtés de la grande poêle (leurs bords frisés orientés vers le haut), en les faisant se chevaucher de quelques cm pour qu'il n'y ait pas de surface découverte. Réservez 4 grandes feuilles pour couvrir le dessus du riz.

Déposez ensuite le mélange de riz sur les feuilles encore dans la poêle, aplatissez-le avec le dos d'une cuillère en bois, puis versez 50 cl d'eau froide. Placez les 4 feuilles de chou restantes sur le riz pour le recouvrir : repliez-les sur les côtés pour que l'enveloppe de chou soit aussi nette que possible. Couvrez la poêle, portez à ébullition et laissez cuire 5 min. Baissez ensuite le feu et laissez mijoter 30 min. Éteignez le feu et laissez reposer 10 min.

Retirez le couvercle et remplacez-le par votre planche à découper. Prenez un torchon pour protéger vos mains, puis retournez la poêle en maintenant la planche pour réceptionner le gâteau de riz. Déposez-le triomphalement sur votre table avant de le découper en tranches à l'aide d'un couteau bien aiguisé.

V PRÉPARATION 15 min / CUISSON 1 h 25 (plus 30 min de trempage)

Drunken noodles

Imaginez un plat créé pour répondre à tous les besoins : un repas pour célébrer un anniversaire, un autre pour fêter le dernier jour d'école, un plat pour les dîners entre amis ou pour soulager une éventuelle gueule de bois un lendemain de fête. Eh bien, sachez que grâce au talent des chefs thaïlandais, ce dernier existe vraiment : il s'agit du pad kee mao – aussi appelé *drunken noodles* en anglais. Ces nouilles larges et plates s'enrobent de sauce piquante, salée et sucrée au basilic et au tamarin acide, et sont accompagnées de radicchio amer et de citron vert. Sachez cependant que ce ne sont pas elles qui vous empêcheront de reprendre un petit verre. À ma connaissance, il n'existe toujours pas de remède pour cela.

NOTE Les nouilles de riz larges et plates ou la pâte de riz en bâtonnets peuvent se trouver en épiceries asiatiques ou en ligne (voir page 310).

POUR 2 PERSONNES
(portions généreuses)

200 g de nouilles de riz plates ou de pâte de riz en bâtonnets
6 c. à soupe de sauce soja foncée
2 c. à café de pâte de tamarin
2 c. à café de sucre de palme ou de sucre muscovado
1 paquet de 280 g de tofu ferme, *égoutté*
4 c. à soupe de Maïzena®
huile de colza
4 gousses d'ail, *finement émincées*
3 piments œil d'oiseau (ou piments thaïs), *finement émincés*
300 g de broccolini, *détaillé en fleurettes*
1 tête de radicchio (350 g), *taillée et coupée en bandes de ½ cm*
20 g de feuilles de basilic thaï frais
1 citron vert, *coupé en quartiers*

Pour commencer, déposez les nouilles dans un saladier. Recouvrez-les d'eau froide et remuez avec une pince pour bien les séparer. Réservez. Mélangez ensuite la sauce soja, la pâte de tamarin et le sucre dans un bol, jusqu'à ce que le sucre soit bien dissous, puis réservez. Placez une grande assiette recouverte de papier absorbant à proximité.

Épongez le tofu et coupez-le en cubes de 2 cm. Déposez-les ensuite dans un bol peu profond pour les enduire de Maïzena®. Prenez une grande poêle antiadhésive munie d'un couvercle, faites-la chauffer à feu moyen et versez-y suffisamment d'huile pour en recouvrir le fond. Tapotez doucement vos cubes de tofu pour en retirer l'excédent de Maïzena®. Une fois l'huile chaude, déposez vos cubes dans la poêle, faites-les revenir 6 à 8 min, en les retournant régulièrement à l'aide d'une pince ou de 2 fourchettes, jusqu'à ce qu'ils soient uniformément dorés et croustillants. À l'aide de pinces, retirez enfin les cubes de la poêle et transférez-les dans l'assiette recouverte de papier absorbant.

Égouttez les nouilles dans une passoire. Reprenez la poêle avec l'huile restante (ajoutez-en si nécessaire) pour faire revenir l'ail et les piments 1 min. Ajoutez ensuite le broccolini, puis couvrez et laissez cuire 2 min. Ajoutez le radicchio, couvrez à nouveau et laissez cuire encore 1 min. Découvrez, puis ajoutez le tofu, les nouilles, la sauce ainsi que le basilic. Mélangez bien et laissez cuire en remuant 3 à 4 min supplémentaires, jusqu'à ce que les nouilles soient tendres et bien cuites.

Pressez enfin le jus d'une moitié de citron vert. Répartissez les nouilles dans 2 assiettes de présentation, et servez avec les quartiers de citron vert restants.

V PRÉPARATION 15 min / CUISSON 30 min

VICTORINOX
GLOBAL
CROMOVA 18 Stainless Steel
G-80
YOSHIKIN
Japan
OPINEL
X50CrMoV15
INOX HAUTE TENEUR EN CARBONE
HIGH CARBON STAINLESS STEEL

Essentiels

Les couteaux

*« La maîtrise des couteaux est l'apanage des chefs,
et les bons couteaux celui des cuisiniers » – Hugh de Winton*

En grandissant, je n'avais pas conscience de l'importance du tranchant d'un couteau : les femmes de ma famille avaient un penchant pour les couteaux ordinaires à la pointe émoussée. Je voyais parfois ma grand-mère couper des oignons au-dessus d'un bol, utilisant son pouce comme planche à découper. Elle en a d'ailleurs conservé quelques lignes disparates sur ses doigts de nonagénaire. Le moment où j'ai réalisé l'importance d'un couteau bien aiguisé, j'avais déjà dans la vingtaine. J'étais venue rendre visite à mes parents. Ma mère a zappé sur la chaîne QVC, dédiée au téléachat. Il y avait un homme qui faisait la promotion d'un couteau si performant qu'il pouvait débiter des tomates comme un samouraï grâce à celui-ci, faisant voler des tranches aussi fines qu'une crêpe en moins de temps qu'il ne me faut pour l'écrire. Ce n'est pas du tout comme ça que cela se passait quand je coupais des tomates. J'appuyais sur mon couteau (lui aussi) émoussé et la pression que j'exerçais les faisait littéralement s'écraser à un autre endroit que celui que je visais. Voilà comment j'ai commencé à chercher un meilleur couteau.

Plus je m'intéressais à la cuisine, plus la qualité du couteau devenait importante. On peut s'arranger d'à peu près tout le reste, mais essayer de cuisiner sans avoir un bon couteau me semble presque peine perdue ; c'est un point sur lequel je ne transige plus aujourd'hui. Une lame bien aiguisée vous donnera l'impression de glisser (littéralement) sur les tâches du quotidien avec aisance. Couper des échalotes en dés devient alors un vrai plaisir et trancher une gousse d'ail, un rêve éveillé. Je pense aussi d'ailleurs que le débitage de butternut devrait être reconnu comme un loisir à part entière – cela libère tant d'endorphines.

Après plusieurs années d'expérimentations, je suis arrivée à la conclusion qu'il n'y a qu'un seul couteau que je ne donnerais jamais pour rien au monde. Ou peut-être même trois, à la limite.

Mon principal outil de travail est donc un couteau japonais assez élégant, connu sous le nom de Global® G-80. Il ne possède pas le cachet d'un sabre au manche sculpté à la main. Et il a très certainement été regardé avec dédain par une cheffe quand j'ai officié (enfin, effectué un stage) dans un restaurant d'Islington. La cheffe en question semblait insinuer que j'étais simplement une cuisinière appliquée du dimanche et non une vraie cheffe, parce que les vraies cheffes possèdent des couteaux de dur à cuire en acier carbone qui finissent toujours par être volés en cuisine. Le mien semblait plus s'apparenter à un couteau pour débutant, un Fisher Price® que je pourrais laisser traîner plusieurs jours entiers sur le comptoir sans que personne ne cherche à me le piquer.

Même si elle avait raison sur un point (je m'applique à cuisiner aussi le dimanche), je dois vous dire que dix ans plus tard, mon couteau Global® et moi formons toujours une sacrée équipe. Son atout le plus évident : sa lame d'acier inoxydable à double biseau, que j'affûte à la samouraï à l'aide d'un aiguisoir coulissant. En plus d'avoir le tranchant d'un rasoir, elle est en acier inoxydable et ne risque donc pas de rouiller, peu importe la quantité d'eau ou d'acide dont elle est aspergée – contrairement aux lames en acier carbone. Un avantage de rêve pour les cuisiniers qui n'ont pas envie de se prendre la tête.

Un détail dont on parle moins – mais qui est encore plus important : ce couteau semble fait pour ma main. Comme s'il était un genre d'extension de mon bras, comme si un Ollivander (les fabricants de baguettes magiques dans *Harry Potter*) m'avait personnellement attribué un couteau parfait pour moi. Bon, ce qui est plus probable, c'est surtout que beaucoup de couteaux japonais sont conçus pour être plus légers que la norme, ce qui convient très bien à mes poignets délicats.

Le jury est là, à se demander si un couteau est plus résistant en un seul tenant, comme mon Global®, ou alors en deux éléments renforcés par une mitre entre la lame et son manche. Mon super couteau est d'un seul tenant, sans renforcement ni attache, avec une légère courbure entre la lame et le manche. Cela me va très bien, car il n'y a aucun obstacle qui puisse me donner des ampoules, même après plusieurs heures d'utilisation.

Peut-être que nous rentrons un peu trop dans les détails, mais tous les couteaux de cuisine du monde entier ont soit une lame plate soit une lame alvéolée. Je suis moi-même une grande fan des lames alvéolées parce qu'elles permettent la formation de poches d'air qui réduisent la succion au tranchage. En pratique, cela veut dire que vous n'avez pas à vous arrêter toutes les cinq secondes quand vous découpez un aliment un peu collant ou riche en amidon (comme une pomme de terre, une mangue, un avocat) pour écarter la tranche de votre couteau avant d'en couper une autre.

L'excellent coéquipier de mon G-80 est un jeune effronté au manche rose : le couteau à tomates de Victorinox®. C'est Sam, l'homme du duo mixte *Sam and Sam* du restaurant *Moro*, qui me l'a présenté. Il est petit, audacieux et a des dents aussi aiguisées que celles d'un joli chiot. Il rend plus léger le découpage de tomates, fraises, échalotes – et, si vous êtes mon amie Méron, vos espaces interdigitaux (les parties fines entre chaque doigt). Longue vie à l'hôpital public !

Mon troisième couteau, dans l'ordre d'utilisation, est mon couteau à pain adoré, un Opinel® à la lame courbée et dentelée. Son manche en bois doux me donne la sensation d'être à l'unisson avec le pain. Le bruit de sa lame large et dentelée tranchant le pain avec efficacité (et peu de miettes) est presque aussi satisfaisant que le goût de sa croûte dans ma bouche. Il est aussi un merveilleux allié pour les gâteaux et la pâtisserie. J'ai regardé les avis Amazon® et mes avis préférés sont : « ***** un couteau qui déchire. » et « Il coupe méchamment bien. » – et finalement, c'est surtout ça qui compte.

Mangez vos légumes verts

Pâtes au beurre de miso et aux légumes verts

La sauce au chou kale de Joshua McFadden a fait l'objet d'un véritable culte, incitant les cuisiniers du monde entier à manger 450 g de chou kale noir en un seul plat. Elle est impressionnante à bien des égards : sa quantité de légumes verts, sa simplicité et son excellente saveur. Je l'ai réalisée à plusieurs reprises, en remplaçant le parmesan par des graines de fenouil, du piment et du miso. Comme toutes les meilleures recettes, elle a pris une nouvelle vie dans ma cuisine et, avec tous mes remerciements à Joshua, en voici ma version.

NOTE Vous aurez besoin d'un mixeur et d'une très grande casserole (pouvant contenir environ 5 litres) munie d'un couvercle.

POUR 4 PERSONNES

60 g de beurre doux, *végétal ou laitier*
5 gousses d'ail, *hachées*
½ c. à café de graines de fenouil
½ c. à café de flocons de piment
100 g de brocoli, *haché*
400 g de chou kale noir (ou cavolo nero), *feuilles coupées en tranches*
¾ de c. à café de sel
2½ c. à soupe de pâte de miso blanc
3 c. à soupe d'huile d'olive extra vierge
500 g de pâtes orecchiette
huile pimentée ou huile d'olive extra vierge

Faites fondre le beurre 2 à 3 min dans une casserole munie d'un couvercle. Une fois le beurre bouillonnant, ajoutez l'ail, les graines de fenouil et les flocons de piment, puis faites revenir 2 à 3 min en remuant, jusqu'à ce que l'odeur devienne celle de l'ail cuit (assez comparable à celle du pain à l'ail).

Déposez alors le brocoli et le chou kale dans la casserole, avec le sel et 25 cl d'eau. Remuez – un petit défi, mais vous pouvez le faire ! –, couvrez, baissez le feu entre moyen et doux, puis laissez cuire en remuant régulièrement pendant 8 à 10 min, jusqu'à ce que les légumes verts flétrissent et deviennent tendres.

Versez ensuite tout le contenu de la casserole dans un mixeur ou un robot de cuisine. Versez le miso et l'huile d'olive et mixez jusqu'à obtention d'une sauce lisse, en raclant les parois si besoin (vous pouvez ajouter un peu d'eau si vous souhaitez une sauce encore plus soyeuse – j'en ajoute environ 4 c. à soupe).

Rincez la casserole du chou kale et du brocoli, remplissez-la d'eau (ne salez pas : le miso est déjà assez salé et vous pourrez toujours rectifier l'assaisonnement plus tard) et portez à ébullition. Faites cuire les pâtes selon les instructions figurant sur l'emballage et, lorsqu'il ne reste plus que 1 min, plongez délicatement une grande tasse dans l'eau pour prélever de l'eau de cuisson (riche en amidon).

Égouttez les pâtes, puis remettez-les dans la casserole. Ajoutez ensuite la sauce de légumes verts, mélangez-la bien aux pâtes avec environ 6 à 8 c. à soupe d'eau jusqu'à obtention de la consistance optimale. Goûtez et ajoutez du sel si nécessaire.

Prenez une grande cuillère pour déposer vos pâtes sur un plat de service et terminez par un filet d'huile pimentée ou d'huile d'olive.

OV PRÉPARATION 10 min / CUISSON 45 min

Curry de tofu, noix de coco et haricots verts

Au moment du tunnel entre les dernières chaleurs de l'été et l'air froid de l'hiver (appelons ça l'automne ?), je n'ai qu'une seule envie : manger du curry. Mais pas n'importe quel curry ! Je veux quelque chose de vif et de frais qui me fasse me sentir vivante, comme celui que je vous propose ici, et qui emprunte des saveurs à la cuisine thaïlandaise. Il est gorgé de piment, de gingembre, de curcuma et de citron vert, avec un peu de tofu et de noix de coco pour compléter le tout. J'espère qu'il éveillera vos sens, dégagera vos sinus et vous donnera l'envie de sauter à cloche-pied.

POUR 4 PERSONNES

1 paquet de 450 g de tofu extra-ferme, *égoutté*
huile de colza
300 g de haricots verts, *équeutés*
1 oignon jaune, *finement tranché*
1 morceau de gingembre de 5 x 4 cm (40 g), *râpé*
2 piments œil d'oiseau (ou piments thaïs), *finement tranchés*
1½ c. à café de sucre en poudre
½ c. à café de curcuma moulu
1½ c. à café de sel
1 boîte de 40 cl de lait de coco
1½ c. à soupe de jus de citron vert, *(1 citron)*
25 g de feuilles de basilic thaï fraîches

pour servir
riz parfumé au jasmin, *cuit* *(voir page 304)*

Épongez le tofu avec du papier absorbant et coupez-le en cubes de 2½ cm.

Placez une grande assiette à proximité (vous l'utiliserez plus tard pour le tofu et les haricots verts). Versez 3 c. à soupe d'huile dans une grande poêle à feu entre moyen et fort. Une fois chaude, ajoutez le tofu et faites-le frire 6 à 8 min en le retournant toutes les 1 à 2 min à l'aide d'une pince ou de 2 fourchettes, jusqu'à ce qu'il soit uniformément doré. Laissez la poêle sur le feu et transférez délicatement le tofu dans l'assiette.

Déposez les haricots verts dans la poêle chaude, répartissez-les bien pour qu'ils forment 1 seule couche, puis laissez-les dorer dans l'huile 2 min. Retournez les haricots avec précaution pour qu'ils soient rissolés des 2 côtés et laissez-les cuire 2 min supplémentaires, jusqu'à ce qu'ils prennent une couleur brune. Transférez-les alors dans l'assiette avec le tofu.

Remettez la poêle sur le feu, ajoutez 1 c. à soupe d'huile. Une fois bien chaude, ajoutez l'oignon et faites-le revenir 6 min en remuant, jusqu'à ce qu'il devienne translucide et qu'il commence à attacher. Ajoutez le gingembre et les piments, faites revenir 2 min, puis incorporez le sucre, le curcuma et le sel. Ajoutez ensuite le lait de coco, le tofu et les haricots verts, et le jus de citron vert. Portez le tout au point de mijotage et laissez cuire 5 min.

Vous pouvez maintenant incorporer les feuilles de basilic thaï, laissez cuire 1 dernière min, jusqu'à ce que les feuilles flétrissent. Remuez à nouveau et goûtez : ajoutez un peu de jus de citron vert ou de sel si nécessaire. Déposez le curry dans un plat de présentation, sur un lit de riz parfumé au jasmin cuit à la vapeur.

V/SG PRÉPARATION 15 min / CUISSON 30 min

Salade rujak à l'avocat, au tofu et au tamarin

Je n'ai jamais trop aimé le rujak, une salade malaisienne de tamarin et de fruits tropicaux. Je la trouvais vraiment trop sucrée, jusqu'à ce que je tombe sur la version de l'auteure culinaire Claire Thomson et que je voie la lumière. Sa recette était plus sobre, plus fraîche et plus légère. Elle a inspiré ma propre recette, à base d'avocat et de pomme. Elle est acide, piquante et sucrée elle aussi, mais... pas trop.

NOTE Le sambal oelek est une purée de piments assez acide utilisée dans de nombreux plats indonésiens et malaisiens. Vous la trouverez en épiceries asiatiques et en ligne (voir page 310). Une fois que vous l'aurez acheté, vous pourrez également préparer le curry de pois chiches et de pommes de terre et ses pains paratha (voir page 192).

POUR 2 PERSONNES
(il vous en restera forcément un peu)

2 c. à soupe de pâte de tamarin
1 c. à soupe de purée de piments sambal oelek, *ou selon votre goût*
1 c. à soupe de sirop de riz ou d'agave
4 c. à soupe de sauce soja claire
huile de colza
1 paquet de 450 g de tofu extra-ferme, *égoutté*
¼ de chou blanc (150 g), *finement râpé*
⅓ de concombre (150 g), *épépiné et coupé en fines tranches*
50 g de feuilles d'épinards
1 pomme Braeburn, *coupée en tranches de 2 mm*
1 avocat, *dénoyauté et coupé en quartiers*
1 grosse poignée de feuilles de menthe fraîche, *déchirées*
60 g de cacahuètes salées, *très finement hachées*

pour servir
quelques quartiers de citron vert

Commencez par la vinaigrette pimentée. Dans un petit bol, mélangez la pâte de tamarin, le sambal oelek et le sirop de riz ou d'agave avec 3 c. à soupe de sauce soja et 1 c. à soupe d'huile. Goûtez la vinaigrette, assurez-vous que vous êtes satisfait de l'équilibre entre le piquant, l'acide, le sucré et le salé, et ajustez si nécessaire.

Épongez le tofu avec du papier absorbant et coupez-le en cubes de 2½ cm . Versez 1 c. à soupe d'huile dans une poêle antiadhésive à feu moyen. Une fois chaude, faites revenir les cubes de tofu 8 min, en les retournant avec une pince ou 2 fourchettes, ou jusqu'à ce qu'ils soient uniformément dorés, puis ajoutez la c. à soupe restante de sauce soja, retirez du feu et versez dans un bol de présentation.

Ajoutez alors le chou, le concombre, les épinards, la pomme, les quartiers d'avocat, les feuilles de menthe et la moitié des cacahuètes dans le bol, puis mélangez avec les mains. Versez la vinaigrette et mélangez à nouveau. Décorez avec les cacahuètes restantes, puis servez avec des quartiers de citron vert dans une petite assiette pour qui voudra.

V PRÉPARATION 10 min / CUISSON 20 min

Haricots verts du Sichuan au tofu et aux shiitakés

La première fois que j'ai mangé des haricots à la mode Sichuan, tout boursouflés et ridés, je les ai dévorés comme des frites de McDonald's®. Ils étaient salés, moelleux et croquants, ce qui, selon moi, est synonyme d'accoutumance. Traditionnellement, ces haricots croquants étaient grillés à sec, mais ils sont servis frits de nos jours, dans la plupart des restaurants, tout du moins. Dans ma version, ils sont frits à grand feu dans un peu d'huile, puis servis au-dessus d'une petite montagne de shiitakés et de tofu émiéttés.

NOTE Vous aurez besoin d'un robot de cuisine ainsi que d'un pilon et d'un mortier (ou de quelque chose de lourd) pour écraser vos grains de poivre.

POUR 4 PERSONNES

1 c. à café de poivre de Sichuan
1 paquet de 280 g de tofu extra-ferme, *égoutté*
250 g de champignons shiitakés frais
huile de colza
400 g de haricots verts, *équeutés*
1 morceau de gingembre de 2cm, *râpé*
4 gousses d'ail, *écrasées*
4 oignons nouveaux, *finement hachés*
facultatif : 4 piments rouges doux, *finement hachés*
3 c. à soupe de vin de Shaoxing
3 c. à soupe de sauce soja claire

pour servir

riz parfumé au jasmin, *cuit* *(voir page 304)*

Tout d'abord, réduisez les grains de poivre en poudre grossière à l'aide d'un pilon et d'un mortier, puis mettez de côté. Dans un robot de cuisine, mixez le tofu et les champignons jusqu'à ce qu'ils soient réduits en morceaux de la taille d'une lentille ou d'un pois chiche.

Mettez 4 c. à soupe d'huile dans une grande poêle antiadhésive à feu vif et, une fois qu'elle est chaude, ajoutez délicatement les haricots en une seule couche de manière à ce que chacun touche le fond de la poêle (vous trouverez peut-être plus facile de le faire en 2 fois). Laissez cuire 3 min, puis retournez-les à l'aide d'une pince ou de 2 cuillères en bois. La cuisson des haricots peut occasionner quelques projections d'huile : mettez un couvercle si c'est le cas.

Laissez cuire encore 6 min (veillez à les retourner à nouveau au bout de 3 min), jusqu'à ce qu'ils semblent flétris, noircis et boursouflés. Éteignez le feu, puis déposez les haricots dans une assiette en laissant l'huile dans la poêle.

Remettez la poêle sur le feu et versez 1 c. à soupe d'huile si nécessaire. Incorporez alors le mélange de tofu et de champignons à l'huile chaude, puis laissez cuire 10 min (en remuant fréquemment pour vous assurer qu'il n'attache pas), ou jusqu'à ce qu'il réduise et devienne croustillant et bruni par endroits. Ajoutez le gingembre, l'ail, les oignons nouveaux, les piments et les grains de poivre de Sichuan écrasés. Mélangez et faites cuire 3 min supplémentaires.

Remettez enfin les haricots dans la poêle avec le vin Shaoxing et la sauce soja. Remuez quelques minutes, puis transférez-les dans un plat de service. Servez immédiatement avec du riz parfumé au jasmin.

V PRÉPARATION 10 min / CUISSON 35 min

Matar paneer aux noix de cajou et pois gourmands

Tout le monde aime le matar paneer, c'est l'un des plats chouchous en Inde. C'est ce que mes tantes cuisinent lorsque je leur rends visite, et c'est ce que l'on sert par camions entiers aux invités des mariages gujarati. Ce n'est pas pour rien qu'il figure sur tous les menus de tous les restaurants indiens (enfin, la plupart) de France et à l'étranger. Il existe de nombreuses variantes de ce curry bien-aimé, mais j'adore cette version du Nord indien. C'est une recette encore plus savoureuse grâce aux noix de cajou mélangées à la sauce. Une onctuosité de velours à laquelle le matar paneer s'associe volontiers.

NOTE Vous pouvez remplacer le paneer par du tofu, cela fonctionne parfaitement. Vous aurez besoin d'un mixeur pour réduire les noix de cajou en une pâte lisse.

POUR 4 PERSONNES

40 g de noix de cajou
huile de colza
100 g de pois gourmands
150 g de tomates cerise mûres
1 gros oignon jaune, *finement haché*
3 gousses d'ail, *écrasées*
1 morceau de gingembre de 2 cm, *râpé*
500 g de paneer, *coupé en cubes de 2½ cm*
1 boîte de 400 g de tomates concassées
1½ c. à café de sel
1 c. à café de cumin moulu
1½ c. à café de coriandre moulue
1 c. à café de piment Kashmiri moulu
½ c. à café de curcuma moulu
150 g de petits pois surgelés

pour servir

chapatis achetés dans le commerce ou faits maison *(voir page 307)*
yaourt grec ou « yaourt » végétal

Placez les noix de cajou dans un petit bol résistant à la chaleur. Faites bouillir 10 cl d'eau et versez-la sur les noix de cajou. Laissez reposer 5 min, puis passez le tout dans un mixeur jusqu'à obtention d'une pâte lisse.

Placez une assiette à proximité (sur laquelle vous déposerez tomates et pois gourmands une fois cuits). Versez 1 c. à café d'huile dans une grande poêle antiadhésive à feu entre moyen et élevé. Une fois très chaude, ajoutez les pois gourmands, laissez-les crépiter fortement 1 min, puis mélangez-les pour qu'ils dorent uniformément. Déposez-les sur l'assiette. Remettez la poêle sur le feu, ajoutez 1 c. à café d'huile et, une fois chaude, ajoutez les tomates cerises. Laissez-les boursoufler environ 5 min, en secouant la poêle de temps en temps, jusqu'à ce qu'elles noircissent par endroits, puis déposez-les par-dessus les pois gourmands.

Versez ensuite 2 c. à soupe d'huile dans la même poêle et baissez le feu à moyen. Une fois chaude, ajoutez l'oignon. Laissez-le cuire environ 8 min, jusqu'à ce qu'il ramollisse. Ajoutez alors l'ail et le gingembre, laissez cuire quelques minutes en remuant, puis ajoutez le paneer, les tomates en boîte, le sel et 20 cl d'eau (l'équivalent de ½ boîte de tomates). Mélangez et laissez bouillonner 10 min en baissant un peu le feu si le paneer commence à rendre son huile.

Pour finir, incorporez le cumin, la coriandre, le piment en poudre et le curcuma, et laissez cuire 2 min, en remuant. Ajoutez la pâte de cajou avec 10 cl d'eau (ou ¼ de boîte de tomates), mélangez à nouveau, puis remettez les tomates cerises et les pois gourmands dans la casserole. Incorporez les petits pois surgelés et laissez mijoter 5 min supplémentaires.

Servez à même la poêle ou dans un plat de service, accompagnez d'une pile de chapatis roussis et d'un peu de yaourt.

OV/OSG (AVEC PAIN SG) PRÉPARATION 10 min / CUISSON 40 min

Crêpes à la farine de pois chiches et leur chutney noix de coco

Les auteurs culinaires (comme moi) adorent parler de la beauté des ingrédients frais et préconisent de ne pas trop les manipuler pour qu'ils puissent parler d'eux-mêmes. C'est tout à fait vrai, mais on pourrait (et on devrait) en dire autant au sujet des ingrédients exceptionnels qui se trouvent dans nos placards. La farine de pois chiches et la noix de coco séchée peuvent sembler peu attrayantes à première vue, je vous l'accorde, mais si on les agrémente simplement de quelques produits de base issus du réfrigérateur, vous verrez qu'on peut ainsi réaliser des crêpes incroyablement délicieuses, des légumes épicés croquants à souhait et un chutney à la noix de coco que je dégusterais volontiers à la cuillère.

NOTE Vous aurez besoin d'un mixeur et d'une bonne poêle antiadhésive pour les crêpes (ou d'une crêpière). Si vous ne trouvez pas de brocoli violet Early Purple Sprouting ou qu'il n'est pas de saison, remplacez-le par du broccolini.

POUR 4 PERSONNES

150 g de farine de pois chiches
¼ de c. à café de levure chimique
¼ de c. à café de curcuma moulu
sel
350 g de « yaourt » végétal à la noix de coco
75 g de noix de coco déshydratée
1 piment vert long, *haché*
1 gousse d'ail, *hachée*
250 g de brocolis violet de la variété Early Purple Sprouting
250 g de blettes à carde arc-en-ciel
huile de colza
1 c. à café de graines de moutarde noire

Commencez par préparer la pâte à crêpes aux pois chiches. Placez la farine de pois chiches, la levure chimique, le curcuma et ½ c. à café de sel dans un bol et mélangez le tout à l'aide d'une fourchette. Ajoutez 75 g de « yaourt » et mélangez, puis incorporez petit à petit 25 cl d'eau jusqu'à obtention d'une belle pâte lisse. Laissez reposer.

Ensuite, préparez le chutney. Mixez la noix de coco, les 275 g de « yaourt » restants, le piment, l'ail, ¾ de c. à café de sel et 4 à 5 c. à soupe d'eau jusqu'à obtention d'un mélange homogène.

Préparez maintenant les légumes verts. Coupez le brocoli en fleurettes, puis tranchez ses tiges en morceaux de 2 cm ; placez-les dans un saladier. Coupez ensuite les tiges de blettes en morceaux de 2 cm, et ajoutez-les au brocoli. Coupez les feuilles de blettes en lanières de 4 cm et laissez-les sur la planche à découper.

Faites chauffer 1 c. à soupe d'huile dans une grande poêle. Une fois chaude, ajoutez les graines de moutarde. Laissez-les éclater, puis ajoutez le brocoli et les tiges de blettes. Laissez cuire 2 min, versez quelques c. à soupe d'eau, puis couvrez pour une cuisson à la vapeur de 3 min. Ajoutez la moitié du chutney ainsi que les feuilles de blettes, mélangez et reposez le couvercle quelques min, jusqu'à ce que les feuilles flétrissent. Goûtez et assaisonnez si nécessaire, puis laissez reposer pendant que vous cuisez les crêpes.

Pour les crêpes, déposez 1 filet d'huile dans une bonne poêle antiadhésive à feu moyen. Une fois chaude, versez 1 fine couche de pâte dans la poêle. Laissez cuire 1 min ou jusqu'à ce que la crêpe soit dorée, puis retournez-la. Faites cuire encore 1 min de l'autre côté, puis faites-la glisser sur une assiette. Répétez l'opération avec le reste de la pâte.

Placez vos crêpes sur des assiettes, tartinez-les de 1 cuillerée de chutney à la noix de coco, garnissez-les de vos légumes verts, repliez-les et dégustez aussitôt.

V/SG PRÉPARATION 10 min / CUISSON 35 min

Haricots verts à la libanaise avec riz aux vermicelles

Ma grand-mère aime que ses haricots verts soient cuits jusqu'à ce qu'ils soient mous, très très mous. Pendant des années, j'ai pensé que c'était dû à sa situation dentaire pas si optimale, mais un jour, j'ai compris que c'était simplement une question de goût. Pour la petite histoire, j'ai fait volte-face un soir d'été sur Edgware Road, à Londres, en dégustant un bol de loubieh bi zeit : des haricots verts libanais cuits lentement avec des oignons, des tomates et des épices, d'une tendreté incomparable. Après avoir passé des années à manger les haricots verts les plus croquants (voire même croustillants), j'ai appris une autre leçon précieuse : écoutez toujours vos aîné(e)s.

NOTE Les vermicelles utilisés ici sont parfois appelés « nids de vermicelles » au rayon pâtes des supermarchés.

POUR 4 PERSONNES

le riz

250 g de riz basmati
2 c. à soupe d'huile d'olive
100 g de pâtes vermicelles fines, *brisées en morceaux d'environ 5 cm*
50 cl de bouillon de légumes
½ c. à café de sel

les haricots

800 g de mélange de haricots verts et de haricots plats d'Espagne
10 cl d'huile d'olive
1 gros oignon ou 2 petits, *coupés en dés*
5 gousses d'ail, *émincées*
1 kg de tomates en grappe, *coupées en morceaux*
¾ de c. à café de cannelle moulue
¾ de c. à café de poivre noir moulu
¾ de c. à café de cumin moulu
1 c. à café de sel

pour servir

yaourt grec ou « yaourt » végétal épais à la noix de coco, *arrosé d'un filet d'huile d'olive*

Déposez le riz dans un grand bol et couvrez-le d'eau froide. Mélangez-le à la main jusqu'à ce que l'eau devienne trouble, égouttez puis répétez l'opération jusqu'à ce que l'eau soit claire. Couvrez-le d'eau à nouveau et laissez tremper.

Préparez les haricots : retirez les filaments des haricots plats si nécessaire, en utilisant un épluche-légumes pour raser les côtés, puis équeutez-les ainsi que les haricots verts. Coupez-les en biais, en morceaux de 4 cm.

Versez l'huile dans une grande poêle profonde munie d'un couvercle. Une fois chaude, ajoutez l'oignon et faites-le cuire 10 min, ou jusqu'à ce qu'il soit suffisamment tendre pour être facilement coupé à l'aide d'une cuillère en bois. Ajoutez l'ail, puis laissez cuire 3 min. Mettez les tomates et couvrez. Laissez cuire 8 à 10 min, jusqu'à ce que les tomates forment une soupe. Ajoutez les épices, le sel et les haricots, mélangez, puis couvrez à nouveau. Laissez cuire environ 40 min, en remuant de temps en temps et en ajoutant un peu d'eau si les haricots s'assèchent (j'ai ajouté environ 15 cl) – ils sont bien meilleurs gorgés de sauce. Retirez du feu et laissez reposer.

Pour le riz aux vermicelles, faites chauffer l'huile à feu moyen dans une casserole munie d'un couvercle hermétique. Une fois chaude, ajoutez les vermicelles brisés et faites-les sauter 2 min jusqu'à ce qu'ils prennent une teinte plus foncée, puis ajoutez le riz. Mélangez bien pour enrober le riz d'huile, puis incoporez le bouillon et le sel. Portez à ébullition, couvrez et réduisez à feu très doux pendant 12 min. Retirez du feu et laissez reposer encore 5 min, couvercle bien en place.

Pour servir, déposez une généreuse portion de riz aux vermicelles dans chaque assiette, surmontez-la de vos haricots et de 1 cuillerée de yaourt.

OV PRÉPARATION 10 min / CUISSON 1 h 10

Ragoût d'herbes persanes, de citron vert et de haricots rouges

J'ai la chance d'avoir une belle-mère arménienne, Roubina, qui est une cuisinière passionnée. Lorsque nous nous retrouvons, nous parlons de la joie que nous procurent les oignons frits croustillants, et de l'endroit où acheter les meilleurs biscuits persans aux noix de Londres (la pâtisserie persane *Tavazo* à Finchley). Pendant le confinement, nous avons même planifié un festin imaginaire pour célébrer son anniversaire (une fois que cela aurait été possible), et le premier repas sur ma liste était cette version vegan du ghormeh sabzi. Avec près d'un demi-kilo d'herbes, on pourrait penser que le goût sera sauvage, mais une fois cuit, ce qui est finalement vraiment sauvage, c'est la façon dont les herbes sont délicieusement apprivoisées.

NOTE Vous aurez besoin de citrons verts séchés (de préférence noirs, mais les blancs conviennent très bien) et de feuilles de fenugrec séchées. Ils sont tous 2 disponibles en épiceries du Moyen-Orient et en ligne (voir page 310). Vous aurez également besoin d'un robot de cuisine.

POUR 4 PERSONNES

330 g de riz basmati
200 g de coriandre fraîche
200 g de persil plat frais
200 g de pousses d'épinards
6 c. à soupe d'huile d'olive
2 oignons jaunes, *finement hachés*
3 petits poireaux (300 g), *parés et finement hachés*
1 c. à soupe de feuilles de fenugrec séchées
2 c. à café de sel, *plus un peu pour le riz*
¼ de c. à café de poivre noir moulu
½ c. à café de cannelle moulue
½ c. à café de curcuma moulu, *plus 1 c. pour le riz*
4 citrons verts persans séchés, *piqués avec une fourchette*
2 boîtes de 400 g de haricots rouges, *égouttés*
2 c. à soupe de jus de citron vert, *(1 à 2 citrons verts)*

Tout d'abord, lavez soigneusement le riz à l'eau froide jusqu'à ce qu'elle soit claire. Versez-le dans un bol, recouvrez d'eau puis réservez.

Retirez les tiges épaisses ou ligneuses des bouquets de coriandre et de persil plat, puis hachez-les grossièrement, tout comme les épinards. Mettez le tout dans un mixeur, puis mixez très finement (vous devrez peut-être vous y prendre à plusieurs fois). Transférez dans un bol et réservez.

Versez l'huile dans une grande casserole à feu moyen. Une fois chaude, ajoutez les oignons et les poireaux. Faites-les cuire 12 min en remuant souvent, jusqu'à ce qu'ils soient tendres et nacrés. Ajoutez le mélange d'herbes et d'épinards mixés, puis parsemez de fenugrec. Laissez cuire environ 20 min en remuant régulièrement à la cuillère, jusqu'à ce que le mélange devienne souple et dégage une odeur profonde de forêt. Incorporez alors le sel et les épices, puis ajoutez les citrons verts séchés et les haricots rouges, et mélangez le tout. Versez 75 cl d'eau ainsi que le jus de citron vert. Mélangez à nouveau, puis portez à ébullition. Baissez le feu pour faire mijoter et laissez cuire doucement environ 15 min, en remuant de temps en temps, jusqu'à ce que le mélange soit épais et ressemble à un ragoût.

Pendant ce temps, préparez le riz. Égouttez-le bien puis placez-le dans une casserole de taille moyenne avec 66 cl d'eau froide et ¼ de c. à café de sel, puis 1 c. à café de curcuma. Remuez, portez à ébullition et couvrez. Baissez ensuite le feu au minimum et laissez cuire 12 min.

Retirez du feu et laissez reposer, couvercle en place, encore 10 min. Pour servir, répartissez le riz dans des bols peu profonds et recouvrez du ragoût d'herbes en veillant à laisser les citrons verts dans la casserole afin d'éviter toute mauvaise surprise.

V/SG PRÉPARATION 10 min / CUISSON 1 h

Riz au thé vert et légumes au saké

Pendant le confinement, mon seul moyen de voyager était de penser aux différents endroits que j'avais visités et aux personnes que j'y avais rencontrées. C'est à ce moment que Sanjay m'est venu à l'esprit. C'est lui qui dirigeait le domaine de thé et l'hôtel *Glenburn Tea Estate* à Darjeeling, en Inde. Je me suis rappelé d'un dîner où à l'aide d'une épée, il a sabré une bouteille de champagne tout en racontant l'histoire d'une bataille qu'il avait remportée contre un cobra royal. Mais ce que j'ai surtout retenu de Sanjay, c'est son goût pour l'utilisation du thé vert en cuisine. Il l'utilisait pour fumer ses ingrédients et parfumer salades et gâteaux. Dans la présente recette, j'en ai fait un bouillon pour cuire le riz, ce qui donne des résultats beaucoup plus doux et nettement moins dramatiques que les histoires de Sanjay.

NOTE J'ai utilisé des sachets de thé vert matcha, mais n'importe quel bon sachet de thé vert fera l'affaire.

POUR 4 PERSONNES

350 g de riz parfumé au jasmin
2 sachets de thé matcha ou de thé vert
1¼ de c. à café de sel
3 c. à soupe d'huile de colza
3 gousses d'ail, *coupées en fines lamelles*
10 oignons nouveaux, *finement émincés*
1 pak-choï (250 g), *coupé en 4*
250 g de petits pois surgelés
200 g de pois gourmands
4 c. à soupe de sauce soja claire
4 c. à soupe de saké de cuisine

pour servir
facultatif : graines de sésame noir

Lavez le riz plusieurs fois à l'eau froide jusqu'à ce qu'elle soit claire, puis égouttez-le.

Versez 60 cl d'eau et déposez les sachets de thé dans une casserole de taille moyenne munie d'un couvercle hermétique. Portez à ébullition, laissez bouillir 1 min, puis retirez du feu. Pressez les sachets de thé contre la paroi de la casserole avec le dos d'une cuillère, puis jetez-les. Ajoutez le riz égoutté et le sel dans la casserole, portez à nouveau à ébullition à feu moyen, puis couvrez. Baissez le feu au minimum et laissez cuire 15 min. Retirez du feu, couvercle en place, puis laissez reposer 10 min.

Pendant ce temps, faites cuire les légumes. Versez l'huile dans une grande poêle munie d'un couvercle, à feu entre moyen et doux. Une fois l'huile chaude, ajoutez l'ail et les oignons nouveaux et faites-les cuire 8 min, en remuant de temps en temps. Ajoutez ensuite le pak-choï, les petits pois surgelés, les pois gourmands, la sauce soja et le saké. Couvrez et laissez cuire à la vapeur 5 à 7 min, jusqu'à ce que les légumes soient tendres, mais encore d'un vert éclatant.

Pour servir, répartissez le riz au thé vert dans 4 assiettes, puis déposez les légumes par-dessus. Parsemez de graines de sésame noir si vous le souhaitez.

V PRÉPARATION 10 min / CUISSON 35 min

Pappardelle à la mode de Xi'an au pak-choï

Benjamin Franklin a dit : « De l'adversité vient l'opportunité. » Cela s'applique aussi à la tentative ratée d'une femme de faire des nouilles biáng biáng à la main. De là est venue mon idée de les remplacer par des pappardelle séchées. Cette recette a donc été inspirée par de puissantes nouilles préparées à la main avec une « sauce spéciale » servies au *Xi'an Impression* à Highbury, Londres. Elles sont tellement parfaites, tellement inégalables, qu'elles y sont préparées sur commande par des experts. Malheureusement, ce ne seront jamais les mêmes à la maison, mais grâce à l'Italie et à son amour pour les pappardelle, vous pouvez aussi en faire chez vous… en suivant la recette qui suit.

NOTE Ma marque préférée pour l'huile de piment avec garniture est Lao Gan Ma®. Elle est disponible en épiceries asiatiques et en ligne (voir page 310), tout comme le vinaigre Chinkiang, un vinaigre noir piquant fabriqué à partir de riz gluant fermenté. Cela dit, le vinaigre Chinkiang peut éventuellement être remplacé par un balsamique léger.

POUR 4 PERSONNES

- **10 cl (6½ c. à soupe) de sauce soja claire**
- **3 c. à soupe d'huile pimentée croustillante,** *plus 1 c. à soupe de garniture*
- **1½ c. à soupe de vinaigre noir de Chinkiang**
- **5 c. à soupe d'huile de colza**
- **12 oignons nouveaux,** *parties vertes et blanches séparées, finement émincés*
- **6 gousses d'ail,** *écrasées*
- **400 g de pappardelle sèches**
- **3 têtes de pak-choï (380 g),** *feuilles séparées et cœurs coupés en 2*
- **¼ de c. à café de sel**

Mettez la sauce soja, l'huile pimentée, la garniture de piment et le vinaigre Chinkiang dans un saladier, mélangez et réservez.

Versez l'huile dans une grande poêle munie d'un couvercle, à feu entre doux et moyen. Ajoutez les blancs d'oignons nouveaux et l'ail. Laissez cuire doucement 3 à 4 min en remuant souvent, jusqu'à ce que l'ail soit bien doré. Déposez la moitié du mélange dans le saladier de sauce soja et laissez l'autre moitié dans la poêle.

Portez une grande casserole d'eau non salée à ébullition, plongez-y les pappardelle et faites-les cuire selon les instructions figurant sur l'emballage, puis égouttez-les. Ajoutez-les au saladier, puis mélangez jusqu'à ce que les ingrédients soient bien incorporés.

Remettez la casserole contenant le mélange d'oignons nouveaux sur feu vif. Une fois chaude, ajoutez le pak-choï, le sel et 4 c. à soupe d'eau, puis mélangez. Couvrez la poêle, laissez cuire 2 min, jusqu'à ce que les légumes soient tendres. Éteignez le feu et découvrez.

Répartissez les pappardelle dans 4 assiettes, avec ¼ de pak choï sur le côté.

V PRÉPARATION 10 min / CUISSON 25 min

Légumes d'hiver braisés à la noix de coco

Mary a vraiment ce petit (ou grand) quelque-chose en plus. « Mary », c'est Mary San Pablo, une très grande cheffe qui cuisine des plats d'origine philippine absolument exceptionnels avec une pointe d'influence *british*. Elle est à la tête de restaurants pop-up à Londres sous le nom de *Luto*, et c'est dans l'un d'entre eux que j'ai mangé pour la première fois du laing, un plat de légumes verts braisés au lait de coco, traditionnellement préparé avec des feuilles de taro. Mary avait plutôt utilisé du chou kale, qu'elle avait fait cuire jusqu'à ce qu'il devienne soyeux et savoureux (des mots que je ne réserve généralement pas au kale), et qu'elle avait servi sur du riz. J'ai tellement aimé ce plat que j'ai eu envie de le manger à nouveau. Vous savez maintenant tout sur l'origine de cette recette.

POUR 4 PERSONNES

3 c. à soupe d'huile de colza
1 gros oignon, *finement émincé*
4 gousses d'ail, *écrasées*
1 morceau de gingembre de 4 cm, *râpé*
4 piments œil d'oiseau (ou piments thaïs), *finement hachés*
2 poireaux (250 g), *parés et finement tranchés*
400 g de chou kale (ou cavolo nero), *côtes retirées, feuilles déchiquetées*
½ chou de Milan moyen (400 g), *paré et finement râpé*
2½ c. à soupe de miso de riz brun
2 c. à soupe de vinaigre de vin blanc
¾ de c. à café de sel
1 c. à soupe de sauce soja claire
1 boîte de 40 cl de lait de coco
250 g de petits pois surgelés, *décongelés*

pour servir

riz parfumé au jasmin, *cuit* *(voir page 304)*

Versez l'huile dans une grande casserole profonde à feu moyen. Une fois chaude, ajoutez l'oignon et laissez cuire 10 min en remuant régulièrement, jusqu'à ce qu'il soit tendre et bien coloré. Déposez l'ail, le gingembre et les piments, faites cuire 3 min, en remuant souvent, puis ajoutez les poireaux et laissez cuire encore 5 min.

Incorporez le chou kale haché (procédez peut-être par lots pour permettre aux feuilles de flétrir un peu) et laissez cuire 5 min en remuant de temps en temps. Ajoutez le chou de Milan et faites cuire 5 min, jusqu'à ce que les feuilles soient tendres et d'un vert éclatant.

Ajoutez maintenant le miso, le vinaigre, le sel et la sauce soja. Mélangez, puis versez le lait de coco. Prenez la boîte de conserve vide, remplissez-la d'eau et versez-la dans la casserole, puis portez à ébullition. Déposez les petits pois, laissez cuire 3 à 4 min, juste pour les réchauffer. Retirez du feu et servez bien chaud sur un lit de riz parfumé au jasmin.

V PRÉPARATION 20 min / CUISSON 40 min

Œufs

et

fromages

Paneer butter masala au four

J'avais l'habitude d'aller régulièrement manger du paneer butter masala avec un ami indien, Aditya, dans un petit restaurant près de Russell Square à Londres, jusqu'au jour où il s'est passé quelque chose de bizarre qui a fait que nous n'y sommes plus jamais retournés. Ce jour-là, il a commis l'erreur de porter une chemise et un pantalon noirs pour dîner et, comme un joueur de rugby avec le ballon, il s'est fait plaquer plusieurs fois sur le chemin des toilettes, car on l'a pris pour un serveur. Aditya, celle-ci est pour toi.

NOTE Je n'utilise en fait pas de beurre dans cette recette, mais de la crème ! Vous pouvez ajouter un bon morceau de beurre à votre curry avant de servir si vous êtes plus attaché à la tradition que moi. Et le kasuri methi est une poudre de paillettes de feuilles de fenugrec séchées, que vous trouverez en supermarchés asiatiques ou en ligne (voir page 310). Pour info, cette recette se marie très bien avec le thoran d'asperges et de noix de cajou (voir page 268).

POUR 4 PERSONNES

le paneer

huile de colza
500 g de paneer, *coupé en cubes de 2½ cm de côté*
6 gousses d'ail, *écrasées*
1 morceau de gingembre de 2 cm, *finement râpé*
1 c. à café de piment Kashmiri moulu
½ c. à soupe de jus de citron, *(½ citron)*
¾ de c. à café de sel
½ c. à café de curcuma moulu
5 c. à soupe (75 g) de yaourt grec

la sauce au beurre

1 c.à café de piment Kashmiri moulu
1 c. à café de garam masala
1 c. à café de cumin moulu
½ c. à café de cardamome moulue
¾ de c. à café de sel
2 c. à soupe de miel liquide
2 boîtes de 400 g de pulpe de tomates
15 cl de crème fraîche épaisse
1½ c. à soupe de kasuri methi

pour servir

facultatif : beurre
naans chauds *(voir page 306)*

Préchauffez le four à 220 °C (th. 7) ou 200 °C (th. 6) à chaleur tournante et tapissez une plaque à four profonde ou un plat à four (d'environ 20 x 30 cm) de papier cuisson antiadhérent. Badigeonnez le papier d'un peu d'huile.

Déposez les cubes de paneer dans un saladier, ajoutez la moitié de l'ail et la moitié du gingembre ainsi que le piment en poudre, le jus de citron, le sel, le curcuma et le yaourt. Mélangez bien, déposez le tout sur la plaque à four et enfournez 25 min, ou jusqu'à ce que le paneer soit croustillant et commence à noircir légèrement sur les bords.

À la sortie du four, faites délicatement glisser le papier cuisson, mais laissez le paneer sur la plaque. Ajoutez 3 c. à soupe d'huile et le reste du gingembre et de l'ail, et enrobez bien le paneer avec. Ajoutez ensuite les épices pour la sauce au beurre, ainsi que le sel et le miel. Mélangez, puis déposez la pulpe de tomates sur le paneer, en veillant à bien le recouvrir. Enfournez à nouveau 30 min.

Sortez du four, puis ajoutez la crème et le kasuri methi. Remuez à nouveau et remettez au four 10 min. Sortez une dernière fois du four, ajoutez du beurre si vous le souhaitez, puis servez tout de suite accompagné de naans chauds.

OSG (SANS NAAN) PRÉPARATION 10 min / CUISSON 1 h 15

Naans de paneer au glaçage mangue-citron vert

«Toutes les bonnes choses vont par trois», dit le proverbe. C'est vrai pour Les petits cochons, pour «1,2,3 Soleil», et bien entendu, pour les Destiny's Child. J'ajoute à cette liste le paneer, le naan et le chutney de mangue.

NOTE La liste des ingrédients peut paraître longue, mais ne vous en faites pas, cette recette est hyper rapide.

POUR 4 PERSONNES

5 c. à soupe de yaourt grec
5 c. à soupe de mayonnaise
½ c. à soupe de curry doux moulu
3½ c. à soupe de chutney de mangue *(j'aime celui de Geeta's)*
½ chou rouge (250 g), *paré, le reste très finement râpé*
sel
2 citrons verts, *1 pour son jus (2 c. à soupe), 1 en quartiers*
2 gousses d'ail, *écrasées*
1 c. à soupe de farine de pois chiches
1 c. à soupe d'huile de colza
500 g de paneer, *coupé en cubes de 2½ cm de côté*
4 naans ou pains plats, *achetés dans le commerce*
30 g de feuilles de menthe fraîche

Commencez par préparer la mayonnaise au curry. Déposez le yaourt, la mayonnaise, le curry et 1 c. à soupe de chutney de mangue dans un bol. Mélangez bien et réservez.

Placez ensuite le chou râpé dans un bol avec ½ c. à café de sel, puis frottez-le avec les mains (préalablement lavées) jusqu'à ce qu'il paraisse flétri (si vos mains se colorent de rouge, frottez-les avec ½ citron vert).

Pour le glaçage à la mangue et au citron vert, versez le jus de citron vert, 2½ c. à soupe de chutney de mangue, l'ail, la farine de pois chiches ainsi que 1 c. à café de sel et 3 c. à soupe d'eau dans un saladier, puis remuez bien.

Versez l'huile dans une poêle à feu entre moyen et élevé. Une fois chaude, faites frire le paneer environ 5 min, en le retournant toutes les minutes environ, pour le faire dorer de chaque côté. Baissez le feu, ajoutez le glaçage à la mangue et au citron vert et laissez cuire 3 à 4 min en remuant, jusqu'à ce qu'il devienne collant et enrobe bien les cubes de paneer.

Réchauffez les naans ou pains plats (je les passe au micro-ondes), tartinez-les de mayonnaise au curry, garnissez-les de chou, recouvrez-les de paneer et parsemez-les de feuilles de menthe. Arrosez légèrement d'un peu de citron vert pressé, enroulez et dégustez.

OSG (AVEC DU PAIN SG) PRÉPARATION 10 min / CUISSON 20 min

Œufs au beurre de soja et algue nori

Des œufs coulants, un peu d'algue nori, le tout dans un bol de riz réconfortant : l'un de mes remèdes miracles aux petits problèmes de la vie de tous les jours : les embouteillages, le mauvais temps, l'imprimante qui ne fonctionne toujours pas, l'élévation du niveau de la mer ou marcher pieds nus sur de minuscules pièces de Lego, et j'en passe... Ces œufs, ces algues et ce riz « feel good » ne font pas disparaître les petits problèmes, mais ils m'apportent du réconfort, du plaisir et une plus grande force pour me battre un peu plus fort le lendemain matin.

Cette recette s'inspire un peu du plat favori des cuisiniers coréens, le gyeran bap. Dans ma version, le riz se parfume d'huile de sésame, les œufs s'enrobent de beurre de soja et l'algue nori nage dans le mirin.

NOTE Le nori, une algue comestible séchée, est souvent utilisé pour envelopper les sushis. On le trouve en grande surface et en épiceries asiatiques.

POUR 2 PERSONNES

200 g de riz à grain courts ou de riz à sushi
2½ c. à soupe de sauce soja claire
2 c. à soupe de mirin
2 c. à soupe d'huile de sésame grillé
1 feuille d'algue nori, *coupée en morceaux irréguliers*
3 c. à soupe de beurre doux (environ 40 g), *coupé en cubes*
1 c. à soupe d'huile de colza
2 à 4 œufs *(selon votre appétit)*

Commencez par le riz. Placez-le dans une casserole de taille moyenne munie d'un couvercle hermétique ; couvrez-le d'eau tiède et mélangez bien à la main, puis égouttez et répétez l'opération jusqu'à ce que l'eau soit claire. Couvrez-le d'eau tiède à nouveau et laissez tremper 5 min. Égouttez-le une dernière fois, puis remettez-le enfin dans la casserole avec 30 cl d'eau à feu moyen. Placez le couvercle et portez à ébullition. Une fois le point d'ébullition atteint, baissez immédiatement le feu et laissez mijoter 10 min. Éteignez le feu et laissez reposer 10 min, couvercle bien en place, pendant que vous préparez les œufs.

Pour les œufs, prenez une spatule ou une écumoire et préparez une assiette à proximité. Dans un petit bol, versez la sauce soja, le mirin et l'huile de sésame, puis déposez les morceaux d'algue nori dans le mélange.

Déposez le beurre avec l'huile de colza dans une grande poêle antiadhésive à feu moyen. Une fois que le tout commence à mousser, incorporez les œufs (j'aime faire basculer doucement la poêle d'un côté puis de l'autre pour que le beurre recouvre le dessus des œufs, ou encore les arroser de beurre à l'aide d'une cuillère). Laissez cuire 3 à 3½ min si vous aimez les jaunes d'œufs coulants, ou jusqu'à ce qu'ils soient à votre goût. Retirez-les enfin du feu et transférez-les dans l'assiette à l'aide de la spatule ou de l'écumoire. Versez le mélange de sauce soja et d'algue nori dans la poêle chaude et mélangez.

Pour servir, répartissez le riz dans 2 bols, ajoutez 1 ou 2 œufs dans chaque bol et versez votre beurre de soja au nori sur le dessus. Dégustez immédiatement.

PRÉPARATION 5 min / CUISSON 25 min

Omelette aux œufs marbrés avec sauce nam pla

Quelques minutes après mon atterrissage à Bangkok, j'ai pris un tuk-tuk à 40 minutes de la ville pour me rendre dans un restaurant de quartier appelé *Baan Pee Lek*, où je suis instantanément tombée amoureuse, non pas d'un homme, mais d'une omelette. Elle était ce que la plupart des autres œufs rêver de devenir : rubanée de blanc et d'or, joliment ridée, et si moelleuse en son centre. Aussi simple soit-elle, cette omelette est pour moi le cœur battant de ce livre. Elle est facile à faire, belle et vraiment, vraiment délicieuse. La sauce nam pla vient prêter main forte à cette recette, permettant à la divine omelette de se mélanger plus facilement au riz et de devenir un repas complet.

NOTE Préparez d'abord le riz si vous le mangez en même temps. Vous aurez besoin d'une bonne poêle antiadhésive munie d'un couvercle pour l'omelette. Pour cette recette, j'utilise une sauce poisson végétale, aussi appelée *no fish sauce*.

POUR 2 PERSONNES

1 piment œil d'oiseau (ou piment thaï), *émincé*
2½ c. à soupe de *no fish sauce*
1 c. à soupe de jus de citron vert, *(1 citron vert)*
8 gros œufs
4 c. à soupe d'huile de colza
¼ de c. à café de sel

pour servir
riz parfumé au jasmin, *cuit (voir page 304)*
no fish sauce
mayonnaise, *idéalement de la marque anglaise Kewpie®*

Commencez par la sauce nam pla. Déposez le piment dans un bol, versez 2 c. à soupe de *no fish sauce* et le jus de citron vert. Remuez, puis réservez.

Pour l'omelette, cassez les œufs dans un bol, ajoutez le sel et ½ c. à soupe de *no fish sauce*. Percez les jaunes d'œufs à l'aide d'une fourchette, puis mélangez délicatement pour que les jaunes et les blancs forment des marbrures.

Dans une grande poêle antiadhésive munie d'un couvercle versez l'huile et mettez à feu moyen. Prenez une cuillère en bois pour vérifier la température de l'huile : des bulles se formeront autour de son extrémité lorsque vous la plongerez à température optimale.

Versez alors les œufs, et mélangez avec la cuillère en bois comme si la poêle était un cadran d'horloge : poussez les œufs du centre de la casserole vers les repères de 1 h, 2 h, 3 h (et ainsi de suite) dans le sens des aiguilles d'une montre, jusqu'à ce que vous soyez revenu à votre point de départ. Faites cela 2 fois de suite, de manière assez rapide (cela devrait prendre environ 2 min), puis couvrez 30 sec pour que le dessus des œufs cuise lui aussi.

Pour finir, prenez 4 assiettes de présentation et garnissez-les de riz chaud. Coupez l'omelette en 4, répartissez-la dans vos assiettes avec votre sauce nam pla, de la *no fish sauce* et de la mayonnaise pour accompagner.

SPL/SG PRÉPARATION 5 min / CUISSON 12 min

Cornbread au cheddar et au gochujang

En 2004, après la fac, j'ai emménagé dans un tout petit appartement à Islington (un quartier du Grand Londres) avec une amie, Julie. Nous avions toutes les deux des jobs mal payés malgré de longues heures à travailler. Et pour couronner le tout, je me suis fait virer. Pour me remonter le moral, Julie m'a invitée à dîner dans un nouvel endroit que nous venions de découvrir et qui s'appelait *Ottolenghi*. J'ai commandé un cornbread au fromage et au jalapeno qui m'a tout simplement époustouflée. J'étais si enthousiaste que la serveuse m'en a donné à emporter et m'a aussi donné l'e-mail de Yotam (le chef du restaurant – qui porte d'ailleurs son nom) pour que je puisse lui demander la recette. Je ne lui ai jamais écrit, mais je suis aujourd'hui reconnaissante des rebondissements de la vie qui m'ont amenée à écrire ici ma propre recette de cornbread, en hommage à ce premier « gangster » pimenté.

NOTE Cette recette est parfaite pour un repas d'été léger, mais vous pouvez l'étoffer avec des œufs au plat, de la sour cream et de l'avocat par exemple. Pour cette recette, vous aurez besoin d'une sauteuse ou d'une poêle de 28 cm de diamètre allant au four.

POUR 4 À 6 PERSONNES

le cornbread

150 g de farine ordinaire
200 g de polenta fine
2 c. à café de levure chimique
½ c. à café de bicarbonate de soude
2 c. à soupe de sucre en poudre
1½ c. à café de sel
400 g de yaourt grec
3 gousses d'ail, *écrasées*
4 gros œufs
3 c. à soupe de pâte de gochujang (60 g)
125 g de beurre doux, *fondu, plus un peu pour badigeonner*
200 g de cheddar mature, *râpé*

les pickles de maïs doux

huile de colza
1 oignon rouge, *finement émincé*
2 piments verts longs, *finement hachés*
2 c. à soupe de vinaigre de vin blanc
¾ de c. à café de sel
200 g de maïs doux surgelé, *décongelé*
1 c. à soupe de graines de sésame noir
12 g de coriandre fraîche, *hachée*

pour servir

facultatif : de l'avocat, des œufs au plat et de la *sour cream* *(du commerce ou faite maison)*

Préchauffez le four à 200 °C (th. 6) ou 180 °C (th. 6) à chaleur tournante, puis beurrez généreusement votre sauteuse.

Déposez la farine, la polenta, la levure chimique, le bicarbonate de soude, le sucre et le sel dans un saladier, puis mélangez bien. Mettez ensuite le yaourt à la grecque, l'ail, les œufs, le gochujang, le beurre fondu et la moitié du cheddar râpé dans un autre saladier, puis mélangez bien incorporez les ingrédients secs aux ingrédients humides, versez le mélange dans la sauteuse et répartissez le reste du cheddar râpé sur le dessus. Enfournez 30 min, ou jusqu'à ce que le fromage soit doré et qu'un couteau inséré au centre du pain en ressorte propre.

Pendant la cuisson, préparez les pickles de maïs doux. Pour ce faire, versez 1 c. à soupe d'huile dans une grande poêle à feu entre moyen et élevé. Une fois l'huile chaude, ajoutez l'oignon et les piments. Faites-les 4 à 5 min, puis ajoutez 1 c. à soupe de vinaigre et ½ c. à café de sel en remuant. Transférez le tout dans un saladier. Versez 1 autre c. à soupe d'huile dans la poêle, ajoutez le maïs et faites cuire 6 à 8 min, en ne remuant que 1 fois ou 2 pour permettre aux grains d'attacher un peu et de brunir. Remettez ensuite les oignons dans la poêle, puis ajoutez 1 autre c. à soupe de vinaigre ainsi que les graines de sésame et ¼ de c. à café de sel. Retirez du feu et ajoutez la coriandre en remuant.

Une fois le cornbread prêt, retirez-le du four et laissez refroidir quelques minutes. Vous pouvez le servir à même la sauteuse ou démoulé sur une très grande assiette plate (placez celle-ci sur la sauteuse et, à l'aide de gants de cuisine, saisissez la sauteuse en maintenant l'assiette, puis retournez le tout comme une tarte tatin ; le cornbread se démoulera à l'envers sur l'assiette, il vous faudra donc le remettre à l'endroit). Pour finir, déposez les pickles de maïs doux au milieu du cornbread, puis coupez-le en tranches. Servez chaud avec de l'avocat, des œufs au plat et 1 cuillerée de *sour cream*, si cela vous dit.

PRÉPARATION 10 min / CUISSON 45 min

Salade aux œufs frits

Voici l'une des façons les plus rapides de cuire un œuf en Orient : le dessus des œufs est arrosé avec l'huile chaude du fond de la poêle, ce qui signifie qu'il n'est pas nécessaire d'attendre que la partie liquide autour des jaunes soit cuite. En prime, vous obtenez une texture fantastique : des blancs croustillants, dorés, dentelés et bouillonnants, et des jaunes à peine cuits. Mais le meilleur dans cette recette n'est même pas la rapidité ou la texture, c'est la joie que procure la vinaigrette thaïe, piquante et acide, qui se mélange aux jaunes et au riz de la manière la plus excellente qui soit.

NOTE Je vous suggère de cuire le riz parfumé au jasmin en premier pour le manger en même temps ; il restera chaud jusqu'à 1 h avant dégustation. Toutes les sauces poissons végétariennes aussi appelées *no fish sauce* ne se valent pas, mais celle de Thai Taste® est excellente.

POUR 2 PERSONNES

2½ c. à soupe de jus de citron vert, *(2 à 3 citrons verts)*
2½ c. à soupe de *no fish sauce*
2½ c. à café de cassonade ou de sucre de palme
1 gousse d'ail, *écrasée*
1 piment œil d'oiseau (ou piment thaï), *finement émincé*
1 oignon nouveau, *finement émincé*
1 échalote longue, *coupée en 2 dans la longueur, puis finement émincée en longues lamelles*
huile de colza ou de tournesol
4 œufs
1 poignée de coriandre fraîche, *tiges retirées*

pour servir

riz parfumé au jasmin, *cuit* *(voir page 304)*

Commencez par la vinaigrette. Versez le jus de citron vert, la *no fish sauce* et le sucre dans un bol. Mélangez jusqu'à ce que le sucre se dissolve. Ajoutez l'ail, le piment, l'oignon nouveau, l'échalote et 1½ c. à soupe d'eau. Mélangez de nouveau et réservez.

Tapissez une assiette de papier absorbant et préparez une spatule ou une cuillère écumoire pour la suite.

Pour les œufs, versez ½ cm d'huile dans une poêle antiadhésive de taille moyenne et faites chauffer à feu moyen. Une fois l'huile très chaude (trop pour y passer la main à 10 cm de distance), cassez 2 œufs dans la poêle (attention aux projections, n'hésitez pas à baisser un peu le feu si la cuisson est trop « intense »). Les œufs devraient faire des bulles. Laissez cuire 1 à 1½ min, en arrosant soigneusement les jaunes avec l'huile chaude pour que les blancs cuisent et que les bords soient dentelés, dorés et croustillants. Ce temps de cuisson donnera un jaune très coulant ; laissez cuire 2 min pour un jaune plus ferme. Transférez les œufs dans l'assiette tapissée à l'aide de l'écumoire, puis répétez l'opération avec les œufs restants.

Une fois tous les œufs cuits, déposez-les dans un plat de service à l'aide de l'écumoire, puis arrosez-les de vinaigrette. Parsemez de feuilles de coriandre et servez immédiatement accompagné de riz parfumé au jasmin cuit à la vapeur.

SPL/SG PRÉPARATION 8 min / CUISSON 10 min

Œufs de Malabar Hills et leur chutney de tomates

Certains de mes meilleurs amis à Bombay sont des Parsis, descendants des zoroastriens persans qui ont émigré en Inde il y a des milliers d'années. Les Parsis sont réputés pour leur singularité et leur passion pour les œufs... qui ne se limite pas à la cuisine. Il existe par exemple une coutume, appelée *achoo-meechoo*, qui consiste à agiter un œuf autour de la tête d'une personne (6 fois dans le sens des aiguilles d'une montre, 1 fois dans le sens inverse), puis à le casser, pour conjurer le mauvais sort. En ce qui concerne la cuisine, l'un des plats préférés des Parsis est le kanda papeta par eeda, ou « œufs sur pommes de terre ». J'en ai mangé lors d'un séjour chez des amis à Malabar Hill (dans le sud de Bombay), et je n'ai pas pu m'empêcher d'en faire une recette.

NOTE Un robot de cuisine équipé d'une grande râpe vous permettra de râper plus facilement et rapidement les pommes de terre, mais vous pouvez également utiliser une râpe à légumes si vous avez de l'endurance. Vous aurez besoin d'une plaque à four de 30 x 40 cm.

POUR 2 à 4 PERSONNES

le chutney de tomates

350 g de tomates mûres, *finement hachées*
1 c. à soupe de jus de citron vert, *(1 citron)*
1 c. à café de flocons de piments chipotles, *broyés au mortier et au pilon*
3 gousses d'ail, *écrasées*
¾ de c. à café de sel

les pommes de terre et les œufs

huile de colza, *plus pour graisser*
1 kg de pommes de terre Maris Piper (ou autre pomme de terre à chair farineuse), *lavées*
1½ c. à café de sel
1 oignon jaune, *finement émincé*
1 c. à café de cumin moulu
½ c. à café de curcuma moulu
4 gros œufs

pour servir

facultatif : feuilles de coriandre fraîche
fleur de sel

Préchauffez le four à 200 °C (th. 6) ou 180 °C (th. 6) à chaleur tournante, puis tapissez une plaque à four de papier cuisson et graissez-la d'un peu d'huile.

Commencez par le chutney de tomates : mettez tous les ingrédients dans un bol de présentation, mélangez bien et réservez.

Déposez ensuite les pommes de terre dans un robot de cuisine pour les râper. Une fois râpées, versez-les dans un saladier avec 1 c. à café de sel. Mélangez à la main, puis laissez reposer 5 min.

Sortez les pommes de terre râpées du saladier une fois reposées, placez-les sur un torchon propre et fin, dont vous ramènerez les bords au centre pour enserrer les pommes de terre et les essorer (jusqu'à ce qu'il n'y ait plus d'eau sortant du torchon). Remettez les pommes de terre dans le saladier, puis ajoutez l'oignon, le cumin, le curcuma, 4 c. à soupe d'huile et ½ c. à café de sel. Mélangez bien à l'aide d'une cuillère, puis versez le mélange sur la plaque à four préalablement graissée, en veillant à bien étaler la préparation jusqu'aux bords. Enfournez 40 min.

Retirez la plaque du four et créez 4 petites cavités peu profondes (comme des petits nids) dans le mélange de pommes de terre à l'aide du dos d'une grande cuillère. Cassez délicatement un œuf dans chaque nid, puis enfournez à nouveau 8 à 10 min, ou jusqu'à ce que les blancs soient bien cuits, que les jaunes soient encore liquides (si vous les aimez ainsi) et que les pommes de terre soient dorées et croustillantes.

Sortez la plaque du four, parsemez les œufs de feuilles de coriandre et d'un peu de fleur de sel. Découpez 4 portions égales (en contournant bien les œufs !), puis répartissez dans des assiettes de présentation. Servez tout de suite, avec le chutney de tomates à part.

SG/SPL PRÉPARATION 5 min / CUISSON 1 h 15

Crêpes croustillantes de Taipei au gruyère et au kimchi

Les dan bing sont l'un des petits-déjeuners les plus populaires de Taipei (à Taïwan), mais je préfère les manger au dîner. Leur nom signifie « crêpes aux œufs ». Il s'agit de crêpes mi-croustillantes, mi-tendres, abritant une fine couche d'œufs et tout ce que vous pouvez désirer : du maïs doux, du fromage et des oignons nouveaux. Un vrai rêve gustatif.

NOTE Cette recette permet de faire 4 à 5 crêpes. Il vous faudra ajuster les proportions des ingrédients selon le nombre de crêpes souhaité. Les dan bing sont souvent servis avec une sauce soja sucrée. Si vous n'en avez pas, mélangez 2 c. à soupe de sauce soja foncée avec 2 c. à soupe de sirop d'agave ou de sirop de riz.

POUR 2 PERSONNES

les crêpes

100 g de farine ordinaire
30 g (3 c. à soupe) de Maïzena®
¼ de c. à café de sel
1 gros œuf
huile de colza

la farce

100 g de kimchi, *égoutté et haché*
100 g de gruyère, *râpé*
4 gros œufs
½ c. à café de poivre blanc
½ c. à café de sel
5 oignons nouveaux, *finement hachés*

pour servir

sauce soja sucrée

Commencez par préparer la pâte à crêpes. Versez la farine, la Maïzena® et le sel dans un saladier, puis mélangez à l'aide d'un fouet. Ajoutez l'œuf et versez 22 cl d'eau chaude petit à petit, en fouettant jusqu'à ce que le mélange soit homogène.

Préparez ensuite la garniture. Déposez le kimchi et le gruyère râpé dans un autre saladier, puis mélangez. Casser les œufs dans un bol, puis incorporez le poivre, le sel et presque tous les oignons nouveaux (réservez-en 1 c. à soupe pour la décoration finale de votre plat). Mélangez bien.

Versez 1 c. à café d'huile dans une poêle ou une crêpière antiadhésive à feu entre moyen et fort. Une fois chaude, déposez 1 première louche de pâte et faites tourner la poêle de façon à ce que la pâte en recouvre le fond. Laissez cuire environ 1 min jusqu'à ce que la crêpe ne soit plus translucide, puis retournez-la pour la cuire 30 s supplémentaires. Déposez dans une assiette à proximité et répétez l'opération avec le reste de pâte (en rajoutant de l'huile lorsqu'il n'y en a plus sur la poêle).

Pour enfin préparer vos dan bing, versez 1 c. à café d'huile dans la même poêle à feu moyen. Une fois chaude, versez ¼ ou ⅕ du bol contenant les œufs (¼ si vous avez obtenu 4 crêpes, ⅕ si vous en avez obtenu 5) et laissez bouillonner. Attendez que le mélange soit cuit sur les bords, mais encore cru au milieu pour le recouvrir d'une crêpe. Laissez cuire environ 30 s, jusqu'à ce que l'œuf soit cuit et que vous puissiez le retourner avec une spatule. Saupoudrez l'œuf de ¼ ou de ⅕ du mélange kimchi-gruyère en formant une ligne sur son milieu.

Vous pouvez maintenant rouler la crêpe (j'aime utiliser 2 spatules pour cela : l'une d'un côté pour soulever, la seconde pour plier). Laissez-la dans la poêle pour qu'elle cuise encore quelques minutes (jusqu'à ce que l'extérieur soit brûlant et que le fromage semble fondu au milieu). Faites-la glisser sur une assiette et répétez l'opération pour les crêpes suivantes. Pour servir, coupez les dan bing en tranches de 3 à 4 cm, décorez d'oignons nouveaux crus et arrosez de sauce soja sucrée.

PRÉPARATION 10 min / CUISSON 30 min

Paneer pimenté à la mode de Corée

L'Inde nous offre l'un des meilleurs fromages à frire du monde, le paneer. Et la Corée, l'une des meilleures pâtes au piment. Ce n'était qu'une question de temps avant que ces deux pays n'établissent une liaison culinaire.

NOTE Le paneer et le gochujang – pâte de piment rouge, sucrée, piquante et funky – sont disponibles dans la plupart des supermarchés et des épiceries spécialisées. Préparez d'abord le riz si vous le mangez en même temps.

POUR 4 PERSONNES

2 c. à soupe de pâte de gochujang
1½ c. à soupe de sirop de riz ou de miel
2 c. à soupe de sauce soja claire
2 c. à soupe d'huile de sésame grillé
1½ c. à café de vinaigre de vin blanc
huile de colza
500 g de paneer, *coupé en cubes de 2½ cm*
4 gousses d'ail, *écrasées*
4 oignons nouveaux, *finement émincés*
1 morceau de gingembre de 2 cm, *coupé en allumettes*
300 g de jeunes pousses de salade ou de feuilles de laitue, *coupées en lanières de 1½ cm*

pour servir
riz rond, *cuit (p.307)*

Commencez par préparer la sauce. Versez le gochujang et le sirop de riz dans un bol de taille moyenne. Mélangez, puis ajoutez la sauce soja, l'huile de sésame, le vinaigre et 3 c. à soupe d'eau, mélangez à nouveau et réservez.

Versez 2 c. à soupe d'huile de colza dans une grande poêle antiadhésive à feu moyen. Une fois chaude, ajoutez les cubes de paneer et retournez-les toutes les minutes à l'aide d'une spatule en bois pendant environ 6 min, jusqu'à ce qu'ils soient bien colorés. Versez alors les cubes dans un bol, en gardant l'huile dans la poêle si possible.

Remettez la poêle sur le feu (ajoutez 1 c. à soupe d'huile de colza si nécessaire). Une fois chaude, ajoutez l'ail, les oignons nouveaux et le gingembre. Faites sauter 1 min, puis ajoutez à nouveau les cubes de paneer ainsi que la sauce au gochujang. Laissez bouillir 2 min avant d'incorporer les légumes verts (1 poignée à la fois pour qu'ils ne débordent pas). Laissez frire 6 à 8 min en mélangeant de temps en temps, jusqu'à ce que les légumes verts soient colorés et bien incorporés au reste de la préparation. Les légumes ainsi que le paneer doivent être bien enrobée de la sauce qui doit avoir un aspect glacé.

Déposez le paneer dans un grand bol de service, et le riz dans un autre. Munissez-vous de très grandes cuillères et encouragez les convives à se servir eux-mêmes.

PRÉPARATION 15 min / CUISSON 25 min

Salade Maharani

Maharani signifie « reine » en hindi. Prenez place et régalez-vous. Votre Altesse.

NOTE Cette salade est encore meilleure à peine sortie du four, quand le paneer est tendre et chaud.

POUR 2 PERSONNES
(il en restera forcément un peu)

1½ c. à café de paprika fumé
1 c. à café de coriandre moulue
1 c. à café de cumin moulu
½ c. à café de curcuma moulu
huile de colza
sel
1 kg de chou-fleur, *feuilles et tiges retirées*
1 gros oignon rouge, *coupé en quartiers de 2 cm*
300 g de broccolini, *extrémités ligneuses retirées*
250 g de paneer, *coupé en tranches de 1 cm d'épaisseur dans la largeur*
75 g d'amandes blanchies, *grossièrement hachées*
1½ c. à soupe de jus de citron, *(1 citron)*
80 à 100 g de micro-pousses de pois ou de feuilles de salade

Préchauffez le four à 220 °C (th. 7) ou 200 °C (th. 6) à chaleur tournante.

Déposez le paprika, la coriandre, le cumin et le curcuma dans un petit bol et mélangez.

Versez 3 c. à soupe d'huile dans un saladier et ajoutez 2 c. à café d'épices ainsi que ½ c. à café de sel, puis mélangez.

Divisez ensuite le chou-fleur en bouquets de 4 cm maximum de large. Incorporez-les au saladier, ajoutez également l'oignon, puis mélangez pour les enrober dans l'huile et d'épices. Gardez le bol sur le côté et prenez une grande plaque à rôtir pour y déposer le chou-fleur et l'oignon rouge en une seule couche. Faites rôtir 30 min dans le four chaud, ou jusqu'à ce qu'ils soient légèrement tendres et qu'ils commencent à brunir.

Pendant ce temps, déposez le broccolini, le paneer et les amandes dans le même saladier. Versez 2 c. à soupe d'huile et ajoutez le reste des épices avec ½ c. à café de sel. Mélangez bien ; puis déposez le tout sur une seconde plaque à rôtir. Enfournez-la pour les 10 dernières min de cuisson du chou-fleur et de l'oignon rouge.

Une fois tendres et dorés, laissez le broccolini, le paneer et les amandes refroidir 5 min, puis déposez-les sur la première plaque. Arrosez d'huile et de jus de citron, ajoutez 1 dernière c. à café de sel avant d'incorporer les micro-pousses de pois ou la salade. Répartissez dans 2 assiettes de présentation et dégustez immédiatement.

SG PRÉPARATION 5 min / CUISSON 45 min

Pizza du Golden Mile

Qu'est-ce qu'on mange ce soir ? Indien ? Ou plutôt une pizza ? Sachez que vous pouvez avoir les deux ! J'ai écrit cette recette en souvenir d'une pizza bien-aimée de ma jeunesse . Une pizza végétarienne que j'ai mangée dans l'un des nombreux restaurants indiens du Golden Mile de Leicester (en Angleterre), sur Belgrave Road, vers 1990. J'y étais avec mes cousins. Ce soir-là, nous avons aussi bu beaucoup de canettes de jus de mangue Rubicon et fait quelques virages au frein à main dans un parking voisin. Ah, la jeunesse !

NOTE Pour plus de facilité, la pâte est prête en 5 min grâce au robot et peut reposer 1 nuit au réfrigérateur. Cela veut dire que vous devrez commencer la veille, mais sachez aussi que la pâte peut être conservée jusqu'à 5 jours au réfrigérateur. Vous aurez besoin de 2 grands récipients ou bols pour la faire lever, d'une plaque à four de 30 x 40 cm et d'épices chaat masala, que vous pouvez acheter dans n'importe quel supermarché indien ou en ligne (voir page 310).

POUR 2 GRANDES PIZZAS
(pour 4 personnes)

la pâte à pizza

750 g de farine boulangère, *plus un peu pour saupoudrer*
1 c. à soupe de sucre en poudre
2 c. à café de sel
2 c. à café de levure instantanée (ou 7 g)
3 c. à soupe d'huile de colza, *plus un peu pour graisser*

la sauce tomate

1 c. à soupe d'huile de colza
2 gousses d'ail, *écrasées*
1 boîte de 400 g de concassé de tomates
½ c. à café de piment Kashmiri moulu
2 c. à soupe de ketchup
½ c. à café de sel

la garniture

4 c. à soupe d'huile de colza
1 c. à soupe de chaat masala
2 piments verts longs, *finement hachés*
200 g de mozzarella râpée *(c'est-à-dire à faible teneur en eau)*
300 g de tomates cerise, *coupées en 2*
100 g de maïs doux
1 poivron vert, *coupé en tranches de 1 cm*
½ oignon rouge, *coupé en rondelles de ¾ cm*
2 boules de mozzarella de 125 g, *égouttées et déchirées en petits morceaux*

Graissez les 2 récipients prévus pour conserver la pâte.

Pour la pâte, mettez la farine, le sucre, le sel et la levure dans un robot de cuisine et mélangez jusqu'à obtention d'un mélange homogène. Versez l'huile de colza et 50 cl d'eau tiède, puis pétrissez – toujours au robot de cuisine –, jusqu'à ce que la pâte forme une boule. Pétrissez encore 20 sec supplémentaires, puis déposez la pâte sur une surface légèrement farinée et pétrissez-la 5 min à la main, jusqu'à ce que vous obteniez une boule lisse. Divisez alors la pâte en 2 boules égales que vous placerez dans les récipients prévus à cet effet. Recouvrez-les d'un couvercle ou de film alimentaire, puis placez au réfrigérateur 1 journée minimum.

Pour la sauce tomate, versez l'huile dans une casserole à feu moyen. Une fois chaude, ajoutez l'ail et laissez cuire 1 min avant d'incorporer les tomates concassées et le piment en poudre. Laissez cuire 10 min, puis ajoutez le ketchup avec le sel. Retirez enfin du feu, laissez refroidir et placez au réfrigérateur jusqu'au dernier moment.

Le jour où vous voulez préparer votre pizza, sortez la pâte du réfrigérateur au moins 1 h à l'avance. Préchauffez ensuite le four à sa température la plus élevée au moins 15 min avant la cuisson, avec 1 grille au centre. Profitez de ces 15 min pour disposer à l'avance les éléments de la garniture devant vous et pour préparer l'huile pimentée au chaat masala : mettez l'huile, le chaat masala et les piments dans un petit bol, puis mélangez.

Prenez 1 plaque à four, déposez-y 1 des 2 boules de pâte. Étirez-la délicatement sur la plaque jusqu'à ce qu'elle atteigne les coins, en veillant à ne pas écraser ses bulles d'air, en particulier sur les bords. Une fois la pâte étalée, déposez-y la moitié de la sauce tomate de manière uniforme, puis répartissez la moitié des éléments de la garniture dans l'ordre suivant : mozzarella râpée ; tomates cerise ; maïs doux ; poivron vert ; oignon rouge ; et mozzarella fraîche pour finir.

Enfournez 12 à 15 min, jusqu'à ce que le fromage fasse de petites bulles, puis sortez votre pizza indienne du four. Arrosez-la d'un filet d'huile pimentée, puis coupez-la en 8 parts. Mangez-la avec vos convives, puis répétez les mêmes opérations pour une seconde fournée.

PRÉPARATION 15 min / CUISSON 40 min (+ 1 nuit de repos)

15 15
200°c

Essentiels

La poêle

Beaucoup de cuisiniers entre dans leur rôle en mettant leur tablier. Moi, je dépose ma poêle sur la cuisinière : en bas à droite, poignée vers la gauche. Et là, ça y est, je commence à m'activer et j'entre dans le monde merveilleux du dîner.

Ce sont les petits détails qui comptent quand il s'agit de choisir une poêle. Optez pour la bonne et vous l'utiliserez presque tout le temps. Optez pour la mauvaise et ce sera alors comme dormir dans le mauvais lit ou conduire la mauvaise voiture.

J'ai eu mes lots de réussites et d'échecs tout au long du chemin. Et voilà ce que je sais sur la question.

Je choisirais une sauteuse plutôt qu'une simple poêle à frire (comme on disait avant) tous les jours de la semaine. Ma sauteuse possède des rebords hauts, presque verticaux, au lieu des rebords typiquement inclinés des poêles communes. Ce petit détail est important pour plusieurs raisons. Pour commencer, il est plus facile d'y remuer toute une poêlée d'ingrédients sans que tout ne déborde. Je pense que les pentes très inclinées mais pas tout à fait verticales, comme les toboggans et les pistes de ski, sont faites pour aider les humains et les choses à voler. Mais il est vrai que ce n'est pas une particularité si intéressante quand on cuisine.

Toutes les poêles (sauteuses ou non) sont référencées selon leur diamètre le plus large. Ma sauteuse de 28 cm possède en fait un fond de 26 cm, alors que ma poêle (à frire) de 28 cm a un fond de seulement 20 cm. Ça ne semble pas faire une grande différence à première vue, mais je vous jure qu'on s'en rend compte en cuisinant. Avec une sauteuse, vous pourrez faire revenir plus d'aliments en une fois qu'avec une poêle (à frire), comme des tranches d'aubergines, par exemple ! Des œufs ! Des champignons ! Plus de place pour vos légumes dans votre poêle veut dire moins de temps à passer devant les fourneaux et plus de temps pour jouer à chifoumi ou à tout ce qui vous plaira.

Et ce n'est pas seulement le fond de votre poêle qui est important, c'est surtout la quantité de nourriture que vous pouvez y cuisiner. Ma sauteuse de 28 cm, par exemple, peut contenir 1,9 l de liquide, tandis que ma poêle ne peut en contenir que 1,4 l. Ma sauteuse est donc bien plus flexible et, je l'utilise d'ailleurs tout le temps pour mes currys.

J'avoue que le fait qu'elle soit en cuivre ou faite de matériau de récup' comme un vieux radiateur m'importe peu. Ce qui est plus important, c'est que je la sente bien en main. Elle doit être assez robuste pour que je puisse remuer son contenu sans avoir besoin de la maintenir (tout en étant confiante sur le fait que la nourriture ne va pas brûler en deux secondes) ; mais aussi suffisamment légère pour qu'elle sache qui est la boss quand je la fais tourner et vriller, ou juste quand je la lave à l'évier.

La mienne a un bon revêtement antiadhésif et elle peut aller au four : deux points très importants pour une poêle. J'ai tendance à la nettoyer à la main, mais il est toléré de la faire entrer dans le temple de la destruction des poêles (le vilain lave-vaisselle) de temps en temps.

Enfin, pensez à acheter des poêles munies d'un couvercle. « Mais qui utilise un couvercle ? », m'a un jour demandé mon amie Georgie, alors même que je faisais voler les miens comme des frisbees à la recherche du plus adapté. Moi, j'en utilise tout le temps. Sans couvercle, votre liquide va s'évaporer – ce qui est super pour faire revenir certains ingrédients ou pour faire réduire une sauce. Mais si vous voulez du riz ou des légumes cuits à la vapeur par exemple, il vous faudra justement créer un mini sauna pour permettre à la chaleur et au liquide de pénétrer vos ingrédients. C'est tout une technique, et cela réduit aussi le temps de cuisson – CHI-FOU-MI !

Champi-
gnons et
famille des
oignons

Galettes aux portobellos à la sauce hoisin

Un jour, à la sortie de l'école, maman s'est jetée sur la mère de mon ami Wade Pang – une excellente cuisinière chinoise – pour lui demander comment elle faisait pour trouver de la sauce hoisin. Mme Pang lui a fait part de son secret : il existait une sauce en boîte. C'est ainsi que notre « grande époque de la sauce hoisin » a débuté, et que nous en avons dégusté et appliqué sur tout. Cela a coïncidé avec le moment où papa a acheté par erreur du compost de champignons au lieu d'un engrais basique, ce qui a entraîné des récoltes à la pelle... Ainsi sont nés nos célèbres portobellos à la sauce hoisin. On peut encore aujourd'hui se procurer la même sauce en boîte, mais elle est terriblement sucrée... et il me semble bien plus plaisant de la préparer soi-même en quelques minutes (même dans sa version approximative), n'est-ce pas ?

NOTE Pour cette recette, vous devrez vous procurer des graines de soja noir salé et fermenté, connu aussi sous le nom de « haricots noirs salés » ou « douchi ». Vous pourrez les trouver en épiceries et supermarchés asiatiques ou en ligne (voir page 310). Vous aurez également besoin de 2 grandes plaques à four – les miennes mesurent environ 30 x 40 cm.

POUR 4 PERSONNES

1½ kg de gros portobellos (environ 15), *coupés en tranches de 1 cm d'épaisseur*
5 c. à soupe d'huile de sésame grillé
3 c. à café de haricots noirs salés
2 c. à café de cinq-épices chinois
100 g de beurre de cacahuète lisse
3 c. à soupe de sirop de riz ou d'agave
2½ c. à soupe de vinaigre de riz
4 c. à soupe de sauce soja claire
10 oignons nouveaux
¾ de concombre, *épépiné et coupé en 2 dans la longueur*
16 galettes fines chinoise

pour servir
mayonnaise (végétale, si vous voulez)

Préchauffez le four à 220 °C (th. 7) ou 200 °C (th. 6) à chaleur tournante.

Déposez les portobellos tranchés dans un saladier, mélangez-les avec l'huile de sésame, répartissez-les uniformément sur 2 grandes plaques à four (ils se chevaucheront certainement) et faites-les rôtir 20 min.

Pendant ce temps, préparez la sauce hoisin. Placez les haricots noirs salés dans un bol de taille moyenne, ajoutez 5 c. à café d'eau et écrasez bien à la fourchette. Ajoutez le cinq-épices, le beurre de cacahuète, le sirop de riz, le vinaigre ainsi que la sauce soja, puis mélangez au fouet jusqu'à obtenir une sauce. Réservez.

Tranchez les oignons nouveaux en 2, puis émincez-les en longues et fines lamelles. Découpez ensuite le concombre en lamelles de même longueur et largeur que les oignons nouveaux. Placez-les sur un plat de service (chacun d'un côté) et recouvrez d'une feuille de papier absorbant humide pour les maintenir au frais.

Retirez les portobellos du four une fois qu'ils sont prêts. Inclinez les plaques pour retirer le jus de cuisson à l'aide d'une cuillère. Regroupez ensuite tous les champignons sur 1 seule plaque, nappez-les de sauce hoisin et mélangez pour les enrober. Remettez au four 10 min pour que la sauce se réchauffe et devienne épaisse et sirupeuse. Pendant ce temps, faites chauffer les galettes selon les instructions figurant sur l'emballage.

Pour servir, tartinez 1 galette chaude d'un peu de mayonnaise, garnissez-la de portobellos à la sauce hoisin, ajoutez quelques lamelles de concombre et d'oignons nouveaux, roulez-la bien serrée et dégustez.

OV/SPL PRÉPARATION 10 min / CUISSON 40 min

Riz aux shiitakés à l'huile pimentée de noix de pécan

Dans une autre vie, j'ai travaillé à la Tate Modern (à Londres). C'est là que j'ai appris en quoi consistait le dessin automatique, une pratique grâce à laquelle les artistes dessinent sans réfléchir, dans le but d'explorer leur subconscient. Je ne dis pas cela parce que je prétends être une artiste, mais parce que je fais beaucoup de « cuisine automatique », c'est-à-dire que je n'ai généralement pas de plan très établi avant de préparer le dîner. Il est possible que cette recette vous révèle mes pensées les plus profondes, ou peut-être tout simplement ce qui se trouvait dans mon placard.

NOTE Le gingembre rose mariné, appelé *beni shoga* ou *kizami shoga*, rehausse vraiment les saveurs de ce plat, il vaut donc la peine de s'en procurer. Si vous n'en trouvez pas, vous pouvez toutefois le remplacer par le gingembre pour sushi (qui est plus doux et plus pâle).

POUR 4 PERSONNES

15 g de champignons shiitakés séchés
350 g de riz parfumé au jasmin
huile de colza
1 oignon jaune, *finement émincé*
3 gousses d'ail, *écrasées*
400 g de champignons frais (½ de gros champignons de paris et ½ de champignons des bois), *finement émincés*
2 c. à soupe de miso de riz brun
2 c. à soupe de sauce soja claire
2 c. à soupe de vin de Shaoxing
sel
50 g de noix de pécan, *finement hachées*
1 c. à soupe de flocons de piment chipotle
4 oignons nouveaux, *finement émincés*
1½ c. à soupe de vinaigre de vin blanc

pour servir
gingembre rose mariné japonais

Mettez les shiitakés séchés dans un récipient gradué résistant à la chaleur et versez-y 50 cl d'eau fraîchement bouillie. Laissez tremper 10 min, puis pressez les shiitakés (comme si vous les essoriez) en les conservant dans l'eau pour en faire un bouillon (ajoutez 45 cl d'eau du robinet si nécessaire). Retirez les shiitakés du récipient, découpez-les en fines tranches et réservez. Laver le riz parfumé au jasmin dans une passoire en le remuant avec la main jusqu'à ce que l'eau soit claire, puis égouttez-le et mettez-le de côté.

Versez 2½ c. à soupe d'huile dans une poêle large et profonde munie d'un couvercle. Une fois chaude, ajoutez l'oignon et faites-le revenir 8 min, jusqu'à ce qu'il soit tendre. Ajoutez l'ail, faites revenir 3 min supplémentaires, puis ajoutez les tranches de shiitakés et les champignons frais. Laissez cuire encore 5 min environ, jusqu'à ce que les champignons aient ramolli et réduit de volume. Versez le miso et faites cuire 3 à 4 min, jusqu'à ce que les champignons commencent à s'imbiber et à caraméliser.

Déposez le riz dans la poêle, remuez pour enrober les grains du mélange de champignons, puis versez le bouillon de shiitakés, la sauce soja, le vin de Shaoxing ainsi que ¼ de c. à café de sel. Remuez à nouveau. Portez à ébullition, couvrez, baissez le feu et laissez mijoter 15 min. Éteignez ensuite le feu, couvercle bien en place, et laissez la cuisson se terminer à la vapeur au moins 5 min.

Pendant la cuisson du riz, préparez l'huile de noix de pécan. Déposez les noix de pécan, les flocons de piment et les oignons nouveaux (réservez-en 1 c. à soupe pour décorer) dans une petite casserole avec le vinaigre, 7,5 cl d'huile et ¾ de c. à café de sel. Portez brièvement à ébullition à feu moyen, puis éteignez le feu.

Pour servir, répartissez le riz dans 4 assiettes, décorez de 1 cuillerée de gingembre rose mariné et 1 cuillerée d'oignons nouveaux (ceux que vous avez réservés), et arrosez d'huile de noix de pécan à votre goût.

V PRÉPARATION 15 min / CUISSON 45 min

Dîner chez Shuko Oda

Le restaurant *Koya* de Shuko Oda, à Soho (à Londres), est l'un de nos endroits préférés avec Hugh pour sortir dîner tous les deux. Nous adorons nous asseoir côte à côte au bar, tandis que les chefs nous proposent tranquillement et consciencieusement une myriade de plats simples et magnifiques. Je jette souvent mon dévolu sur le hiya-atsu, qui est à l'origine de cette recette. Ce plat délicieux se compose de trois éléments : un bouillon chaud, des nouilles udon froides et un miso salé à la cacahuète. La force de ce plat réside peut-être au cœur du miso doucement salé qui fait le lien entre feu et glace.

NOTE Le kombu est une sorte d'algue comestible déshydratée qui permet de faire un excellent bouillon. Il est disponible dans les supermarchés asiatiques et en ligne (voir page 310). Vous aurez également besoin d'un mixeur pour le miso de cacahuètes.

POUR 4 PERSONNES

100 g de cacahuètes salées
½ c. à soupe de miso rouge
½ c. à soupe de miso blanc
2½ c. à soupe de sirop d'avoine ou de riz
6 champignons shiitakés séchés
1 morceau de kombu de 10 x 15 cm
1 morceau de gingembre de 5 x 4 cm (40 g), *râpé*
4 portions de 150 g de nouilles udon précuites
150 g de champignons shiitakés frais, *finement tranchés (ou entiers si très petits)*
⅓ de chou pointu (150 g), *coupé en quartiers de 2 cm au point le plus large*
2 c. à soupe de sauce soja claire
2 c. à soupe de mirin
½ c. à café de sel

Pour le miso aux cacahuètes salées, réduisez les cacahuètes en poudre dans un mixeur, en prenant soin de ne pas les transformer en beurre de cacahuètes. Versez-les dans un bol, ajoutez les 2 misos et le sirop, puis mélangez bien. Formez 4 boules avec la pâte obtenue et réservez.

Pour le bouillon, commencez par déposer les shiitakés séchés dans une grande casserole. Faites ensuite des incisions dans le kombu tous les 4 cm, mais ne le tranchez pas (il sera ainsi plus facile à retirer du bouillon). Versez 1½ l d'eau bouillante dans la casserole et laissez tremper 15 min. Déposez le gingembre, portez à ébullition, puis passez le bouillon au tamis (enlevez champignons, gingembre et kombu) et réservez.

Portez une autre grande casserole d'eau à ébullition, et plongez-y les nouilles udon. Faites-les bouillir 2 min, puis égouttez-les, rincez à l'eau froide jusqu'à ce qu'elles soient complétement refroidies, puis réservez.

Remettez alors la casserole du bouillon sur le feu. Ajoutez les shiitakés frais, le chou pointu, la sauce soja, le mirin et le sel. Portez à nouveau à ébullition, puis retirez du feu.

Pour servir, répartissez les nouilles et les boules de miso aux cacahuètes salées dans 4 assiettes de présentation et versez le bouillon dans 4 bols. Une fois à table, profitez : prenez une gorgée de bouillon, trempez-y quelques nouilles, dégustez une petite bouchée de miso aux cacahuètes salées (en utilisant des baguettes pour en coupez juste un peu à la fois).

V PRÉPARATION 10 min / CUISSON 35 min

Tofu braisé aux haricots noirs et à l'oignon

L'omniprésence des plats chinois à emporter en Angleterre est une chose tout à fait merveilleuse. Pour commencer, ce sont eux qui ont imposé la popularité de la sauce aux haricots noirs. Je connais, cela dit, peu de gens qui la préparent maison, contrairement à d'autres plats venus de loin. Son ingrédient clé – le soja noir fermenté salé – est tout petit, mais détient une super puissance assez funky avec sa texture fondante et sa saveur de chocolat noir si fruitée. Il est bien heureusement facile de s'en procurer (grâce aussi à l'omniprésence des supermarchés chinois) et sa durée de conservation est incroyable, ce qui signifie que vous pouvez préparer votre propre sauce n'importe quand, n'importe où et en un clin d'œil.

NOTE On peut facilement trouver des graines de soja noir fermentées salées dans tous les supermarchés chinois ; la marque la plus appréciée en Angleterre est Zheng Feng.

POUR 4 PERSONNES

4 c. à soupe de Maïzena®
2 paquets de 280 g de tofu extra-ferme, *égouttés*
huile de colza
2 oignons jaunes, *coupés en morceaux de 2 cm, tuniques séparées*
2 poivrons rouges, *épépinés et coupés en cubes de 2 cm*
1 c. à café de sel
1 morceau de gingembre de 4 x 2 cm, *finement haché*
4 gousses d'ail, *coupées en fines lamelles*
4 c. à soupe de haricots noirs salés, *bien rincés, puis hachés*
2 piments rouges frais, *émincés*
3 c. à soupe de vinaigre de vin blanc
3 c. à soupe de sauce soja claire

pour servir
riz parfumé au jasmin, *cuit* *(voir page 304)*

Dans un bol, mélangez 1 c. à soupe de Maïzena® avec 10 cl d'eau.

Versez les 3 c. à soupe de Maïzena® restantes dans une assiette creuse. Épongez le tofu avec du papier absorbant et coupez-le en cubes de 2 cm, puis mélangez-le avec la Maïzena®, en utilisant une cuillère afin d'en recouvrir tous les côtés.

Placez une grande sauteuse antiadhésive sur feu moyen et versez 2 c. à soupe d'huile. Une fois chaude, faites frire le tofu 4 à 6 min de chaque côté, jusqu'à ce qu'il soit doré (vous devrez peut-être procéder en 2 fois selon la taille de votre sauteuse). Transférez les cubes de tofu frits dans une assiette et réservez.

Remettez la même poêle sur feu entre moyen et élevé et versez 2 c. à soupe d'huile. Une fois chaude, ajoutez les oignons, les poivrons et le sel. Faites-les frire dans l'huile 6 min (en les remuant toutes les minutes environ), ou jusqu'à ce que les oignons commencent à noircir sur les bords et à ramollir. Incorporez le gingembre et l'ail et laissez frire 2 min supplémentaires en remuant de temps en temps, puis ajoutez les haricots noirs et les piments émincés. Mélangez, puis remettez les cubes de tofu dans la poêle avec la pâte de Maïzena®, le vinaigre et la sauce soja. Laissez mijoter le tout et mélangez pour enrober les cubes de tofu dans la sauce épaissie.

Transférez dans un plat de service et servez avec du riz parfumé au jasmin.

V PRÉPARATION 10 min / CUISSON 30 min

Brochettes de pleurotes en huître croustillants et salade bak choy

Les pleurotes en huître pourraient bien gagner la palme des aliments les plus polyvalents. Ils semblent être végétaux et viandes à la fois, à travers leur apparence et leur saveur quand ils sont cuisinés à point. Ils s'enrobent ici de miel, de soja, d'ail et de gingembre – une marinade maison que ma mère nous préparait lorsqu'elle cuisinait des plats chinois – et sont ensuite délicatement rôtis jusqu'à ce qu'ils soient dorés, croustillants et juteux.

NOTE Préparez le riz à l'avance si vous le mangez en même temps. Vous aurez besoin de 2 grandes plaques à four (les miennes mesurent 30 x 40 cm), et de 8 longues brochettes en métal ou en bois. Si vous utilisez des brochettes en bois, faites-les préalablement tremper dans l'eau 20 min.

POUR 8 BROCHETTES
(pour 4 personnes)

les pleurotes en huître
6 c. à soupe (9 cl) d'huile de colza
3 c. à soupe de miel liquide
3 c. à soupe de sauce soja claire
6 gousses d'ail, *écrasées*
1 morceau de gingembre de 5 x 4 cm (40 g), *râpé*
¼ de c. à café de sel
800 g de pleurotes en huître

la salade
250 g de bak choy ou de chou cantonnais
1 branche de céleri
½ concombre
2 c. à soupe d'huile de sésame grillé
2 c. à soupe de vinaigre de riz
2 c. à soupe de sauce soja claire
1 piment œil d'oiseau (ou piment thaï), *finement haché*
50 g de cacahuètes salées, *finement hachées*

la mayonnaise
100 g de mayonnaise
1 c. à café de vinaigre de riz
20 g de ciboulette fraîche, *finement hachée*

pour servir
riz parfumé au jasmin, *cuit* *(voir page 304)*

Préchauffez le four à 220 °C (th. 7) 200 °C (th. 6) à chaleur tournante et recouvrez 2 grandes plaques à four de papier cuisson.

Pour la marinade de pleurotes, mettez tous les ingrédients (sauf les champignons) dans un saladier et mélangez. Déchirez les gros champignons en 2, gardez les petits intacts et placez-les dans la marinade. Mélangez bien avec les mains jusqu'à ce que les champignons soient bien enrobés.

Enfilez les champignons sur les brochettes et placez-les sur les plaques de four. Laissez cuire 20 min, jusqu'à ce que les champignons soient dorés et que les bords commencent à accrocher. Pendant ce temps, préparez la salade et la mayonnaise.

Que vous utilisiez du bak choy ou du chou cantonais, coupez les tiges en tranches de 1 cm d'épaisseur et les feuilles en tranches de 3 cm d'épaisseur. Déposez-les dans un bol de présentation avec le céleri coupé en tronçons fins et le concombre coupé en fins demi-cercles. Dans un autre bol, préparez la vinaigrette en mélangeant l'huile de sésame, le vinaigre, la sauce soja et le piment. Mettez les ingrédients de la mayonnaise dans un autre petit bol et mélangez, en gardant un peu de ciboulette pour la touche finale.

Au moment de servir, battez la vinaigrette au fouet et incorporez-la à la salade, puis mélangez. Pour servir, placez le riz cuit à la vapeur dans un bol peu profond, arrosez-le d'huile de sésame et saupoudrez de sel. Disposez les brochettes sur un plateau à portée de main de chaque convive, et servez-les avec la salade et la mayonnaise à la ciboulette.

SPL PRÉPARATION 10 min / CUISSON 35 min

Congee de céleri et de shiitakés

Ce délicieux congee de shiitakés et de céleri est l'un de mes plats chouchous Lorsque j'ai envie de me dire que tout va bien se passer... C'est un plat à déguster après les longues journées, les dures journées, et celles qui ne se sont pas déroulées comme prévu.

NOTE De nombreux misos blancs peuvent paraître bruns. Pour que votre congee au miso reste de couleur crème, recherchez un miso blanc « shiro », également appelé miso blanc doux.

POUR 4 PERSONNES

500 g de céleri branche
2 c. à soupe de vinaigre de riz
6 c. à soupe de mirin
25 g de champignons shiitakés séchés
3 c. à soupe d'huile de colza
1 oignon jaune, *finement coupé en dés*
2 oignons nouveaux, *parties blanches et vertes séparées, finement émincés*
5 gousses d'ail, *écrasées*
1½ c. à café de sel
1 morceau de gingembre de 2 cm, *râpé*
150 g de riz parfumé au jasmin
2 c. à soupe de miso blanc doux
2 c. à soupe de sauce soja claire
½ c. à soupe de sauce soja foncée

pour servir
facultatif : oignons frits achetés dans le commerce

Commencez par le pickle de céleri. Pour ce faire, retirez les branches du bulbe, puis émincez finement ⅓ des branches. Mettez-les dans un bol avec le vinaigre et 2 c. à soupe de mirin, remuez et réservez. Découpez les autres branches de céleri en dés de ½ cm et mettez-les de côté.

Déposez les shiitakés dans un récipient gradué résistant à la chaleur, versez 75 cl d'eau fraîchement bouillie et réservez pendant que vous préparez le congee. Une fois les shiitakés suffisamment refroidis pour être manipulés, essorez-les en les pressant au-dessus du récipient et mettez-les de côté.

Pour le congee, versez l'huile dans une grande casserole munie d'un couvercle à feu moyen. Une fois chaude, ajoutez l'oignon, les blancs d'oignons nouveaux, l'ail puis le sel, et faites cuire 4 min en remuant pour éviter qu'ils ne se colorent. Déposez ensuite les dés de céleri et le gingembre, et faites revenir 5 min, en remuant à nouveau. Ajoutez alors le riz, le miso et 2 c. à soupe de mirin. Versez 60 cl d'eau avec le bouillon de shiitakés (sauf l'équivalent de la dernière cuillère, au cas où il y aurait des dépôts au fond du récipient). Portez à ébullition, en éliminant l'écume si vous le souhaitez, couvrez et laissez mijoter 30 min.

Pendant que le congee mijote, préparez les shiitakés braisés. Émincez-les ou laissez-les entiers s'ils sont petits, puis mettez-les dans une petite casserole avec les sauces soja claire et foncée, et les 2 c. à soupe de mirin restantes. Portez lentement à ébullition à feu doux, puis réduisez le feu et laissez mijoter 10 min jusqu'à ce que le liquide glace les champignons et s'évapore complètement.

Pour servir, versez le congee dans des bols individuels, ajoutez ¼ des shiitakés braisés, un peu de pickle de céleri, les parties vertes d'oignons nouveaux réservés, puis parsemez éventuellement d'oignons frits, et servez chaud.

V PRÉPARATION 10 min / CUISSON 55 min

Tourte de pommes de terre aux oignons caramélisés et au safran

Je crois qu'il y a des héros méconnus au détour de tous les chemins de la vie. Ce n'est pas forcément qu'ils soient réservés ou timides, c'est plutôt qu'ils n'attirent pas l'attention sur leur panache ou le labeur qu'ils accomplissent. Dans cette catégorie, je nomme les pommes de terre, les oignons, la pâte à tarte et, pourquoi pas, le safran. Aucun d'entre eux n'a l'habitude d'être au premier plan, alors, dans cette recette, j'ai décidé de leur offrir une scène magique, à leur hauteur, pour qu'ils puissent vous surprendre et briller tous ensemble, à l'unisson.

NOTE Pour cette recette, vous aurez besoin de 1 moule à gâteau démontable de 20 cm de diamètre. Si vous êtes vegan, assurez-vous que la pâte l'est aussi. Si vous êtes végétarien, vous pouvez appliquer un peu d'œuf battu sur le dessus de la tourte. Pour l'accompagnement, je suggère un bol de feuilles de salade assaisonnées avec de l'huile, de la moutarde de Dijon et du jus de citron.

POUR 4 PERSONNES

6 c. à soupe d'huile d'olive
3 gros oignons jaunes (700 g), *coupés en 2, puis finement tranchés*
2 c. à café de sel
5 gousses d'ail, *râpées*
18 brins de safran
¾ de c. à café de poivre noir, *grossièrement moulu*
1½ c. à café de curry doux moulu
2 paquets de 230 g de pâte brisée végétale ou au beurre, *circulaire et prête à l'emploi, plus 1 pour la décoration*
700 g de pommes de terre Maris Piper (ou autres pommes de terre à chair farineuse) , *épluchées et coupées en tranches de 3 mm d'épaisseur*
lait d'avoine ou 1 œuf battu, *pour le glaçage*

Préchauffez le four à 200 °C (th. 6) ou 180 °C (th. 6) à chaleur tournante et tapissez un moule à gâteau démontable de 20 cm de diamètre de papier cuisson.

Versez l'huile dans une grande poêle à feu moyen. Une fois chaude, ajoutez les oignons avec le sel. Faites-les revenir 20 min ou plus, en remuant régulièrement, jusqu'à ce que les oignons réduisent et colorent bien. Incorporez l'ail, le safran, le poivre et le curry. Laissez cuire 3 min, puis retirez du feu.

Déroulez l'une des pâtes brisées, posez le moule dessus, puis tracez et découpez un cercle 2 cm plus grand que le moule si nécessaire. Réservez. Prenez l'autre pâte, foncez-la à l'intérieur du moule, délicatement au centre, puis appuyez sur le fond et les côtés. Utilisez la pâte restante découpée pour recouvrir les côtés du moule jusqu'en haut, en laissant dépasser l'excédent.

Pour la garniture de la tourte, prenez ⅓ des tranches de pommes de terre et disposez-les au fond du moule en les faisant se chevaucher sur 1½ cm. Recouvrez avec la moitié des oignons, en les répartissant en fine couche, puis ajoutez 1 autre couche de pommes de terre, 1 autre couche d'oignons et enfin, une dernière couche de pommes de terre.

Prenez le grand cercle de pâte et posez-le sur la dernière couche de pommes de terre en pressant légèrement les bords à l'intérieur du moule. Repliez les bords qui dépassent sur le dessus, pincez-les ou fermez-les à l'aide d'une fourchette. Découpez 1 croix de 2 cm au milieu, sur le dessus. Découpez les formes décoratives de votre choix dans les restes de pâte et disposez-les par dessus. Badigeonnez le dessus de la tourte avec du lait d'avoine ou de l'œuf battu, puis enfournez 1 h 15 (ou jusqu'à ce qu'un couteau puisse s'y enfoncer facilement). Retirez du four et laissez reposer 10 min.

Pour démouler la tourte, passez délicatement une pelle à tarte tout autour du bord et, une fois le moule refroidi, démontez-le. Transférez la tourte sur un plat de service, coupez-la en parts épaisses et servez chaud avec une salade verte.

OV PRÉPARATION 15 min / CUISSON 1 h 45

Curry de pommes de terre nouvelles à l'ail des ours et yaourt au pickle de citron vert

Si vous me cherchez entre la mi-février et la mi-avril, sachez que je sera en train de danser dans les champs telle Julie Andrews, cueillant de l'ail des ours pour l'ajouter dans ma marmite. L'ail des ours, c'est comme l'ail, mais en plus frais, plus vert et plus vivant. Curry fantastique et pommes de terre, dansez maintenant.

NOTE On peut aussi se procurer de l'ail des ours en épiceries spécialisées ou en ligne. Ce plat doit être servi immédiatement afin de préserver sa couleur verte éclatante. Si vous le mangez quelques instants après l'avoir préparé, les pommes de terre absorberont la sauce et il vous faudra ajouter un peu d'eau pour l'assouplir.

POUR 4 PERSONNES

1 kg de pommes de terre nouvelles, *lavées et coupées en petits morceaux*
150 g de feuilles d'ail des ours, *lavées et égouttées*
300 g de yaourt grec
4 c. à soupe d'huile de colza
1 gros oignon jaune, *finement haché*
1 morceau de gingembre de 2 cm, *finement râpé*
2 piments verts longs, *finement hachés*
1½ c. à café de cumin moulu
½ c. à café de curcuma moulu
1¾ de c. à café de sel

le yaourt au citron vert
200 g de yaourt grec
60 g de pickles de citron vert
1 c. à soupe d'huile de colza

pour servir
naans beurrés, *(voir page 306)*
beurre doux

Déposez les pommes de terre dans une grande casserole et couvrez-les d'eau froide. Placez un couvercle sur le dessus, portez à ébullition, laissez mijoter 10 min (ou jusqu'à ce que les pommes de terre soient tendres et qu'un couteau s'y enfonce facilement), puis égouttez-les.

Profitez du temps de cuisson des pommes de terre pour préparer le yaourt au citron vert. Mettez 200 g de yaourt dans un petit bol de présentation, hachez les pickles de citron vert très finement, puis déposez-les sur le dessus du yaourt. Verser 1 c. à soupe d'huile (lentement et à la cuillère), ne mélangez pas et réservez.

Retirez ensuite les tiges épaisses de l'ail des ours et mettez 1 poignée de feuilles de côté. Hachez grossièrement le reste, déposez dans un mixeur avec 300 g de yaourt, mixez le tout, puis réservez.

Versez 4 c. à soupe d'huile dans une grande poêle munie d'un couvercle à feu moyen. Une fois chaude, ajoutez les oignons et faites-les revenir 10 min, jusqu'à ce qu'ils soient tendres et dorés. Incorporez ensuite le gingembre, les piments, le cumin, le curcuma et le sel. Mélangez bien, baissez le feu à doux et faites frire pendant 4 min supplémentaires, jusqu'à ce que les oignons aient réduit et soient très tendres.

Toujours à feu doux, déposez les pommes de terre dans la poêle et faites-les sauter quelques minutes. Ajoutez le mélange d'ail des ours et de yaourt, ainsi que 10 cl d'eau. Mélangez, mettez le couvercle et laissez cuire 5 min. Retirez le couvercle, déposez les feuilles d'ail entières restantes sur les pommes de terre, couvrez à nouveau et laissez cuire 5 min supplémentaires, jusqu'à ce que les feuilles flétrissent, puis retirez du feu.

Réchauffez les naans, beurrez-les généreusement, puis servez avec le curry de pommes de terre à l'ail des ours et le yaourt au citron vert !

OSG (AVEC NAANS SANS GLUTEN) PRÉPARATION 15 min / CUISSON 45 min

Lap de pleurotes en huîtres et riz gluant

Pour celles et ceux qui ne connaissent pas, le lap est le plat national du Laos. Mais c'est en Thaïlande que je l'ai découvert. Il est tout aussi rafraîchissant que la première gorgée de soda light glacé par une journée de chaleur intense. Dans un autre monde, sa vinaigrette sucrée, acide et piquante pourrait être utilisée en intraveineuse pour réanimer les malades tant elle est vivifiante. Elle s'accorde parfaitement avec les pleurotes chauds et dorés de cette recette, qui ont, eux aussi, soif de nouvelles aventures.

NOTE Il est tout à fait possible de trouver des feuilles de citron Kaffir fraîches en épiceries spécialisées, mais j'aime acheter les miennes au rayon congélation de mon supermarché chinois local (c'est aussi moins cher). Les « sauces poissons » végétales ne se valent pas toutes en qualité et en goût : en Angleterre, c'est Thai Taste® qui fait les meilleures.

POUR 2 PERSONNES

200 g de riz gluant
2 échalotes longues, *coupées en tranches ultra fines*
6 feuilles de citron Kaffir, *déveinées et finement émincées*
2 piments œil d'oiseau (ou piments thaïs), *finement hachés*
1 c. à soupe de sucre roux
3 c. à soupe de jus de citron vert *(2 à 3 citrons verts)*
2½ c. à soupe de *no fish sauce*
½ c. à café de sel
400 g de pleurotes en huître
huile de colza
10 g de feuilles de menthe fraîche, *hachées*
10 g de feuilles de coriandre fraîche, *hachées*
1 sucrine, *épluchée, feuilles séparées*
2½ c. à soupe de cacahuètes salées, *concassées à l'aide d'un pilon et d'un mortier*

Versez le riz dans une passoire et rincez-le à l'eau froide jusqu'à ce qu'elle soit claire. Couvrez-le d'eau chaude (mais pas brûlante) et laissez tremper 30 min.

Pendant ce temps, préparez le lap. Mettez les échalotes, les feuilles de citron Kaffir, les piments, le sucre, le jus de citron vert et la *no fish sauce* dans un bol de taille moyenne, mélangez, puis réservez.

Égouttez le riz, déposez-le dans une casserole munie d'un couvercle, versez 30 cl d'eau et ajoutez le sel. Couvrez et portez à ébullition, puis baissez le feu au minimum afin de laisser mijoter 15 min, jusqu'à ce que l'eau s'évapore totalement et que le riz soit cuit. Laissez reposer pendant au moins 10 min, couvercle bien en place.

Pendant la cuisson du riz, déchirez les pleurotes en tronçons de 2 cm de large. Faites chauffer 1 c. à soupe d'huile dans une grande poêle antiadhésive et, lorsqu'elle est brûlante, ajoutez la moitié des pleurotes. Faites-les cuire 4 à 5 min, en les retournant 1 ou 2 fois maximum pour qu'ils soient bien dorés. Ajoutez-les au bol du lap, puis faites frire la seconde moitié de pleurotes avant de les ajouter également. Incorporez enfin les feuilles de menthe et de coriandre fraîches.

Vous pouvez servir le lap de pleurotes à même le bol ou bien les déposer dans une assiette de service avec rebords. Une fois à table, prenez une feuille de laitue, déposez-y 1 c. à soupe bombée de riz gluant, surplombez celle-ci d'1 c. à soupe bombée de lap (ne vous privez pas de sauce !). Saupoudrez de cacahuètes concassées, refermez la feuille et dégustez aussitôt.

Photos sur les pages suivantes

V/SG PRÉPARATION 15 min / CUISSON 25 min (plus 35 min de repos)

Une poignée de légu-mineuses

Ragoût irakien de haricots blancs

Cette recette est l'une des plus populaires de ma rubrique dans *The Guardian*. Je l'ai rédigée après avoir parlé de son fasoulia (ou ragoût de haricots blancs) avec Amina, la mère de mon amie Assalah. J'ai tendance à la cuisiner lorsque je suis chez des amis, car c'est un plat incroyablement facile à préparer loin de chez soi (il suffit d'emporter boîtes de conserve et épices), ou encore à Noël, lorsqu'il y a beaucoup de bouches à nourrir dans la maison. La chaleur d'une grande marmite de haricots mijotant doucement et l'odeur des épices sont alors tout à fait de saison.

NOTE Dans sa recette, Amina utilise un mélange irakien de sept épices appelé baharat, que vous pouvez utiliser à la place des épices que j'ai choisies. Vous pouvez facilement préparer une deuxième portion de cette recette. Préparez d'abord le riz si vous le mangez en même temps.

POUR 4 PERSONNES

huile de colza
2 oignons jaunes, *finement hachés*
sel
½ c. à café de poivre noir moulu
½ c. à café de cannelle moulue
1 c. à café de piment de la Jamaïque moulu
½ c. à café de cumin moulu
50 g de coriandre fraîche, *feuilles et tiges finement hachées*
1 boîte de 400 g de concassé de tomates
2 boîtes de 400 g de haricots cannellini (ou haricots blancs), *égouttés*
1 citron, *zesté et pressé pour obtenir 3 c. à soupe de jus*

pour servir
riz basmati cuit *(voir page 305)*

Versez 3 c. à soupe d'huile dans une grande casserole à fond épais à feu moyen. Une fois chaude, ajoutez les oignons, 1 c. à café de sel, le poivre noir, la cannelle, le piment, le cumin et les tiges de coriandre. Laissez cuire 20 min en remuant de temps en temps, jusqu'à ce que les oignons soient tendres et bien colorés. Surveillez la cuisson, les oignons et les épices ne doivent pas accrocher au fond de la casserole.

Une fois le mélange homogène et parfumé, ajoutez les tomates et les haricots, puis versez 20 cl d'eau. Portez à ébullition et laissez mijoter 10 min. Pour préparer l'huile de citron et de coriandre, versez 4 c. à soupe d'huile dans un bol, ajoutez les feuilles de coriandre, le zeste et le jus de citron, ainsi que ¼ de c. à café de sel. Mélangez et réservez.

Transférez le ragoût dans un grand plat de présentation, puis arrosez-le d'huile de citron et de coriandre. Déposez le ragoût sur la table avec un autre plat contenant le riz et laissez vos convives se servir eux-mêmes.

V/SG PRÉPARATION 10 min / CUISSON 35 min

Dahl de fenouil et d'aneth

Bien sûr, les dahls sont excellents en automne et en hiver, mais ils le sont aussi tout au long de l'année. Celui-ci vous réchauffera quand il le faut, mais l'aneth et le citron vert lui confèrent également une fraîcheur qui convient parfaitement aux soirées d'été. La première fois que je l'ai goûté, c'est après l'avoir commandé chez DabbaDrop®, un service de livraison de repas indiens à domicile, basé à Londres. Anshu Ahuja, co-fondatrice de DabbaDrop®, a eu la grande gentillesse de m'envoyer la recette, que j'ai légèrement adaptée ici.

NOTE Pour cette recette, vous aurez besoin de lentilles moong dal jaunes. Vous les trouverez en épiceries spécialisées et en ligne (voir page 310). Préparez d'abord le riz si vous souhaitez le manger en même temps.

POUR 4 PERSONNES

300 g de lentilles moong dal jaunes
1 c. à café de curcuma moulu
1¼ de c. à café de sel
4 c. à soupe d'huile de colza
1 c. à café de graines de cumin
1½ c. à café de graines de moutarde noire
1 oignon jaune, *finement haché*
1 gros bulbe de fenouil, *paré et finement haché*
20 g d'aneth frais, *feuilles grossièrement hachées*
2 petits piments verts longs, *finement hachés*
4 gousses d'ail, *écrasées*
20 cl de lait de coco
1½ c. à soupe de jus de citron vert *(1 citron)*

pour servir

riz basmati cuit *(voir page 305)* **ou chapatis** *(voir page 307)*

Rincez les lentilles moong dal dans une passoire sous l'eau froide jusqu'à ce qu'elle soit claire. Déposez-les dans une grande marmite avec le curcuma, puis couvrez de 1,2 l d'eau. Portez à ébullition, baissez le feu et laissez mijoter 20 à 25 min, jusqu'à ce que les lentilles soient cuites (lorsqu'elles commencent à se décomposer et à se fondre les unes dans les autres si vous remuez). Ajoutez le sel et réservez.

Pendant la cuisson des lentilles, versez l'huile dans une grande poêle à feu moyen. Vérifiez que l'huile est bien chaude grâce au fameux test de la cuillère en bois (l'huile doit se mettre à bouillonner autour de sa pointe). Ajoutez alors les graines de cumin et de moutarde. Une fois qu'elles éclatent, environ 30 sec plus tard, déposez l'oignon, le fenouil et la moitié de l'aneth haché dans la poêle. Laissez cuire environ 20 min en remuant de temps en temps, jusqu'à ce qu'ils soient tendres et bien colorés. Réservez quelques c. à soupe pour décorer le plat final.

Ajoutez maintenant les piments et l'ail. Faites sauter 3 min supplémentaires, puis versez tout le contenu de la poêle dans la marmite de lentilles avec le lait de coco (ajoutez un peu d'eau si le mélange semble trop épais). Portez à ébullition, puis retirez du feu. Incorporez alors le jus de citron vert. Goûtez et ajustez le sel, le citron vert et/ou le piment à votre goût.

Pour servir, déposez le dahl sur le riz (si vous en avez préparé) puis décorez votre plat du reste du mélange d'oignon et de fenouil précédemment réservé, et parsemez enfin d'aneth haché.

V/OSG PRÉPARATION 10 min / CUISSON 35 min

Salade de tomates et de pois chiches à la harissa à la rose

Une association idéale, nutritive et rafraîchissante. Pour les moments où il fait trop chaud pour cuisiner, mais où l'on veut quand même manger quelque chose de délicieux.

NOTE Les pois chiches en bocal sont fantastiques pour les salades, car ils sont merveilleusement crémeux. Si vous n'avez que des pois chiches en boîte, prenez-en 2 boîtes et versez-les (avec leur eau) dans une casserole. Portez à ébullition, laissez mijoter 5 min, puis égouttez-les. Vos pois chiches seront ainsi super tendres et débarrassés de toute trace de calcaire. Et la maison Belazu® propose une harissa à la rose incomparable.

POUR 2 PERSONNES

la vinaigrette

3 c. à soupe de pâte de harissa à la rose
3 c. à soupe d'huile d'olive extra vierge
3 c. à soupe de jus de citron *(1 à 2 citrons)*
1 c. à café de sel

la salade

1 bocal de 700 g de pois chiches cuits
½ oignon rouge, *finement émincé*
30 tomates mini Roma(ou autre tomates cerise allongées) (300 g), *coupées en 2*
1 concombre (350 g), *épépiné et coupé en demi-cercles de 1 cm*
20 olives Kalamata dénoyautées, *coupées en 2*
20 g de coriandre fraîche
30 g de feuilles de menthe fraîche

pour servir

pain pita ou pains plats *(voir pages 305 à 307)*

Déposer tous les ingrédients de la vinaigrette dans un bol et mélangez. Égouttez ensuite les pois chiches et versez-les dans un saladier. Ajoutez l'oignon, les tomates, le concombre et les olives. Versez maintenant la vinaigrette sur les légumes et mélangez bien. Ciselez la coriandre ainsi que la menthe, à l'exception de 1 petite poignée de feuilles. Parsemez-en la salade, puis mélangez pour bien les incorporer.

Pour servir, faites griller des pains pita ou chauffer des pains plats, puis tranchez-les. Transférez la salade dans un plat de présentation, déposez les feuilles de menthe restantes sur le dessus. Placez les pains pita ou les pains plats dans une grande assiette, puis servez.

V/OSG (AVEC DU PAIN SG) PRÉPARATION 15 min / ASSEMBLAGE 10 min

Haricots borlotti, salade et tahini

La première fois que j'ai mangé du foul – le plat qui a inspiré cette recette –, c'était chez *Gaby's*, un deli juif de Charing Cross Road, à Londres. Pour les non-initiés, le foul est un ragoût épais de fèves séchées parfumées de cumin, d'ail, de citron et d'herbes. Le foul est le genre de plat qui vous permet de vous sentir chez vous n'importe où. Mais voilà, *Gaby's* a malheureusement fermé ses portes et il est difficile de se procurer les fameuses fèves séchées. Alors j'ai décidé de concocter une version plus rapide que la recette originale, cette fois avec des haricots borlotti en boîte. Ce n'est pas tout à fait la même chose (le plat est différent, et *Gaby's* n'est plus), mais c'est tout aussi réconfortant et délicieux.

POUR 2 PERSONNES

la salade

½ concombre, *coupé en tranches de ½ cm*
2 tomates de taille moyenne, *coupées en quartiers de 1½ cm d'épaisseur*
¼ d'oignon rouge, *finement coupé en dés*
5 c. à soupe de jus de citron *(2 citrons)*
sel

les haricots secs et le tahini

3 c. à soupe d'huile d'olive extra vierge, *plus un peu pour servir*
2 gousses d'ail, *finement émincées*
2 c. à café de cumin moulu
½ c. à café de poivre noir moulu
½ c. à café de cannelle moulue
2 tomates mûres de taille moyenne, *grossièrement hachées*
2 boîtes de 400 g de haricots borlotti, *égouttés*
3 c. à soupe de tahini

pour servir

pains plats *(voir pages 305 à 307)* **ou pains pita réchauffés**
poivre noir, *concassé*

Préparez d'abord la salade pour qu'elle ait le temps de mariner. Déposez le concombre, les tomates et l'oignon dans un saladier avec 3 c. à soupe de jus de citron et ¼ de c. à café de sel. Mélangez puis réservez.

Versez ensuite 2 c. à soupe d'huile dans une poêle à feu moyen. Une fois chaude, faites revenir doucement l'ail 2 min, jusqu'à ce qu'il commence à colorer. Déposez les épices, mélangez et laissez-les frémir 1 min. Ajoutez les tomates avec ½ c. à café de sel. Laissez cuire 3 min, en écrasant légèrement les tomates avec une cuillère en bois, puis ajoutez les haricots et l'équivalent de ½ boîte (de haricots) d'eau. Portez à ébullition, puis baissez à feu très doux pour laisser mijoter 15 min, en écrasant un peu les haricots pour que le mélange épaississe.

Pendant ce temps, préparez la vinaigrette au tahini. Déposez le tahini dans un bol, versez les 2 c. à soupe de jus de citron restantes en les fouettant avec ¼ de c. à café de sel (le mélange va se séparer au début, mais ne vous inquiétez pas, il se reconstituera plus tard). Versez ensuite 1 c. à soupe d'huile et 2 c. à soupe d'eau, puis fouettez à nouveau jusqu'à obtention d'une vinaigrette lisse.

Laissez les haricots dans la poêle ou transférez-les dans 2 bols de présentation peu profonds. Arrosez-les d'un filet d'huile d'olive et parsemez de poivre fraîchement concassé. Servez avec la salade et la vinaigrette au tahini sur le côté, ainsi que des pains plats ou des pains pita réchauffés.

V/OSG (AVEC DU PAIN SG) PRÉPARATION 10 min / CUISSON 30 min

Haricots de Lima à la salsa verde

Hannah, ma testeuse de recettes, ne laisse jamais ses émotions interférer avec le professionnalisme de ses retours sur mes plats. Cela fait 10 ans que nous travaillons ensemble et je dois vous dire que j'ai rarement vu son visage ne serait-ce que sourciller lors de nos dégustations (à l'exception de la fois où elle a carrément jeté un pudding à la betterave à la poubelle). Cette recette de haricots de Lima, cependant, est revenue avec une note : « Toute la famille a a-do-ré !!! » Je me suis dit que je ne volerais peut-être jamais plus aussi près des étoiles.

NOTE Pour obtenir une belle texture, et diminuer votre stress, vous pouvez hacher les herbes très finement avec un joli couteau. Vous pouvez aussi utiliser un robot de cuisine ou un mixeur si vous préférez.

POUR 2 PERSONNES

20 g de persil plat frais
20 g de feuilles de basilic frais
20 g de feuilles de menthe fraîche
3 c. à soupe de câpres en saumure, *égouttées*
2 gousses d'ail, *finement émincées*
1 c. à soupe de vinaigre de vin rouge
5 c. à soupe d'huile d'olive extra vierge, *plus 2 c. à soupe pour les haricots*
2 boîtes de 400 g de haricots de Lima, *non égouttés*
1 oignon, *finement haché*
facultatif : 1 piment rouge, *finement haché*
3/4 de c. à café de sel, *ou à votre goût*

pour servir

pains plats réchauffés *(voir page 305)* **ou ciabattas grillées**

Pour préparer la salsa verde, déposez toutes les herbes sur une grande planche à découper et hachez-les finement avec les câpres et 1 des gousses d'ail. Transférez-les ensuite dans un saladier, puis versez le vinaigre et l'huile et réservez (vous pouvez aussi mettre tous ces ingrédients dans le bol d'un robot de cuisine et les hacher/mélanger en plusieurs fois).

Égouttez environ 3 c. à soupe du liquide de l'une des boîtes de haricots, mais laissez l'autre telle quelle. Versez 2 c. à soupe d'huile dans une grande poêle à feu moyen. Une fois chaude, ajoutez l'oignon et faites-le cuire 8 min, en remuant de temps en temps, jusqu'à ce qu'il soit tendre et commence à dorer. Ajoutez la seconde gousse d'ail et le piment, puis faites cuire en remuant quelques minutes. Incorporez les haricots et le reste de leur liquide. Laissez mijoter environ 10 min, jusqu'à ce que les haricots soient tendres et que le bouillon ait un peu réduit, puis ajoutez la salsa verde et salez à votre convenance.

Retirez du feu et servez immédiatement avec des pains plats chauds ou des ciabattas grillées pour profiter encore plus de la sauce.

V/OSG (AVEC DU PAIN SG) PRÉPARATION 10 min / CUISSON 20 min

Soupe de lentilles à la harissa et au citron confit

Tout droit issue de mes carnets de cuisine familiaux, voici une soupe que j'ai préparée pour Hugh une fois où il était absolument épuisé et qu'il ne pouvait rien faire d'autre que regarder d'interminables documentaires sportifs au lit. Je voulais lui préparer un bouillon revigorant, nutritif et réconfortant, et cela l'a requinqué. N'oubliez pas que le citron confit, les piments frais et la menthe jouent un rôle prépondérant, alors ne les zappez pas ! Mais vous pouvez ajouter les légumes verts de votre choix, en veillant à les faire cuire jusqu'à ce qu'ils soient tendres.

NOTE 1 cuillerée de yaourt grec et quelques oignons frits achetés dans le commerce ne sont pas nécessaires à ce bouillon, mais bien sûr conseillés.

POUR 4 PERSONNES

3½ c. à soupe d'huile d'olive extra vierge, *plus un peu pour servir*
1 gros oignon, *finement haché*
2 branches de céleri, *finement hachées*
4 gousses d'ail, *écrasées*
1 à 2 citrons confits (50 g), *épépinés et finement hachés*
1 c. à soupe de pâte de harissa
200 g de lentilles vertes séchées
1½ l de bouillon de légumes
½ c. à café de sel
200 g de brocoli, *coupés en morceaux de 1 cm*
200 g de blette, *tiges et feuilles hachées*
15 g de feuilles de menthe fraîche, *hachées*

pour servir
facultatif : yaourt grec ou « yaourt » végétal et un sachet d'oignons frits du commerce

Commencez par verser l'huile dans une grande marmite à feu moyen. Une fois chaude, ajoutez l'oignon et le céleri. Laissez cuire 12 min, ou jusqu'à ce qu'ils soient tendres, dorés et qu'ils menacent de brunir. Ajoutez l'ail, le citron et la harissa, puis faites cuire 5 min en remuant. Versez les lentilles, le bouillon et le sel, puis portez à ébullition. Baissez le feu et laissez mijoter 20 min. Ajoutez ensuite le brocoli et la blette, et un peu plus d'eau chaude si nécessaire (j'en ajoute 30 cl). Laissez cuire 10 min supplémentaires, ou jusqu'à ce que les lentilles soient tendres et que le brocoli et la blette soient ramollis et d'une couleur émeraude.

Retirez enfin du feu et incorporez la moitié de la menthe. Pour servir, répartissez dans des bols de présentation, puis garnissez de 1 cuillerée de yaourt, de quelques oignons frits, de menthe et d'un filet d'huile d'olive si vous voulez.

OV/SG PRÉPARATION 10 min / CUISSON 55 min

Dahl de curry malaisien

C'est la première recette que j'ai notée dans mon vieux carnet orange, maintenant tout cabossé. Elle s'inspire d'un dahl de curry malaisien que nous avions goûté (ou plutôt englouti) lors d'un voyage à Singapour. Ce dahl est plus parfumé que son cousin indien. Il contient en effet plus d'aromates, comme la citronnelle et la badiane. Il est aussi très apaisant à cuisiner (tout en une seule casserole) et à manger grâce à son lait de coco qui vient adoucir le tout.

NOTE Ce repas devrait être bon marché, surtout si vous achetez les ingrédients dans un supermarché ou une épicerie asiatique. Servez-le avec du riz basmati cuit à la vapeur ou avec des parathas (disponibles au rayon surgelés des supermarchés asiatiques ou faits maison en 2 sec, grâce à la recette de la page 190).

POUR 4 PERSONNES

3 c. à soupe d'huile de colza
10 feuilles de curry fraîches
1 bâton de citronnelle, *froissé*
2 étoiles de badiane
1 oignon jaune, *finement haché*
2 gousses d'ail, *écrasées*
1 c. à café de coriandre moulue
1 c. à café de cumin moulu
½ c. à café de curcuma moulu
1½ c. à café de piment Kashmiri moulu
1½ c. à soupe de purée de tomates
300 g de lentilles corail
1¼ de c. à café de sel
2 carottes de taille moyenne (150 g), *épluchées et coupées en cubes de 1 cm*
1 boîte de 40 cl de lait de coco
1 c. à soupe de pâte de tamarin, *ou plus selon votre goût*

pour servir

huile de piment et sa garniture
parathas ou naans *(voir pages 305 à 307)* **ou riz basmati cuit** *(voir page 305)*

Commencez par verser l'huile dans une grande casserole à feu moyen. Une fois chaude, ajoutez les feuilles de curry, la citronnelle et la badiane et laissez cuire jusqu'à ce que les feuilles crépitent. Incorporez ensuite l'oignon et laissez cuire environ 8 min, jusqu'à ce qu'il soit tendre et translucide. Ajoutez l'ail et laissez cuire 2 min supplémentaires.

Mettez maintenant la coriandre, le cumin, le curcuma et le piment en poudre dans la casserole, mélangez, puis ajoutez la purée de tomates, les lentilles et le sel. Laissez cuire 2 min.

Déposez les carottes et versez le lait de coco. Remplissez la boîte de lait de coco avec de l'eau et versez-la dans la casserole. Répétez l'opération 1 seule fois. Laissez cuire 20 à 25 min en remuant de temps en temps, jusqu'à ce que le dahl soit bien épais et les carottes tendres. Ajoutez ensuite 1 c. à soupe de pâte de tamarin, goûtez, puis ajustez la quantité de tamarin, 1 c. à café après l'autre, jusqu'à ce que cela vous convienne.

Pour servir, répartissez dans des bols de présentation avec 1 cuillerée d'huile de piment et sa garniture. Accompagnez de parathas, de naans ou de riz basmati.

V/OSG PRÉPARATION 5 min / CUISSON 35 min

Tartines au four de *baked beans* masala au fromage fondu

Peu de temps après leur mariage, mes parents ont vécu dans un logement social à Scunthorpe (en Angleterre). Ils devaient cuisiner avec parcimonie, car leur budget « courses » était serré. Ils ont donc régulièrement préparé ces tartines de *baked beans* au curry en guise de dîner de milieu de semaine. Ce plat délicieux et bon marché a résisté à l'épreuve des années et figure encore fièrement parmi nos recettes familiales.

NOTE Lorsque cette recette a été publiée dans le journal *The Guardian*, je la présentais avec du chutney de coriandre. Mais à la maison, nous aimons parfois râper du cheddar sur le dessus. Si vous optez pour une option végétale, ne mettez pas de fromage et préparez le chutney de coriandre de la page 308. Les *baked beans* sont une institution en Angleterre, il s'agit de haricots blancs cuits dans une sauce tomate riche en saveurs. On peut les trouver sous ce nom de *baked beans* dans les commerces français.

POUR 2 PERSONNES

les *baked beans*

2 c. à soupe d'huile de colza
1 oignon rouge, *finement haché*
2 gousses d'ail, *écrasées*
1 piment vert long, *finement haché*
1 c. à café bombée de purée de tomates
1 c. à café de coriandre moulue
½ c. à café de curcuma moulu
½ c. à café de cumin moulu
¼ de c. à café de sel
1 boîte de 400 g de *baked beans*

pour servir

2 grandes ou 3 petites tranches de pain au levain
beurre doux ou beurre végétal
120 g de cheddar mature, *râpé*
½ piment vert long, *finement émincé*

Commençez par les *baked beans*. Versez l'huile dans une poêle. Une fois chaude, ajoutez l'oignon (excepté l'équivalent de 2 c. à soupe, que vous utiliserez à la fin). Laissez cuire 8 min en remuant régulièrement, jusqu'à ce que l'oignon soit tendre, doré et translucide. Ajoutez l'ail et le piment, laissez cuire 2 min supplémentaires en remuant. Incorporez la purée de tomates avec toutes les épices et le sel, puis laissez cuire 1 min. Déposez les haricots et laissez cuire quelques minutes, en ajoutant 1 ou 2 c. à soupe d'eau si le mélange vous semble un peu sec. Retirez enfin du feu.

Préchauffez le gril du four et placez les tranches de pain sur une plaque à four. Une fois le four chaud, placez la plaque sous le gril pendant 2 min, puis retirez-la, retournez les tranches de pain et beurrez-les généreusement, puis remettez la plaque sous le gril encore 1 min environ. Ouvrez le four, recouvrez les tranches de pain de *baked beans*, de cheddar, puis des 2 c. à soupe d'oignon précédemment réservées. Ajoutez enfin le piment vert. Faites griller encore 6 min, jusqu'à ce que le fromage soit doré et fondu.

Servez immédiatement.

OV PRÉPARATION 10 min / CUISSON 20 min

Dahl de haricots mungo du Gujarat et son sambhar pimenté

Les haricots mungo symbolisent la bonne fortune pour le Gujarati moyen. Ils sont très appréciés sous leur forme non cuite lors des cérémonies religieuses – j'en ai encore une pleine poche qui avait été bénie le jour de mon mariage. Aujourd'hui, dans cette recette, ils ne sont qu'un ingrédient pour le dîner (et vous n'aurez pas besoin de chance pour le préparer). Ce dahl de haricots mungo est simple et doux à souhait, d'où le sambhar de chou et de carottes, qui lui donne une énergie plus aigre-douce et contrastée.

NOTE Vous aurez besoin de feuilles de curry fraîches, que vous trouverez en épiceries spécialisées et supermarchés indiens. Pensez à congeler celles que vous n'utilisez pas pour la prochaine fois.

POUR 4 PERSONNES

le dahl

2 c. à soupe d'huile de colza
½ c. à café de graines de cumin
1 c. à café de graines de moutarde noire
400 g de passata ou de pulpe fine de tomates en boîte
1 morceau de gingembre de 3 x 2 cm, *finement râpé*
1 piment vert long, *finement haché*
1 c. à café de coriandre moulue
1 c. à café de cumin moulu
1¼ de c. à café de sel
350 g de haricots mungo entiers

le sambhar

2 c. à soupe d'huile de colza
1 c. à café de graines de moutarde noire
2 piments verts longs, *coupés dans la longueur*
6 feuilles de curry fraîches
¼ de chou blanc (200 g), *paré et finement râpé*
2 carottes (200 g), *épluchées à l'aide d'un couteau à julienne ou râpées*
¾ de c. à café de sel
1½ c. à café de jus de citron
¼ de c. à café de sucre

pour servir

chapatis *(voir page 307)* **ou riz basmati,** *cuit (voir page 305)*
yaourt grec ou « yaourt » végétal

Versez l'huile dans une grande casserole à feu moyen. Une fois chaude, ajoutez les graines de cumin et de moutarde, et laissez-les éclater pendant 20 à 30 sec. Baissez le feu, incorporez délicatement les tomates dans la casserole – attention, l'huile risque de faire des projections. Remettez à feu moyen, puis faites cuire en remuant 5 min, jusqu'à ce que les tomates forment des bulles épaisses. Ajoutez le gingembre, le piment, la coriandre, le cumin et le sel. Laissez cuire 2 min supplémentaires, puis déposez les haricots avec 1,2 l d'eau. Portez à ébullition, puis réduisez le feu à très doux. Laissez cuire 45 min en remuant de temps en temps, jusqu'à ce que les haricots soient tendres (mais pas ramollis) et que vous puissiez les écraser facilement contre la paroi de la casserole.

Pendant que le dahl cuit, préparez le sambhar. Faites chauffer l'huile dans une poêle. Une fois chaude, ajoutez les graines de moutarde, les piments et les feuilles de curry. Laissez-les crépiter et éclater pendant 30 sec, puis ajoutez le chou et la carotte. Faites-les sauter 5 min, jusqu'à ce que les légumes soient tendres mais encore croquants. Ajoutez le sel, le jus de citron et le sucre. Retirez du feu, goûtez et ajustez l'assaisonnement selon votre goût.

Servez le dahl et le sambhar avec des chapatis ou du riz, ainsi qu'un peu de yaourt.

OV/OSG PRÉPARATION 10 min / CUISSON 1 h

Kitchari du dimanche

Le kitchari est traditionnellement ce que les femmes de ma famille cuisinaient lorsqu'elles étaient fatiguées ou en convalescence. Mais maintenant, il y a Deliveroo®. Voilà donc une variante légèrement embellie d'un repas du quotidien composé d'un mélange de riz et de lentilles. J'aime le préparer le dimanche quand j'ai envie de cuisiner, mais aussi envie de me reposer car ici c'est le four qui fait le plus gros du travail.

NOTE Il existe 2 types de kitchari : l'un humide, l'autre sec. Je préfère que le mien ressemble davantage à du riz qu'à du risotto, mais n'hésitez pas, quant à vous, à ajouter de l'eau. Vous aurez besoin d'un fait-tout (muni d'un couvercle) pouvant aller sur une plaque dans votre four. Les lentilles moong dal jaunes sont issues du haricot mungo vert entier (après qu'on l'a fendu et décortiqué). Elles sont disponibles en épiceries spécialisées et en ligne (voir page 310).

POUR 4 PERSONNES

200 g de riz basmati
200 g de lentilles moong dal jaunes
3 c. à soupe d'huile de colza
1 c. à café de graines de cumin
1 oignon jaune, *finement haché*
1 grosse poignée (50 g) de noix de cajou
1 morceau de gingembre de 2 cm, *finement haché*
2 tomates de taille moyenne (150 g), *hachées*
2 piments verts longs, *finement hachés*
1 c. à café de curcuma moulu
1¾ de c. à café de sel

pour servir

yaourt grec ou « yaourt » végétal
pickle de citron ou autres pickles indiens
1 poignée de coriandre fraîche, *finement hachée*
1 citron, *coupé en quartiers*

Préchauffez le four à 220 °C (th. 7) ou 200 °C (th. 6) à chaleur tournante.

Déposez le riz et les lentilles moong dal dans un saladier, couvrez-les d'eau froide, mélangez à la main, puis égouttez-les. Répétez l'opération jusqu'à ce que l'eau soit claire. Égouttez-les une dernière fois, puis placez-les à nouveau dans le grand saladier. Couvrez-les d'eau fraîche et laissez tremper pendant que vous préparez les autres ingrédients.

Versez l'huile dans un fait-tout muni d'un couvercle à feu entre moyen et élevé. Une fois chaude, ajoutez les graines de cumin et laissez-les crépiter pendant 30 sec. Ajoutez l'oignon et les noix de cajou. Laissez cuire 6 à 8 min, jusqu'à ce que l'oignon commence à brunir sur les bords. Incorporez alors le gingembre, les tomates, les piments, le curcuma et le sel. Laissez cuire 3 min, ajoutez le riz et les lentilles, puis mélangez le tout. Versez 70 cl d'eau, mettez le couvercle et placez au centre du four 30 min. Retirez du four mais laissez le couvercle en place 10 min supplémentaires.

Pour servir, répartissez dans des bols, puis recouvrez de yaourt. Ajoutez 1 cuillerée de votre pickle indien préféré, parsemez de coriandre et placez un quartier de citron sur le côté.

OV/SG PRÉPARATION 10 min / CUISSON 50 min

Longevity
TAIWAN
HUMMUS
with extra virgin olive oil
KIM KONG KIMCHI
Korean made recipe
RADISH
kimchi
PICANTE
MEZCAL
MARGARITA
DOUBLE NOZZLE
BLUE VILLE
PLASTIC FREE

Essentiels

Les Tupperwares

Dans mon enfance, parents immigrés obligent, tout ce qui pouvait être recyclé l'était au moins une fois – et de nombreuses fois encore. En premier sur la liste, il y avait les cadeaux. Beaucoup de paquets arrivaient rafistolés avec des marques de scotch, car ils avaient déjà fait la tournée de la communauté indienne. On les entreposait directement dans le « placard à cadeaux », avec d'autres objets (tasses et assiettes *Pierre Lapin* ; bols en cristal ; sachets de pot-pourri) en attente de nouvelles familles qui les apprécieraient enfin.

Et en deuxième sur la liste, il y avait les boîtes de conservation.

Rien qu'en entendant le son spécifique du couvercle qu'on soulevait, je pouvais reconnaître ce qu'on allait manger le soir. Les boîtes Carte d'Or®, par exemple, produisaient le « clic » le plus rassurant et le plus sonore au monde, et elles étaient les seules auxquelles maman confiait ses dahls et ses currys. Le « clic » plus léger des boîtes de margarine Vitalite® des années 1980 (qui abritaient la farine à chapatis) annonçait la cuisson journalière des rotees, alors que le joli pépiement du pot de fromage blanc Lancashire Farm® indiquait qu'il était déjà l'heure du « nasto » (le goûter) : toujours un mélange Bombay « maison ».

Quand j'ai organisé ma nouvelle cuisine dans ma nouvelle maison, je me suis astreinte à suivre les pas de maman et à commencer ma propre collection de récipients réutilisables en plastique. Au bout de deux ans, je me suis retrouvée avec une pile de boîtes gondolées tachées de curcuma et d'une flopée de couvercles dépareillés qui tombaient du placard à chaque ouverture. Je poursuivais le rêve d'être la digne descendante de ma mère indienne.

Puis, un jour, sans aucune alerte, et dans un certain grand magasin de meubles d'origine suédoise, j'ai eu la chance de tomber sur les derniers récipients hermétiques en vogue : les IKEA 365+®. J'ai ressenti comme des sueurs froides. Pouvais-je m'autoriser à m'éloigner de maman et de la communauté indienne en défiant des décennies d'allégeance aux boîtes recyclées ?

Eh bien, oui, je l'ai fait. Et je peux vous assurer que ma nouvelle façon de stocker la nourriture a rendu ma vie plus facile, mon réfrigérateur plus organisé, mon mariage plus insouciant et la nourriture que je cuisine, comment dire, plus accessible.

Quelles sont les caractéristiques d'une boîte de conservation idéale ?

Pour commencer, le récipient est ici en verre. Ce qui veut dire que vous pouvez voir ce qu'il contient au premier coup d'œil et ainsi facilement prévoir votre dîner, sans avoir à effectuer une danse olfactive autour de votre réfrigérateur. Je n'en deviens pas meilleure ou plus rapide cuisinière, mais cela me rend heureuse.

Grâce au verre, vous pouvez aussi passer du réfrigérateur au micro-ondes, au four ou même au congélateur en un seul geste. Et en plus de cela, il ne se tachera pas ou ne conservera pas les odeurs des plats antérieurs – à l'inverse du plastique. C'est mieux pour l'environnement et on peut le mettre au lave-vaisselle.

Sauf si vous avez la chance d'avoir une grande cuisine avec de grands espaces de rangement, vous savez bien que la possibilité d'empiler vos récipients est cruciale. Et qu'avoir un système de rangement est toujours une bonne chose. Les boîtes de conservation Ikea 365+® sont justement conçues avec des rebords inclinés, peu importe leur volume. Elles peuvent donc facilement s'empiler les unes sur les autres, exactement comme les chaises des cérémonies de mariage de la salle polyvalente de votre village, mais cette fois-ci dans votre placard.

Quel que soit votre système de rangement, assurez-vous surtout d'avoir plusieurs boîtes de volumes différents qui répondent au même couvercle. Cela vous épargnera des heures de chasse au trésor, je vous le jure et vous pouvez me croire parce que je l'ai vécu.

La taille est vraiment plus qu'un détail dans une cuisine. Une boîte de 1 litre peut généralement contenir l'équivalent d'un repas pour quatre personnes (selon le type de repas, je vous l'accorde, mais disons pour un dahl ou du riz) tandis qu'une boîte plus grande de 1,5 litre me servira pour mon batch cooking ou pour faire lever la pâte à pizza.

Pour une expérience complète, il vous faudra bien sûr aussi d'autres outils : un ruban adhésif de masquage et un marqueur permanent pour étiqueter, nommer et dater ce que vous congelez. Pour la petite histoire, nous sommes allés dîner chez ma sœur il n'y a pas longtemps ; elle a sorti du crumble aux pommes et aux fruits rouges du congélateur pour le dessert, mais désillusion, le crumble s'est avéré être du bortsch.

Et avant de vous laisser, voici un dernier conseil. Rappelez-vous qu'il existe deux types de personnes en ce bas monde : celles qui savent s'équiper de bonnes boîtes de conservation… et les autres. Ne prêtez jamais, au grand jamais, vos Tupperwares à une personne de la seconde catégorie. Cela fait des siècles que je ne parle plus à Jen, ma voisine du numéro 38, juste à cause d'une mauvaise décision.

Racines, pousses et tubercules

Laksa 18 carats

Je ne connais pas d'autres manières de liquider un sac entier de carottes que cette soupe laksa 18 carats, sauf peut-être en les donnant à un cheval. Sachez que j'ai mis 10 longues années à écrire une recette qui utilise 1 kg entier de carottes pour seulement 4 personnes. J'en suis tellement fière que je vais peut-être l'encadrer et l'afficher dans les toilettes du rez-de-chaussée avec mon superbe diplôme de piano niveau débutant. Mais ce qui me plait le plus dans cette recette, c'est l'accord parfait entre la douceur naturelle des carottes rôties et l'onctuosité du lait de coco qui viennent contrebalancer ensemble l'intensité des arômes épicés du curry.

NOTE La plupart des ingrédients de cette recette vont directement dans le mixeur pour créer la pâte laksa. Vous pouvez acheter des boulettes de tofu dans les supermarchés chinois et en ligne (voir page 310). Les nouilles laksa (vermicelles de riz de taille moyenne) ne sont pas faciles à trouver ; lorsque je n'en trouve pas, je prends des nouilles de blé pour ramen ou des nouilles de riz en vermicelles.

POUR 4 PERSONNES

les pousses de soja marinées

100 g de pousses de soja
2 c. à soupe de vinaigre de vin blanc
2 c. à café de sel

la laksa

1 kg de carottes, *épluchées*
8 c. à soupe d'huile de colza
sel
1 oignon jaune, *haché*
6 gousses d'ail, *hachées*
1 morceau de gingembre de 3 cm, *haché*
2 bâtons de citronnelle, *feuilles extérieures et couches supérieures retirées, le reste haché*
15 feuilles de curry fraîches
4 c. à café de piment Kashmiri moulu
2 c. à café de curry doux moulu
1 c. à soupe de sucre en poudre
2½ c. à soupe de sauce soja claire
1 boîte de 40 cl de lait de coco
240 g ou 16 morceaux de tofu soufflé
320 g de vermicelles de riz moyens

pour servir

20 g de feuilles de basilic thaï frais

Préchauffez le four à 220 °C (th. 7) ou 200 °C (th. 6) à chaleur tournante.

Pour préparer le pickle, déposez les pousses de soja, le vinaigre et le sel dans un bol résistant à la chaleur. Couvrez de 15 cl d'eau bouillante, laissez reposer 10 min, puis égouttez.

Pendant ce temps, coupez les carottes en 2 dans la longueur, puis en morceaux de 3 cm. Mettez-les sur 1 ou 2 grandes plaques à four sans les superposer, avec 2 c. à soupe d'huile et ½ c. à café de sel. Mélangez avec les mains, puis faites rôtir 40 min.

Pendant que les carottes rôtissent, préparez la pâte à laksa. Versez 6 c. à soupe d'huile dans un mixeur, ajoutez l'oignon, l'ail, le gingembre, la citronnelle, les feuilles de curry, 1¼ de c. à café de sel, le piment en poudre, le curry et le sucre. Mixez jusqu'à obtention d'une pâte lisse. Raclez bien les parois du mixeur, puis versez toute la pâte dans une grande casserole (rincez le mixeur, mais gardez-le à proximité pour la suite). Faites chauffer à feu moyen, couvercle en place. Laissez cuire 12 min, en remuant régulièrement. Ajoutez ensuite la sauce soja, le lait de coco, les carottes rôties, le tofu soufflé ainsi que 85 cl d'eau.

Portez à ébullition et laissez mijoter 8 min. Prélevez 1 bonne louche de carottes avec un peu de liquide, versez-la dans le mixeur, puis mixez jusqu'à obtention d'une consistance lisse. Versez de nouveau la louche mixée dans la casserole, remuez, puis éteignez le feu et couvrez pendant que vous faites cuire les nouilles (en suivant les instructions figurant sur l'emballage).

Pour servir, déposez les nouilles dans 4 bols de présentation, puis prenez la louche pour y répartir la laksa et les carottes. Placez enfin une petite pile de pousses de soja marinées, ainsi que quelques feuilles de basilic thaï sur le dessus pour la touche finale.

V PRÉPARATION 20 min / CUISSON 1 h

Rouleaux d'été à la patate douce

Personne ne connaît mieux le riz ou les rouleaux de printemps et d'été que les Vietnamiens. La simple existence de ces précieuses et fines feuilles de riz est un véritable miracle d'ingéniosité culinaire et humaine.

NOTE Parfaits pour un repas d'été léger, ces rouleaux d'été sont un peu comme les crêpes : le premier est toujours à refaire et on s'habitue à les concocter au fur et à mesure.

POUR 16 ROULEAUX D'ÉTÉ
(4 personnes)

les rouleaux d'été

4 patates douces (750 g)
2 c. à soupe d'huile de colza
2 c. à soupe de marinade teriyaki
150 g de vermicelles de riz
130 g de beurre de cacahuète crunchy
30 g de feuilles de menthe fraîche
30 g de feuilles de coriandre fraîche
100 g de jeunes pousses d'épinards
16 feuilles de riz de 22 cm de diamètre

la sauce pour tremper

2 gousses d'ail, *écrasées*
1 c. à soupe de sucre en poudre
2 piments œil d'oiseau (ou piments thaïs), *finement hachés*
2 c. à soupe de *no fish sauce*
1½ c. à soupe de jus de citron vert *(1 citron vert)*

Préchauffez le four à 220 °C (th. 7) ou 200 °C (th. 6) à chaleur tournante.

Lavez les patates douces et coupez-les dans la longueur en tranches de ½ à ¾ de cm sans les éplucher. Placez-les dans un saladier, versez l'huile et la marinade teriyaki. Frottez les tranches pour les imprégner, puis répartissez-les sur 2 grandes plaques à four. Enfournez 20 min, ou jusqu'à ce qu'elles soient dorées, voire brunies par endroits.

Pendant ce temps, mettez tous les ingrédients de la sauce dans un bol avec 2 c. à soupe d'eau et mélangez. Répartissez dans 2 bols (ou même 4 si cela vous semble plus pratique). Doublez les quantités si nécessaire, puis réservez. Préparez les vermicelles en suivant les instructions figurant sur l'emballage. Égouttez-les, puis rincez-les sous l'eau froide. Égouttez-les à nouveau. Découpez-les à l'aide de ciseaux de cuisine pour les rendre plus faciles à manipuler, puis réservez.

Une fois les tranches de patates douces sorties du four, préparez le plan de travail pour procéder au pliage. Munissez-vous d'une grande planche à découper et d'un saladier d'eau chaude pour y tremper les feuilles de riz. Sortez aussi les ingrédients de la farce (beurre de cacahuète, herbes, épinards, tranches de patates douces et nouilles).

Prenez 1 feuille de riz, plongez-la rapidement dans l'eau, en effectuant un mouvement circulaire pour la mouiller. Soyez efficace et bref (elle doit rester assez ferme), puis placez-la sur une planche à découper. Déposez 2 tranches de patate douce sur le tiers inférieur de la feuille, puis 1 grosse c. à café de beurre de cacahuète : étalez-la avec le dos d'une cuillère. Agrémentez de 1 portion d'épinards (environ 10 feuilles), puis de 1 grosse portion de nouilles (environ 30 g) ; puis roulez la feuille de riz sur elle-même. Déposez ensuite quelques feuilles de menthe et de coriandre le long de la pliure , sans aller trop loin, puis roulez à nouveau en rabattant les côtés vers le centre. Réservez et répétez l'opération pour les rouleaux d'été restants (remplissez le saladier d'eau chaude au fur et à mesure, si vous êtes à court au bout de quelques rouleaux).

Dégustez les rouleaux d'été immédiatement ou gardez-les au frais recouverts d'un linge propre et humide. Servez-les sur un grand plateau, accompagnés de leur sauce servie à part dans plusieurs petits bols.

V PRÉPARATION 10 min / CUISSON 1 h

Céleri-rave façon hasselback et salade d'oignon rouge au miso

L'inspiration pour un nouveau plat peut venir de n'importe où. Dans le cas présent, j'ai tellement aimé le nom *hasselback celeriac* en anglais, que je me suis sentie obligée de créer une recette rien que pour la rime. Mais je vous avoue que je ne sais pas si je pourrais maintenant manger du céleri-rave d'une autre manière. Les incisions profondes dans sa chair augmentent sa surface rôtie, ce qui permet aussi au miso magique de se répandre encore plus. Les saveurs gagnent en profondeur et le céleri-rave croustille à merveille.

NOTE Ne vous laissez pas décourager par le temps de cuisson : le four fait le plus gros du travail, et la sauce tahini et la salade d'oignon rouge se préparent en quelques minutes.

POUR 4 PERSONNES

le céleri-rave

1 grand ou 2 petits céleris-raves *(1 à 1,2 kg au total)*
3 à 4 c. à soupe d'huile d'olive
sel
80 g de shiro miso ou de miso blanc doux
½ c. à soupe de piment d'Alep
2½ c. à soupe de sirop d'agave ou de riz
1½ c. à soupe de jus de citron *(1 citron)*

la sauce tahini

100 g de tahini
1 c. à soupe de jus de citron *(½ citron)*
½ c. à café de sel

la salade d'oignon rouge

1 oignon rouge, *coupé en 2, puis en fines tranches*
1 c. à soupe de mélasse de grenade
1 c. à soupe de jus de citron
1 c. à café de sumac moulu
3 c. à soupe d'huile d'olive
¼ de c. à café de sel
1 grosse poignée de persil plat frais, *effeuillé, plus un peu pour servir*

pour servir

pains plats *(voir page 305)*

Préchauffez votre four à 200 °C (th. 6) ou 180 °C (th. 6) à chaleur tournante. Coupez la base du céleri-rave, puis pelez-le à l'aide d'un économe (utilisez la pointe d'un couteau pour retirer les crevasses terreuses). S'il est gros, coupez-le en 2, mais gardez-le entier s'il est petit. Coupez-le en tranches de ½ cm en vous arrêtant à 2 cm de la base.

Versez un filet d'huile entre les sillons, frictionnez le dessus en ajoutant un peu plus d'huile et saupoudrez de sel. Placez-le sur une plaque antiadhésive et enfournez 45 min. Sortez-le du four et ajoutez un filet d'huile si nécessaire. Remettez au four 45 min, jusqu'à ce qu'il soit doré et que la pointe d'un couteau s'y enfonce sans résistance.

Pendant la cuisson, préparez le glaçage au miso. Mélangez le miso, le piment d'Alep, le sirop d'agave (ou de riz) et le jus de citron dans un bol, puis réservez.

Déposez ensuite tous les ingrédients de la sauce tahini dans un bol de présentation. Fouettez le tout avec 5 c. à soupe d'eau, puis réservez.

Placez tous les ingrédients de la salade d'oignon dans un saladier. Mélangez avec les mains en les froissant légèrement pour faire flétrir un peu l'oignon, puis réservez.

Sortez le céleri du four. Badigeonnez soigneusement de glaçage au miso avec un pinceau, de façon uniforme. Veillez à ce que le glaçage pénètre bien sur toute la surface (pour éviter qu'il ne coule), mais aussi entre les crevasses. Enfournez une dernière fois 15 min supplémentaires.

Avant de servir, réchauffez les pains plats. Une fois chauds, déposez le céleri-rave entier (ou coupé en 2) sur la table, avec la salade d'oignon rouge, la sauce tahini, les pains plats chauds et quelques feuilles de persil dans un petit bol à part. Encouragez vos convives à se servir eux-mêmes. Pour ce faire, chacun prendra un pain, étalera un nuage de tahini sur le dessus, agrémentera de quelques tranches de céleri-rave, puis d'un peu de salade d'oignon, et parsemera le tout de quelques feuilles de persil. Vous pouvez déguster.

V/OSG (AVEC DU PAIN SG) PRÉPARATION 10 min / CUISSON 1 h 45

Ragoût de haricots blancs au céleri et au safran

Le céleri : toujours la demoiselle d'honneur, jamais la mariée, quelle tristesse. C'est ce que je croyais jusqu'à ce que je découvre le khoresh karafs, un délicieux ragoût persan où le céleri est cuisiné tête entière avec un bouquet de persil. Sa texture et son goût braisé sont alors stupéfiants : il est doux comme du velours et libère une immense saveur – quelque part entre le céleri, l'échalote et le fenouil. Personne ne l'aurait cru capable de cela, pas même moi. De nombreux Perses préparent ce ragoût aujourd'hui avec des haricots blancs ou des pommes de terre.

NOTE Vous pouvez éviter le safran s'il vous semble trop cher ; la réalisation de ce plat sera alors très bon marché. Ce ragoût est traditionnellement servi avec du tahdig (riz à la persane), mais vous pouvez opter pour du riz basmati à la vapeur (mélangé à un peu de beurre végétal, du sel et éventuellement du curcuma pour la couleur) ou pour des petits pains croustillants.

POUR 4 PERSONNES

20 brins de safran
6 c. à soupe d'huile d'olive
1 oignon jaune, *finement haché*
1 bouquet de céleri de 600 g, *tiges coupées en morceaux de 3 cm*
3 gousses d'ail, *écrasées*
1 c. à café de curcuma moulu
1¼ de c. à café de sel
⅛ de c. à café de poivre noir moulu
2 c. à soupe de purée de tomates
100 g de persil plat frais, *paré, le reste finement haché*
1 boîte de 400 g de haricots cannellini (ou haricots blancs), *non égouttée*
25 g de feuilles de menthe fraîche, *finement hachées*
1 c. à soupe de jus de citron *(½ citron)*

pour servir

riz basmati, *cuit (voir page 305)* **ou pain frais et croustillant**

Déposez le safran dans un bol résistant à la chaleur, ajoutez 2 c. à soupe d'eau bouillante et réservez.

Versez l'huile d'olive dans une grande poêle profonde à feu moyen. Une fois chaude, ajoutez l'oignon et faites-le revenir 5 min en remuant fréquemment. Ajoutez le céleri, laissez cuire 5 min, puis incorporez l'ail, le curcuma, le sel et le poivre, et faites cuire encore 12 min.

Versez ensuite le concentré de tomates, laissez cuire quelques minutes, puis ajoutez le persil ainsi que les haricots avec leur eau de trempage (gardez la boîte à portée de main). Faites cuire 10 min en remuant, puis ajoutez la menthe et laissez cuire 5 min supplémentaires.

Remplissez la boîte de haricots d'eau d'abord entièrement puis une seconde fois à moitié afin de verser l'équivalent de 1½ boîte dans la poêle. Ajoutez ensuite le jus de citron, et le safran avec son eau de trempage.

Laissez mijoter 20 min, jusqu'à ce que le céleri soit tendre, et presque mou, et que la consistance soit celle d'un ragoût épais. Retirez du feu, goûtez et rectifiez l'assaisonnement si nécessaire en ajoutant du jus de citron et du sel, puis servez avec du riz ou du pain.

V/OSG PRÉPARATION 10 min / CUISSON 1 h

Falafels de carottes aux oignons marinés

Mon amour pour les falafels n'a pas de limite, mais mon amour pour la friture en a une. C'est pourquoi je vous propose cette recette de falafels au four, tout aussi croustillants et croquants à l'extérieur que doux et moelleux à l'intérieur. J'ai appris au fil des recettes que la clé de tout bon falafel est d'utiliser des pois chiches secs (ceux en boîte font plutôt de la bouillie). Cela signifie qu'il nous faut plonger lesdits pois chiches dans une casserole d'eau la veille. De mon côté, j'ai l'habitude de les faire tremper juste avant d'aller me coucher, pour pouvoir facilement les transformer en dîner le lendemain.

NOTE Il est nécessaire de faire tremper les pois chiches 1 nuit avant de les préparer. Vous aurez besoin d'un robot de cuisine pour cette recette.

POUR 20 FALAFELS
(pour 4 personnes)

les falafels

300 g de pois chiches secs
huile d'olive
200 g de carottes (environ 2 de taille moyenne), *épluchées, puis grossièrement hachées*
2 c. à soupe de farine de pois chiches
3 gousses d'ail, *écrasées*
1 c. à café de graines de cumin
1½ c. à café de graines de coriandre
1½ c. à café de sel
½ c. à café de bicarbonate de soude
2 c. à café de flocons de piment
2 c. à soupe de persil plat frais, *haché*

l'oignon mariné

1 oignon rouge, *coupé en 2 et finement émincé*
4 c. à soupe de vinaigre de vin blanc
1½ c. à café de sel

pour servir

wraps ou pains pita
houmous ou de la mayonnaise végétale à l'ail
1 concombre, *coupé en fines tranches*
sauce sriracha

Faites tremper les pois chiches dans une casserole d'eau froide pendant 24 h.

Le lendemain, commencez par préparer l'oignon mariné. Déposez l'oignon, le vinaigre et le sel dans une petite casserole, ajoutez 4 c. à soupe d'eau et portez à ébullition. Éteignez le feu et laissez refroidir.

Préchauffez le four à 220 °C (th. 7) ou 200 °C (th. 6) à chaleur tournante, puis tapissez 2 plaques à four de papier cuisson et arrosez-les d'huile d'olive.

Égouttez soigneusement les pois chiches, puis déposez-les dans un robot avec les carottes, la farine de pois chiches, l'ail, les graines de cumin, les graines de coriandre, le sel, le bicarbonate de soude, les flocons de piment et le persil. Mixez jusqu'à ce que le mélange ressemble à une pâte granuleuse, puis prenez 1 cuillerée du mélange et faites-la rouler entre vos mains pour vérifier qu'elle colle bien. Si ce n'est pas le cas, continuez de mixer jusqu'à ce que le mélange soit plus fin, puis faites le test à nouveau. Si le mélange vous semble trop humide, ajoutez 1 c. à soupe de farine de pois chiches supplémentaire. Lorsque vous êtes satisfait du résultat, transférez le tout dans un bol.

Prenez une petite quantité du mélange de pâte de falafels, l'équivalent de la taille d'une balle de ping-pong (environ 40 g). Tassez-la le plus possible entre vos mains, puis aplatissez-la délicatement pour qu'elle fasse environ 6 cm de diamètre x 2 cm d'épaisseur. Tapotez les bords avec vos doigts pour les rendre plus nets. Déposez les falafels dans un plat et répétez l'opération avec le reste du mélange.

Versez un filet d'huile d'olive sur les boulettes, puis faites-les cuire au four 20 à 25 min, jusqu'à ce qu'elles soient croustillantes et dorées.

Faites chauffer des wraps ou des pains pita, tartinez-les généreusement de houmous ou de mayonnaise à l'ail. Garnissez-les d'oignon mariné égoutté et de concombre, puis de falafels et terminez par de la sauce sriracha, si cela vous dit.

V PRÉPARATION 10 min (+ 1 nuit à tremper) / CUISSON 1 h

Curry jaune thaï de haricots verts et de pommes de terre

Le fait que les divers currys thaïlandais soient de mêmes couleurs que les feux de signalisation (vert, jaune, rouge) ressemble à un coup de marketing génial pour faciliter leur arrivée dans les assiettes occidentales. Le vert et le rouge se réfèrent sans doute aux couleurs des piments employés, mais ce n'est pas le cas du jaune. Celui-ci se caractérise par toute une gamme d'arômes exceptionnels (citronnelle, curcuma, gingembre, feuilles de citron Kaffir, cumin et coriandre). Le curry jaune est un vrai rayon de soleil.

NOTE Vous trouverez les feuilles de citron Kaffir (fraîches ou congelées) en supermarché asiatique. Elles peuvent ensuite se conserver au congélateur. Les pommes de terre cireuses (comme la Charlotte) sont plus indiquées que d'autres variétés (plus riches en amidon), car elles absorbent moins de sauce. Cela dit, prenez ce que vous avez sous la main et ajoutez juste un peu d'eau à la sauce si nécessaire. Vous aurez besoin d'un mixeur pour réaliser ce plat.

POUR 4 PERSONNES

1 grande échalote longue (ou 2 petites), *hachée grossièrement*
1 tête d'ail entière, *gousses séparées*
2 bâtons de citronnelle, *feuilles extérieures et couches supérieures retirées, le reste grossièrement haché*
1 morceau de gingembre de 4 cm, *haché*
4 piments œil d'oiseau (ou piments thaïs) *hachés*
4 feuilles de citron Kaffir
1 c. à café de curcuma moulu
½ c. à café de cumin moulu
1 c. à café de coriandre moulue
1½ c. à café de sel
2 boîtes de 40 cl de lait de coco
600 g de pommes de terre cireuses, *coupées en morceaux de 4 x 2 cm*
2 c. à soupe d'huile de colza
400 g de haricots verts, *équeutés*

pour servir
riz parfumé au jasmin, *cuit* *(voir page 304)*

Préparez la pâte de curry. Déposez l'échalote, l'ail, la citronnelle, le gingembre, les piments, les feuilles de citron Kaffir, les épices et le sel dans un mixeur. Ajoutez 4 c. à soupe de lait de coco puis mixez. Ajoutez un peu plus de lait de coco si nécessaire, jusqu'à obtention d'une belle pâte bien lisse. Réservez.

Faites bouillir une casserole d'eau de taille moyenne et plongez-y délicatement les pommes de terre. Laissez cuire 10 à 12 min, jusqu'à ce que la pointe d'un couteau s'y enfonce sans résistance. Égouttez les pommes de terre et réservez pendant que vous préparez le curry.

Versez l'huile dans une grande casserole munie d'un couvercle et faites-la chauffer à feu moyen. Une fois chaude, ajoutez la pâte de curry et faites-la cuire 5 min en remuant. Elle va commencer à s'assombrir légèrement et à diffuser une odeur parfumée.

Lorsque la pâte devient huileuse (au fur et à mesure que la graisse s'en échappe), versez le reste du lait de coco et 20 cl d'eau. Portez à ébullition, puis ajoutez les pommes de terre cuites et les haricots verts. Dès la reprise de l'ébullition, couvrez et laissez cuire 5 à 6 min, jusqu'à ce que les haricots soient tendres et que le curry ait légèrement réduit et épaissi.

Prenez une louche pour répartir le curry dans des bols de présentation, puis servez-le à vos convives, avec du riz parfumé au jasmin cuit à la vapeur.

V/SG PRÉPARATION 15 min / CUISSON 30 min

Gnocchis de panais et de pommes de terre au gochujang et aux noisettes

Il est temps de réhabiliter le panais : les Français l'ont donné à manger aux cochons et les Italiens l'ont rayé de leur cuisine. Mal-aimé et négligé, il n'apparaît guère non plus dans nos contrées britanniques – si ce n'est dans le rôti de Noël. Pourtant, sa chair sucrée et riche en amidon peut être écrasée, rôtie et croustillante aussi bien que n'importe quelle pomme de terre. Dans cette recette, il ensorcelle d'ailleurs la farine pour créer d'excellents gnocchis à la sauce gochujang, piquante et aigre-douce à souhait.

NOTE Doublez les proportions si vous cuisinez pour 4 personnes. Le gochujang est une pâte de piment rouge coréenne sucrée et piquante que l'on trouve dans la plupart des grands supermarchés en France. Le miso blanc sucré est plus doux que le miso blanc standard ; celui de Clearspring® est excellent.

POUR 2 PERSONNES

les gnocchis

250 g de pomme de terre farineuse (1 grosse), *épluchée et coupée en morceaux*
150 g de panais (2 de taille moyenne), *épluchés puis hachés*
½ c. à café de sel marin
60 g de farine italienne de type 00

la sauce

1 c. à soupe de pâte de gochujang
3 c. à soupe de shiro miso ou de miso blanc doux
2½ c. à soupe d'huile de sésame grillé
2 c. à soupe de jus de citron *(1 citron)*
1 c. à soupe d'huile de colza
100 g de jeunes pousses d'épinards

pour servir

50 g de noisettes grillées, *hachées*

Déposez la pomme de terre et les panais dans une casserole de taille moyenne, recouvrez-les d'eau froide puis portez à ébullition. Laissez mijoter à feu doux 10 min environ, jusqu'à ce qu'ils soient tendres ou que la pointe d'un couteau puisse s'y enfoncer sans résistance. Égouttez-les à l'aide d'une passoire, laissez la vapeur s'échapper, puis déposez-les à nouveau dans la casserole. Ajoutez le sel et écrasez-les jusqu'à obtention d'une purée bien lisse.

Incorporez maintenant la farine à la purée, en mélangeant délicatement avec les mains pour former une pâte. Mettez la casserole de côté, puis étalez la pâte obtenue sur le plan de travail propre et divisez-la en 2. Prenez la première moitié pour former 1 boudin de pâte d'environ 36 cm de long x 2 cm d'épaisseur, puis faites de même avec la seconde. Coupez ensuite chaque boudin en 12 morceaux égaux.

Recouvrez une assiette d'un linge propre. Rincez la casserole et remplissez-la d'eau froide. Portez à ébullition, puis faites cuire les gnocchis 1 à 2 min, jusqu'à ce qu'ils flottent à la surface. Retirez-les à l'aide d'une écumoire et laissez-les s'égoutter dans l'assiette prévue à cet effet.

Prenez un bol pour préparer la sauce. Mélangez le gochujang, le miso, l'huile de sésame et le jus de citron.

Versez l'huile de colza dans une poêle de taille moyenne (en réalisant un mouvement circulaire pour que le fond soit bien recouvert). Une fois chaude, ajoutez les gnocchis et faites-les revenir quelques minutes, sur une face puis l'autre, jusqu'à ce qu'ils soient joliment dorés.

Ajoutez ensuite les épinards et remuez doucement (afin de ne pas abîmer les gnocchis) jusqu'à ce qu'ils flétrissent. Versez enfin la sauce, puis remuez jusqu'à ce que les gnocchis et les épinards en soient bien enrobés. Répartissez les gnocchis dans 2 assiettes de présentation et parsemez de noisettes.

V PRÉPARATION 10 min / CUISSON 1 h

Aloo palak à la pakistanaise

Un jour, j'ai décidé de prendre une pause dans la rédaction de ma rubrique culinaire dans le journal *The Gardian* pour faire ce que les Italiens appellent *dolce far niente* (le doux art de ne rien faire). J'ai alors pu manger et cuisiner égoïstement, en suivant mes propres désirs. Tout cela m'a amenée dans un café pakistanais où j'ai découvert un curry de pommes de terre et d'épinards que je pourrais manger tous les jours du reste de ma vie. Les pommes de terre y étaient salées et fondantes, comme dans une tortilla espagnole, et les épinards un onctueux méli-mélo de couleur émeraude. Ce plat ne m'a pas semblé innovant, ni même joli, mais il était si savoureux que j'ai failli crier : « Bingo ! »

NOTE Les épinards surgelés conviennent parfaitement ici. Faites-les décongeler pendant la nuit ou passez-les à l'eau tiède lorsqu'ils sont encore dans le sac, jusqu'à ce qu'ils décongèlent totalement.

POUR 4 PERSONNES

12 cl d'huile de colza
1 c. à café de graines de moutarde noire
1 c. à café de graines de cumin
2 oignons jaunes, *finement hachés*
6 gousses d'ail, *écrasées*
1 morceau de gingembre de 3 x 2 cm, *râpé*
1 à 2 piments verts longs, *finement hachés*
200 g de tomates, *coupées en morceaux*
1½ c. à café de cumin moulu
2 c. à café de coriandre moulue
½ c. à café de curcuma moulu
1 c. à café de piment Kashmiri moulu
2 c. à café de sel
450 g de pommes de terre Maris Piper (2 de taille moyenne) (ou autre pommes de terre à chair farineuse), *épluchées, coupées en 2 et en tranches de 1½ cm d'épaisseur*
1 kg d'épinards en branches surgelés, *décongelés*
2 à 3 c. à café de jus de citron *(1 citron)*

pour servir
riz basmati cuit *(voir page 305)*

Versez l'huile dans une grande poêle profonde et faites chauffer à feu moyen jusqu'à ce que l'huile soit très chaude. Déposez délicatement les graines de moutarde et de cumin, et laissez-les crépiter 1 min. Ajoutez les oignons et faites-les cuire 8 min, jusqu'à ce qu'ils soient tendres et dorés. Ajoutez l'ail, le gingembre et les piments. Faites cuire environ 3 min en remuant, jusqu'à ce que l'odeur de l'ail cru disparaisse.

Incorporez les tomates, les épices et le sel, et faites cuire environ 5 min, jusqu'à ce que l'huile se sépare du mélange. Ajoutez les pommes de terre, les épinards et 20 cl d'eau bouillante, couvrez la casserole et laissez cuire environ 15 min, en remuant à peu près toutes les 5 min. Retirez le couvercle et laissez cuire 15 à 20 min supplémentaires, jusqu'à ce que le liquide se soit évaporé et que vous ayez obtenu un curry épais et savoureux. Les pommes de terre doivent être tendres, la pointe d'un couteau doit pouvoir s'y enfoncer sans résistance.

Ajoutez 2 c. à café de jus de citron, mélangez puis goûtez : ajoutez un peu plus de citron si nécessaire pour maintenir l'équilibre entre les saveurs sucrées et épicées. Servez chaud avec du riz basmati.

V/SG PRÉPARATION 15 min / CUISSON 1 h

Keema de haggis écossais et ses tatties rötis

Mon anniversaire tombe le même jour que le souper écossais de la *Burns Night*. J'ai donc créé une recette qui fusionne deux de mes amours : l'un pour le haggis de la *Burns* et les tatties ; l'autre pour le keema et les aloo rötis indiens. Voilà comment est né le Burns-Sodha (pour les intimes), un keema de haggis et de tatties rötis à l'indienne. Deux recettes en une, que vous pouvez bien sûr cuisiner séparément (vous pouvez aussi remplacer les tatties rötis par des pains plats achetés dans le commerce si vous manquez de temps). Pour la réaliser, je vous conseille le haggis vegan Macsween's, que vous devrez acheter, sachant qu'il est disponible dans la plupart des supermarchés britanniques ou de vous le procurer en ligne.

POUR 4 PERSONNES

les tatties rötis

500 g de pommes de terre Maris Piper (ou autres pommes de terre à chair farineuse), *épluchées coupées en dés de 3 cm*
2 c. à soupe d'huile de colza, *et un petit peu plus pour faire revenir les* **tatties rötis**
1 c. à café de graines de nigelle
sel
250 g de farine ordinaire, *plus un peu pour saupoudrer*

le keema de haggis

3 c. à soupe d'huile de colza
1 poireau, *paré et finement tranché*
1 gros oignon, *finement haché*
1 morceau de gingembre de 2 cm, *râpé*
5 gousses d'ail, *écrasées*
2 piments verts longs, *finement hachés*
1 kg de haggis vegan
2 c. à café de coriandre moulue
2½ c. à café de cumin moulu
½ c. à café de curcuma moulu
100 g de yaourt grec ou « yaourt » végétal
10 g de feuilles de menthe fraîche, *hachées*
15 g de feuilles de coriandre fraîche, *hachées*

Préparez la pâte à tatties rötis. Portez une casserole d'eau de taille moyenne à ébullition. Une fois l'eau bouillante, déposez les pommes de terre et faites-les cuire 12 min, ou jusqu'à ce qu'elles soient tendres. Égouttez-les et laissez-les sécher dans une passoire. Une fois sèches, remettez-les dans la même casserole. Ajoutez l'huile et les graines de nigelle avec 1 c. à café de sel, puis écrasez bien les pommes de terre. Incorporez la farine en pétrissant le mélange avec vos mains jusqu'à obtention d'une boule de pâte bien uniforme.

Farinez légèrement le plan de travail, puis préparez une grande feuille de papier cuisson. Coupez la boule de pâte en 8 morceaux égaux. Prenez 1 morceau de pâte, étalez-le pour former un cercle de 10 cm de diamètre (saupoudrez-le de farine si nécessaire). Déposez-le sur le papier cuisson, puis répétez l'opération avec les 7 autres morceaux de pâte.

Placez une assiette à proximité pour y déposer les tatties rötis une fois cuits. Versez 1 c. à café d'huile dans une grande poêle antiadhésive à feu moyen. Une fois chaude, déposez autant de tatties rötis que possible sans qu'ils se chevauchent (environ 2) et faites cuire environ 1½ min de chaque côté, jusqu'à ce qu'ils soient brunis par endroits et bien cuits sur toute la surface. Transférez-les dans l'assiette. Répétez l'opération avec les autres tatties rötis, puis couvrez-les d'une feuille d'aluminium et réservez.

Pour le keema, versez l'huile dans la même poêle, à feu moyen. Une fois chaude, déposez le poireau et l'oignon. Faites-les cuire environ 8 min, jusqu'à ce qu'ils soient tendres et translucides. Ajoutez le gingembre, l'ail et les piments. Mélangez et laissez cuire 2 min supplémentaires.

Émiettez le haggis dans la poêle et faites cuire environ 10 min en remuant fréquemment (il peut coller à la poêle, mais ne vous inquiétez pas, il faut juste persévérer). Incorporez la coriandre, le cumin, le curcuma et le yaourt. Laissez cuire encore 5 min, puis goûtez (rectifiez le sel si nécessaire, ¼ de c. à café à la fois, en mélangeant et en goûtant après chaque ajout). Incorporez les herbes fraîches pour la touche finale. Servez chaud avec les tatties rötis.

OV PRÉPARATION 20 min / CUISSON 1 h 15

Curry de pois chiches et de pommes de terre et ses parathas

Le curry de pommes de terre est résolument le plat emblématique de ma jeunesse. Pour être honnête, je ne l'aimais pas vraiment à l'époque (désolée, maman). Mais, comme cela arrive parfois avec les choses que l'on n'aimait pas lorsqu'on était enfant (les antiquités, le chanteur Neil Diamond et ma sœur, par exemple), j'ai fini par l'aimer d'un amour intense et éternel. La recette d'aujourd'hui n'est pas le curry de pommes de terre de ma famille. C'est plutôt une recette que j'ai préparée avec l'envie urgente de me sentir à nouveau « chez moi ». Et je dois vous dire que j'ai été très satisfaite du résultat, au point qu'elle pourrait bien figurer parmi les plats chouchous de ma vie d'adulte.

NOTE Pour cette recette, vous aurez besoin de feuilles de citron Kaffir et de sambal oelek, une pâte de piment merveilleusement piquante (j'aime acheter celle de Yeo's®). Je les achète au supermarché chinois près de chez moi. Vous trouverez des parathas surgelés en supermarchés indiens si vous ne souhaitez pas les préparer vous-même. Il vous faudra également un mixeur ou un petit robot de cuisine.

POUR 4 PERSONNES

le curry

1 oignon, *grossièrement haché*
2 c. à soupe de purée de tomates
5 gousses d'ail, *hachées*
2½ c. à soupe de sambal oelek
8 feuilles de citron Kaffir, *fraîches ou surgelées, déveinées*
huile de colza
1½ c. à café de sel
2 boîtes de 400 g de pois chiches, *non égouttés*
500 g de pommes de terre Maris Piper (ou autres pommes de terre à chair farineuse), *épluchées et coupées en morceaux de 3 cm*
1 boîte de 40 cl de lait de coco

les parathas

1 bloc de 500 g de pâte feuilletée végétale, *prête à l'emploi*
un peu de farine ordinaire, *pour saupoudrer*

Préparez la pâte de curry. Mettez l'oignon, la purée de tomates, l'ail, le sambal oelek, 4 feuilles de citron Kaffir et 5 c. à soupe d'huile dans un mixeur. Réduisez le tout en une pâte lisse, en vous arrêtant pour racler les parois si nécessaire. Si votre mixeur a du mal à fonctionner, ajoutez un peu d'eau (1 c. à soupe à la fois) pour détendre le mélange. Réservez.

Roulez les feuilles de citron Kaffir restantes, puis coupez-les en lamelles. Faites chauffer 1 c. à soupe d'huile dans une grande poêle profonde. Une fois l'huile très chaude, faites rissoler brièvement les lamelles de feuilles jusqu'à ce qu'elles soient croustillantes, puis déposez-les dans une assiette. Versez la pâte de curry dans la poêle et faites cuire 10 à 12 min à feu moyen en remuant souvent, jusqu'à ce qu'elle commence à se détacher des parois et qu'elle libère un peu d'huile.

Ajoutez le sel, les pois chiches (avec leur eau), les pommes de terre et le lait de coco. Augmentez le feu et portez à ébullition. Baissez le feu et laissez mijoter 20 min, en remuant jusqu'à ce que les pommes de terre soient fondantes.

Pour préparer les parathas, nettoyez et farinez légèrement le plan de travail. Divisez la pâte en 8 morceaux égaux. Roulez chaque morceau en boule, puis écrasez-les entre vos mains pour former des galettes. Farinez les 2 côtés d'une galette, puis étalez-la en un rond de 18 à 20 cm. Répétez l'opération avec les 7 autres morceaux.

Placez une poêle antiadhésive à feu entre moyen et élevé. Une fois chaude, déposez 1 galette. Faites-la cuire 1½ min en la retournant toutes les 30 sec, jusqu'à ce qu'elle brunisse par endroits et qu'il n'y ait plus de pâte non cuite (c'est-à-dire translucide). Transférez-la dans une assiette et répétez l'opération avec les 7 autres galettes.

Versez enfin le curry dans un grand plat de service ; parsemez de lamelles de feuilles de citron Kaffir. Servez chaud, avec les parathas et encouragez vos convives à se servir eux-mêmes.

V PRÉPARATION 10 min / CUISSON 55 min

Feuilletés XL aux pommes de terre et patates douces

***Le lundi, des patates... le mardi, des patates... le mercredi, des patates... le jeudi, des patates...* au curry, à la crème de coco et au gingembre, avec une pincée de piment. Et vous obtiendrez comme par magie des feuilletés malaisiens au curry résolument XL.**

NOTE Vous n'aurez peut-être pas besoin d'autant de pommes de terre que de jours de la semaine pour cette recette, mais vous aurez besoin d'un genre d'emporte-pièce circulaire pour découper les feuilletés: une assiette de 20 cm de diamètre ou le fond d'un moule à gâteau feront parfaitement l'affaire.

POUR 6 PERSONNES

600 g de pommes de terre, *épluchées et coupées en dés de 1 cm*
300 g de patates douces, *épluchées et coupées en dés de 1 cm*
sel
3 c. à soupe d'huile de colza
3 oignons rouges, *coupés en dés*
4 gousses d'ail, *écrasées*
1 morceau de gingembre de 5 x 4 cm (40 g), *râpé*
3 piments rouges, *finement hachés*
1½ c. à soupe de curry doux moulu
150 g de crème de coco épaisse
3 paquets de 230 g de pâte feuilletée végétale ou au beurre, *prête à l'emploi*
1 œuf moyen, fouetté, ou du beurre végétal fondu, *pour le glaçage*

pour servir
sauce piquante, sriracha ou ketchup
feuilles de salade

Placez les pommes de terre et les patates douces dans une casserole de taille moyenne, et couvrez d'eau froide. Ajoutez 1 c. à café de sel et portez à ébullition. Laissez cuire 10 min, égouttez, puis réservez.

Faites ensuite chauffer l'huile dans une grande poêle (ou une sauteuse) à feu moyen. Ajoutez les oignons avec 1¼ de c. à café de sel. Faites-les suer 5 min, jusqu'à ce qu'ils soient translucides, puis ajoutez l'ail, le gingembre et les piments. Laissez cuire 5 min supplémentaires, jusqu'à ce que les oignons soient tendres. Incorporez le curry, mélangez bien, puis ajoutez la crème de coco et mélangez à nouveau. Ajoutez maintenant les pommes de terre et les patates douces cuites, versez 10 cl d'eau et laissez cuire 1 min pour que toutes les saveurs se mélangent bien. Vous devriez obtenir un curry sec de pommes de terre et de patates douces. Retirez du feu et laissez refroidir pendant que vous découpez les disques de pâte.

Préchauffez le four à 220 °C (th. 7) ou 200 °C (th. 6) à chaleur tournante.

Déroulez l'une des pâtes feuilletées sur une surface propre, en conservant le papier cuisson en dessous. À l'aide de l'emporte-pièce de 20 cm diamètre, découpez 3 disques de taille égale (il se peut que vous deviez rassembler les chutes et les rouler à nouveau pour obtenir le troisième disque). Faites de même avec les autres pâtes feuilletées.

Pour garnir les feuilletés, déposer 175 g (ou l'équivalent de 2 grandes c. de service) de curry au centre de chaque disque de pâte. Mouillez les bords de la pâte avec un peu d'eau, puis faites remonter le bord le plus proche de vous sur la garniture, en l'étirant si nécessaire, avant de le sceller sur le bord opposé. Pliez-les (en repliant de petites parties de la pâte) ou fermez-les à l'aide d'une fourchette. Placez les feuilletés sur une plaque à four tapissée de papier cuisson, puis badigeonnez-les d'œuf fouetté ou de beurre végétal fondu.

Enfournez 30 à 35 min, jusqu'à ce que les feuilletés soient légèrement dorés sur toute la surface : ils devraient émettre un joli son du type « rat-a-tat-tat » lorsqu'on les tapote. Laissez-les refroidir légèrement avant de les dévorer avidement. Servez-les avec la sauce rouge de votre choix ainsi que quelques feuilles de salade.

OV /SPL PRÉPARATION 20 min / CUISSON 1 h 15

Rasam de rutabaga

J'ai beaucoup de tendresse pour le rutabaga. Il me fait penser à Cendrillon : il est souvent mis de côté et sous-estimé, mais lorsqu'on lui accorde de l'attention et de l'amour, il s'épanouit en un clin d'œil. On peut le cuisiner de différentes manières, mais je vous avoue que je préfère le rôtir : il devient alors onctueux et fondant. Dans cette recette, il se marie très bien avec un bouillon de pois cassés légèrement sucré-salé très réconfortant.

NOTE Cette recette contient plus de pois cassés qu'un rasam traditionnel pour s'adapter à la préparation d'un dîner. Faites tremper les pois cassés 3 h à l'avance. Si vous oubliez de le faire, augmentez juste le temps de cuisson de 30 min et pensez à ajouter de l'eau au fur et à mesure.

POUR 4 PERSONNES

200 g de pois cassés jaunes
1 gros rutabaga (900 g)
huile de colza
sel
1 c. à café de graines de moutarde noire
¼ de c. à café de graines de fenugrec
1 boîte de 400 g de concassé de tomates
2 c. à soupe de pâte de tamarin
¼ de c. à café de poivre noir moulu
1¼ de c. à café de coriandre moulue
1¼ de c. à café de cumin moulu
1 c. à café de piment Kashmiri moulu
½ c. à café de curcuma moulu
2 gousses d'ail, *finement émincées*
2 piments verts longs, *coupés en 2 dans la longueur*

pour servir
riz basmati cuit *(voir page 305)*

Déposez les pois cassés dans un saladier, lavez-les bien en changeant l'eau plusieurs fois, puis égouttez-les. Couvrez d'eau froide et laissez tremper 3 h.

Préchauffez le four à 220 °C (th. 7) ou 200 °C (th. 6) à chaleur tournante, puis tapissez une grande plaque à four de papier cuisson.

Lavez et épluchez le rutabaga, coupez-le en 4, puis coupez chaque morceau en tranches de 1 cm d'épaisseur. Placez-les dans un saladier, versez 1 c. à soupe d'huile avec ¼ de c. à café de sel, puis mélangez avec les mains, de façon que toutes les tranches de rutabaga soient bien enrobées. Déposez-les ensuite sur la plaque à four. Enfournez 30 min, ou jusqu'à ce que les rutabagas soient tendres et dorés. Sortez-les du four et réservez.

Versez 2 c. à soupe d'huile dans une grande casserole munie d'un couvercle à feu moyen. Une fois bien chaude, ajoutez les graines de moutarde et de fenugrec. Faites-les revenir 30 sec, jusqu'à ce qu'elles éclatent. Ajoutez les pois cassés égouttés, versez 1¼ l d'eau froide. Placez le couvercle, inclinez-le légèrement, puis portez à ébullition à feu moyen. Réduisez à feu doux et laissez mijoter 20 min en remuant de temps en temps, jusqu'à ce que les pois cassés soient tendres (ils devraient avoir la même consistance qu'une pomme de terre cuite ; si ce n'est pas le cas, poursuivez la cuisson, en ajoutant de l'eau si nécessaire). Incorporez ensuite les tomates et la pâte de tamarin. Ajoutez le poivre, la coriandre, le cumin, le piment en poudre, le curcuma et 1¾ de c. à café de sel, puis laissez mijoter encore 10 min, couvercle toujours bien en place.

Incorporez les ⅔ du rutabaga rôti et laissez cuire 6 min (ne vous inquiétez pas si le rutabaga se désagrège, il aidera à épaissir le rasam). Rectifiez l'assaisonnement à votre goût, si nécessaire.

Versez ensuite 2 c. à soupe d'huile dans une petite poêle à feu moyen. Une fois chaude, ajoutez l'ail et les piments. Faites revenir 2 min, ou jusqu'à ce que l'ail soit brun et les piments d'un blanc éclatant.

Ajoutez le mélange d'ail et de piments au rasam. Mélangez, puis transvasez dans un plat de service creux ou des bols de présentation individuels. Garnissez avec les tranches de rutabaga réservées, puis servez avec du riz basmati cuit à la vapeur.

V/SG PRÉPARATION 5 min (+ le temps de trempage) / CUISSON 1 h

Butternut

et

compagnie

Butternut et compagnie

L'erissery de butternut et de maïs doux d'Anshu

À Mumbai, on croise partout des dabbawalas se déplaçant à pied ou à vélo depuis leur domicile pour livrer jusqu'à 200 000 *dabbas* (nom donné aux récipients contenant leurs plats cuisinés « maison ») par jour. Une déclaration d'amour parmi tant d'autres de l'Inde pour la cuisine familiale. Grâce à Anshu Ahuja et à son entreprise DabbaDrop, les Londoniens peuvent aussi se régaler chaque semaine de ses délicieux plats maison, livrés à vélo. Cette recette d'errisery – un généreux ragoût aigre-doux généreux – fait partie des recettes incontournables de la famille d'Anshu. Sa grand-mère le cuisinait pour le déjeuner du dimanche, et sa mère continue de le préparer pour ses invités. Et maintenant, moi aussi, pour ma famille et mes amis.

NOTE Vous aurez besoin d'un mixeur ou d'un batteur. Pour les feuilles de curry fraîches, vous en trouverez en épiceries spécialisées et supermarchés indiens (voir page 310). Pensez à congeler celles que vous n'utiliserez pas pour la prochaine fois.

POUR 4 PERSONNES

1 courge butternut (1 kg), *lavée*
huile de colza
sel
1 boîte de 340 g de maïs doux, *égoutté*
2 c. à café de graines de moutarde noire
2 feuilles de curry fraîches
1 gros oignon jaune, *finement haché*
4 gousses d'ail, *écrasées*
3 piments verts longs, *finement hachés*
2 c. à café de curcuma moulu
1 boîte de 40 cl de lait de coco
2 c. à soupe de jus de citron *(1 citron)*

pour servir
1 poignée de feuilles de coriandre fraîche
riz basmati cuit *(page 305)*
facultatif : des quartiers de citron et de fines tranches d'oignon rouge

Préchauffez le four à 200 °C (th. 6) ou 180 °C (th. 6) à chaleur tournante.

Coupez la butternut en 2 (il n'est pas nécessaire de l'éplucher), enlevez les graines (et jetez-les). Coupez-le en dés de 2 cm. Placez-les sur 1 plaque à four, versez 2 c. à soupe d'huile avec 1 bonne pincée de sel, puis mélangez pour bien les enrober. Enfournez 25 à 30 min., jusqu'à ce que les dés soient tendres et leurs bords bien colorés.

Ajoutez ensuite 2 c. à soupe d'eau aux grains de maïs doux égouttés et mixez-les bien pour obtenir une pâte lisse.

Faites chauffer 2 c. à soupe d'huile dans une grande poêle. Une fois chaude, ajoutez les graines de moutarde et les feuilles de curry. Laissez-les crépiter et éclater 1 min avant d'incorporer l'oignon. Laissez cuire environ 10 min, en remuant de temps en temps, jusqu'à ce que l'oignon soit doré. Ajoutez l'ail et les piments, et laissez cuire 2 min. Déposez la pâte de maïs doux et le curcuma avec 1½ c. à café de sel. Laissez cuire 1 min, puis ajoutez le lait de coco (gardez la boîte vide à portée de main). Fouettez le mélange jusqu'à ce que tous les aliments se mélangent bien et que la sauce au curry obtenue soit d'un jaune éclatant.

Remplissez la moitié de la boîte de lait de coco avec de l'eau. Versez-la petit à petit dans la poêle pour diluer le curry (il se peut que vous ayez besoin de plus ou moins d'eau, selon l'épaisseur du lait de coco). Portez à ébullition et laissez mijoter 5 min, jusqu'à ce que le curry commence à épaissir. Incorporez les dés de butternut, versez le jus de citron et vérifiez l'assaisonnement.

Parsemez enfin votre curry de coriandre fraîche. Servez avec du riz basmati, quelques fines tranches d'oignon rouge et pourquoi pas des tranches de citron, si vous le souhaitez.

V/SG PRÉPARATION 20 min / CUISSON 45 min

Tofu au tamarin, aux nouilles, herbes et pickles

L'été dernier, je suis directement passée d'un voyage où la chaleur était étouffante à Bangkok à un été britannique brûlant lui aussi et j'ai instantanément regretté l'incroyable gamme de salades parfaites pour les temps chauds qui font la réputation de la Thaïlande (il va sans dire que j'ai aussi grandement regretté la clim'). Voilà donc une recette en réponse aux canicules. Le tofu au tamarin est vraiment en bonus – et il assure – mais vous pouvez facilement préparer ces succulentes nouilles sans lui.

NOTE Les nouilles cellophanes aux haricots mungo (parfois vendues sous le nom de vermicelles aux haricots mungo) sont très sympathiques, car elles ne s'agglutinent pas et se cassent facilement. On les trouve dans les supermarchés chinois, tout comme le gingembre mariné pour sushi. Pour la courgette, un éplucheur à julienne vous facilitera le travail.

POUR 4 PERSONNES

le tofu

2 paquets de 280 g de tofu extra-ferme, *égoutté*
3 c. à soupe de pâte de tamarin
2 c. à soupe d'agave ou de sirop de riz
½ c. à café de sel
huile de colza

la salade

100 g de nouilles cellophane de haricots mungo séchées
1 courgette de taille moyenne, *coupée en julienne*
150 g de pousses de soja
⅓ laitue iceberg, *déchiquetée*
25 g de gingembre mariné pour sushi
30 g de feuilles de menthe fraîche et de basilic thaï, *mélangées*
6 c. à soupe d'oignons frits du commerce
5 c. à soupe de cacahuètes salées, *concassées*

la vinaigrette

2 c. à soupe de *no fish sauce*
2 c. à soupe de sirop d'agave ou de riz
2 à 3 piments œil d'oiseau (ou piments thaï), *finement hachés*
2 c. à soupe de jus de citron vert *(2 citrons verts)*
¼ de c. à café de sel

Commencez par éponger le tofu avec du papier absorbant. Coupez-le ensuite en tranches de 1 cm puis en triangles. Placez une assiette près de la cuisinière, tapissée d'une feuille de papier absorbant.

Pour le glaçage, déposez la pâte de tamarin avec le sirop, le sel et 2 c. à soupe d'eau dans un petit bol, puis mélangez en fouettant ; et enfin, réservez.

Versez ensuite une couche d'huile dans une poêle antiadhésive. Une fois très chaude, ajoutez la moitié du tofu en une seule couche. Faites revenir 6 à 7 min (en retournant une fois à mi-cuisson) jusqu'à ce que les 2 côtés soient bien dorés. Transférez alors le tofu dans l'assiette prévue à cet effet, puis répétez l'opération avec l'autre moitié.

Baissez le feu, retirez presque toute l'huile de la poêle (il ne doit pas en rester plus de 1 c. à soupe), puis versez la marinade au tamarin et placez à nouveau le tofu doré. Laissez cuire environ 3 min, jusqu'à ce que le glaçage fasse des bulles sur le tofu, puis retournez les morceaux pour bien les enrober. Une fois qu'il reste peu de sauce dans la poêle, retirez du feu et laissez refroidir.

Passons à la vinaigrette. Mélangez la *no fish sauce*, le sirop, les piments, le jus de citron vert et le sel. Faites ensuite cuire les nouilles selon les instructions figurant sur l'emballage, puis rincez-les à l'eau froide et égouttez-les bien soigneusement.

N'assemblez qu'au moment de servir. Déposez tous les ingrédients de la salade dans un grand bol (à l'exception des nouilles, des oignons frits et des cacahuètes). Incorporez ensuite les nouilles cuites et la vinaigrette, puis remuez tous les ingrédients ensemble (le plus facile est de le faire avec les mains, en tirant vers le haut les ingrédients du fond du bol). Ajoutez enfin le tofu et la moitié des cacahuètes et des oignons frits, puis répartissez dans 4 assiettes. Recouvrez du reste de cacahuètes et d'oignons frits et servez enfin.

V/SG PRÉPARATION 15 min / CUISSON 35 min

Maze-gohan de potiron et de châtaignes mariné au soja

Le maze-gohan, ou riz mélangé, est un mélange de riz collant, sucré, à grains courts, parsemé d'ingrédients marinés, assaisonné de dashi et de soja. C'est à la fois un délice pour les sens et un mélange parfait de réconfort et de joie.

NOTE Il existe de nombreuses citrouilles et courges tout à fait excellentes, mais j'ai mes préférées. J'adore en effet les saveurs du courgeron, du potiron Crown Prince, de la courge Delica et de la Kabocha. S'ils ne sont pas de saison, prenez de la courge Butternut.

POUR 2 PERSONNES

250 g de riz rond
¼ de c. à café de sel
4 c. à soupe de sauce soja claire
3 c. à soupe de vinaigre de riz
1 c. à soupe de saké de cuisine
2 c. à soupe d'huile de sésame grillé
5 gousses d'ail, *coupées en 2 dans la longueur*
5 oignons nouveaux, *finement émincés*
150 g de shiitaké frais, *coupés en tranches*
450 g de potiron ou de courge, *épluchés et coupés en dés de 1 cm de côté*
100 g de châtaignes cuites, *coupées en tranches*

Placez le riz dans une casserole de taille moyenne munie d'un couvercle hermétique. Couvrez-le d'eau tiède. Remuez à la main jusqu'à ce que l'eau devienne trouble, égouttez, puis répétez l'opération jusqu'à ce que l'eau soit claire. Couvrez-le enfin d'eau chaude, laissez-le tremper 5 min, puis égouttez-le bien.

Remettez le riz dans la casserole, versez 29 cl d'eau froide avec ¼ de c. à café de sel. Placez le couvercle et portez à ébullition. Baissez le feu à très doux, laissez cuire 10 min. Retirez du feu et laissez reposer 10 min supplémentaires, couvercle bien en place.

Pendant ce temps, préparez le liquide pour les pickles. Mélangez la sauce soja, le vinaigre et le saké dans un petit bol ; et réservez.

Versez l'huile de sésame dans une grande poêle (munie d'un couvercle) à feu moyen. Une fois chaude, ajoutez l'ail et faites-le cuire 2 min en remuant. Déposez ensuite les oignons nouveaux (réservez une partie des feuilles pour la touche finale), mélangez et laissez cuire 2 min supplémentaires. Ajoutez les shiitakés, faites-les cuire 5 min jusqu'à ce qu'ils transpirent. Ajoutez alors le liquide pour les pickles, le potiron et les châtaignes. Couvrez, laissez cuire 3 min, remuez ; puis couvrez à nouveau et laissez cuire 3 min supplémentaires (ou jusqu'à ce que le potiron soit tendre).

Prenez la casserole de riz et transférez-le dans la grande poêle des légumes à l'aide d'une fourchette (pour éviter de le réduire en purée). Mélangez délicatement le tout. C'est prêt : servez à même la poêle ou répartissez dans des bols de présentation, puis parsemez de feuilles d'oignons nouveaux précédemment réservées.

V PRÉPARATION 15 min / CUISSON 45 min

Curry de butternut aux noix de cajou et au tamarin

L'un de mes plaisirs terrestres préférés est le curry thaïlandais. Pendant des années, mon premier choix s'est porté sur le curry vert mais il a récemment été détrôné par le gaeng som, ou curry aigre-doux après mon voyage à Phuket. Le plat d'origine est clair et bouillonnant, ce qui convient parfaitement au soleil brûlant de la Thaïlande, alors j'y ai ajouté des noix de cajou pour lui donner une sauce soyeuse et riche qui convient mieux au climat moins clément de la Grande-Bretagne.

NOTE Vous aurez besoin d'un mixeur.

POUR 4 PERSONNES

100 g de noix de cajou
1 courge butternut *(1 kg)*
huile de colza
sel
4 échalotes longues, *grossièrement hachées (175 g net)*
8 gousses d'ail, *hachées*
4 piments œil d'oiseau (ou piments thaïs), *hachés*
1 morceau de gingembre de 4 cm, *haché*
1½ c. à café de curcuma moulu
3 citrons verts : *2 en jus (2 c. à soupe) ; 1 coupé en quartiers*
1 c. à soupe de sucre en poudre
4 c. à soupe de pâte de tamarin
3 c. à soupe de *no fish sauce*
200 g de blettes arc-en-ciel, *tiges coupées en morceaux de 2 cm, feuilles coupées en rubans*

pour servir

riz parfumé au jasmin, *cuit* *(voir page 304)*

Préchauffez votre four à 220 °C (th. 7) ou 200 °C (th. 6) à chaleur tournante et tapissez une plaque à four de papier cuisson.

Mettez les noix de cajou dans un petit bol résistant à la chaleur, couvrez-les d'eau bouillante et laissez-les tremper.

Parez puis tranchez la courge en 2, d'abord en son milieu, puis en 4. Retirez les graines (vous pouvez les conserver pour une autre recette), puis coupez chaque morceau en quartiers de 4 cm de large. Enrobez-les de 2 c. à soupe d'huile, saupoudrez-les de sel et déposez-les sur la plaque à four. Enfournez 15 min, puis retournez-les, remettez-les 15 min, puis sortez du four.

Passons maintenant à la pâte de curry. Égouttez les noix de cajou, placez-les dans un mixeur avec les échalotes, l'ail, les piments, le gingembre, le curcuma et le sucre ; versez le jus de citron vert, 6 c. à soupe d'eau, 3 c. à soupe d'huile ; puis ajoutez 1½ c. à café de sel. Mixez enfin jusqu'à obtention d'une belle pâte.

Versez alors 4 c. à soupe d'huile dans une grande poêle à feu moyen. Une fois chaude, incorporez la pâte de curry. Laissez cuire 5 min en remuant souvent, puis ajoutez la pâte de tamarin, versez la *no fish sauce* et enfin 1 l d'eau. Remuez, puis ajoutez les blettes et la courge rôtie. Portez à ébullition, puis baissez le feu et laissez mijoter 8 min (ou jusqu'à ce que les tiges de blettes soient tendres). Goûtez et ajustez l'assaisonnement, en ajoutant de la *no fish sauce* pour son côté salin ou du citron vert selon votre goût.

Pour servir, répartissez le riz dans des bols de présentation, puis couvrez-le de curry à l'aide d'une louche. Découpez le reste du citron vert en quartiers que vous déposerez sur le côté de chaque bol.

V/SG PRÉPARATION 15 min / CUISSON 45 min

Curry de keema japonais et beignets de courgettes

Vous ne le savez peut-être pas, mais l'armée a joué un rôle surprenant dans l'histoire de la gastronomie, en faisant voyager idées et recettes à travers le monde. Le curry, par exemple, est arrivé au Japon non pas par l'Inde, comme on pourrait s'y attendre, mais par l'intermédiaire de l'armée britannique à la fin des années 1800. Il s' y est imposé à un tel point qu'il est aujourd'hui considéré comme un aliment de base au Japon. Mais le curry japonais est très différent du curry indien typique : il est utilisé sous forme de poudre, il n'est pas particulièrement épicé et on l'épaissit avec de la farine. Et en ce qui concerne le terme keema, il signifie « viande hachée » en hindi ; ma version, quant à elle, comporte du hachis de soja.

NOTE Les beignets de courgettes sont en option. Vous pouvez les remplacer par des œufs au plat.
Si vous n'arrivez pas à trouver de poudre de curry S&B, optez pour 2 c. à soupe de poudre de curry ordinaire.

POUR 4 PERSONNES

le curry keema

- **8 champignons shiitaké séchés (20g)**
- **120 g de protéines de soja texturées déshydratées,** *en granulés*
- **2 c. à soupe d'huile de colza**
- **1 oignon jaune,** *finement haché*
- **2 grosses carottes (200 g),** *coupées en petits dés*
- **2 branches de céleri,** *coupées en petits dés*
- **1¼ c. à café de sel**
- **1½ c. à soupe de curry S&B ou 2 c. à soupe de poudre de curry ordinaire**
- **4 c. à soupe de farine ordinaire**
- **2 c. à soupe de ketchup**
- **1 c. à soupe de sauce soja foncée**
- **1 c. à soupe de vinaigre de riz**

les beignets

- **3 c. à soupe de Maïzena®**
- **4 ½ c. à soupe de farine ordinaire**
- **120 ml d'eau gazeuse**
- **1 petite courgette,** *parée*
- **100 g d'oignons nouveaux,** *parés*
- **huile de colza,** *pour la cuisson*
- **fleur de sel,** *pour la touche finale*

pour servir

- **riz parfumé au jasmin,** *cuit (voir page 304)*

Placez les champignons dans un récipient résistant à la chaleur et versez 500 ml d'eau fraîchement bouillie. Placez ensuite les protéines de soja dans un récipient résistant à la chaleur et couvrez-les de 1l d'eau fraîchement bouillie. Laissez tremper 25 min. Pressez les champignons de leur bouillon (réservez-le), puis hachez-les finement. Déposez les protéines de soja dans une passoire pour les égoutter (ne conservez pas leur eau), pressez-les également. Réservez.

Versez l'huile pour le curry dans une poêle à feu entre moyen et élevé. Une fois chaude, incorporez l'oignon, les carottes, le céleri, les champignons hachés et le sel. Laissez cuire 15 min ou jusqu'à ce qu'ils soient tendres. Versez alors la poudre de curry ainsi que la farine, en remuant constamment pendant 1 min pour que la farine soit bien cuite. Incorporez ensuite les protéines de soja, puis versez le bouillon de shiitakés petit à petit (conservez la dernière c. à soupe en cas de grumeau éventuel). Laissez le mélange bouillonner, puis incorporez le ketchup, la sauce soja et le vinaigre. Laissez cuire encore 2 min, puis retirez du feu et réservez.

Pour les beignets, déposez la Maïzena® et la farine ordinaire dans un saladier, puis incorporez l'eau gazeuse à l'aide d'un fouet. Épluchez la courgette en fines lamelles à l'aide d'un épluche-légumes jusqu'à en obtenir 100 g, puis émincez finement les oignons nouveaux en de longues et fines lamelles. Incorporez-les à la pâte. Placez une assiette à côté de votre cuisinière, recouvrez-la de papier absorbant.

Versez maintenant 4 c. à soupe d'huile dans une poêle antiadhésive à feu entre moyen et élevé. Une fois que l'huile est très chaude (si des bulles se forment à la pointe d'une cuillère en bois, c'est que l'huile est suffisamment chaude), prélevez ¼ du mélange de courgettes et d'oignons nouveaux à la main, et faites-le tomber dans l'huile chaude. Prélevez ensuite un autre quart du mélange et laissez-le également tomber dans la poêle. Prenez une spatule en bois pour aplatir délicatement les beignets. Faites-les cuire 3 min (en les retournant toutes les minutes) jusqu'à ce qu'ils soient bien dorés. Déposez-les dans l'assiette prévu à cet effet, saupoudrez-les de fleur de sel et répétez toute l'opération avec le reste de la pâte, en ajoutant de l'huile si nécessaire.

Réchauffez votre curry s'il a eu le temps de refroidir. Prenez 4 bols ou assiettes creuses, répartissez-y le riz et le curry ainsi que les beignets de courgette.

V PRÉPARATION 15 min / CUISSON 45 min

Kiri hodi de butternut

Le kiri hodi, ou curry au lait de coco, est l'un des plats les plus populaires du Sri Lanka – et c'est une recette de génie. Une recette de génie, car elle est délicieuse, mais aussi très facile à préparer. Pour créer ce goût de paradis – à base d'épices, d'agrumes et de lait de coco – il vous suffira de déposer vos ingrédients dans une belle marmite et de mettre votre courge au four. C'est la recette idéale pour les cheffes et chefs qui courent partout et manquent de temps pour cuisiner. À vos assiettes, donc, pour recharger vos batteries d'une touche d'énergie tropicale.

NOTE Le butternut rôti n'est pas traditionnel, mais il confère de la douceur à l'acidité crémeuse du kiri hodi et lui offre plus de substance. Pour les feuilles de curry fraîches, vous en trouverez en épiceries spécialisées et en supermarchés indiens. Pensez à congeler celles que vous n'utiliserez pas pour la prochaine fois.

POUR 4 PERSONNES

1 kg de butternut, *pelée, épépinée et coupée en dés de 1½ cm de côté*
2 c. à café de curry doux
1½ c. à soupe d'huile de colza
sel
1 oignon jaune, *finement coupé en dés*
5 piments verts longs, *finement émincés*
12 à 15 feuilles de curry fraîches
¾ de c. à café de curcuma moulu
½ c. à café de graines de fenugrec
5 gousses d'ail, *écrasées*
150 g de tomates cerise, *coupées en 2*
1 long bâton de cannelle, *coupé en 2*
2 boîtes de 400 ml de lait de coco
1½ c. à soupe de jus de citron vert *(1 citron vert, ou + selon votre goût)*

pour servir
riz basmati, *cuit* *(voir page 305)*

Préchauffez votre four à 200 °C (th. 6) ou 180 °C (th. 6) à chaleur tournante. Puis, tapissez une plaque à four de papier cuisson.

Déposez les dés de butternut dans un grand bol, ajoutez la poudre de curry et l'huile avec ¾ de c. à café de sel ; mélangez pour les enrober. Répartissez-les ensuite sur la plaque en une couche régulière. Faites rôtir 35 min. Sortez enfin du four, mettez de côté pour que vos dés refroidissent.

Pendant ce temps, dans une casserole de taille moyenne, déposez l'oignon, les piments, les feuilles de curry, le curcuma, les graines de fenugrec, ainsi que l'ail, les tomates cerise, la cannelle et 1½ c. à café de sel ; puis versez 200 ml d'eau. Mettez à feu entre moyen et vif, portez à ébullition et faites enfin cuire 12 min, jusqu'à ce que les oignons et les tomates soient complètement tendres et que presque tout le liquide se soit évaporé.

Versez maintenant le lait de coco et ajoutez vos dés de butternut rôtis. Portez à ébullition une dernière fois, puis éteignez le feu. Arrosez enfin de jus de citron vert. Goûtez et ajustez le sel et le citron vert si nécessaire (vous pouvez aussi écraser vos dés de butternut si vous souhaitez épaissir votre curry). Servez chaud sur un lit de riz cuit à la vapeur.

V/SG PRÉPARATION 15 min / CUISSON 50 min

Biryani de potimarron entier

Un plat parfait à partager à l'époque de Noël, mais encore plus au Réveillon. Il peut être la star de votre table, mais aussi jouer les seconds rôles auprès d'un rôti traditionnel grâce à ses épices et saveurs si sympathiques. Pour cette recette, le type de courge que vous choisirez est essentiel. La Delica est la plus indiquée question saveur et douceur, mais vous pouvez aussi opter pour une grosse courge Crown Prince ou Kabocha. (Évitez toutefois les grosses citrouilles orange : elles sont parfaites pour sculpter des visages effrayants, mais pas si agréables à manger).

NOTE Le riz basmati et le riz sauvage pré-mélangés peuvent être achetés dans la plupart des grands supermarchés. Vous aurez besoin d'un pilon et d'un mortier ou d'un objet lourd pour écraser les épices.

POUR 4 À 6 PERSONNES

150 g de riz basmati et de riz sauvage
1,3 à 1,5 kg de potimarron Delica entier
1 c. à café de graines de fenouil
1 c. à café de graines de cumin
¾ de c. à café de cannelle moulue
huile de colza
1 gros oignon jaune, *finement émincé*
4 gousses d'ail, *écrasées*
1 morceau de gingembre de 2 cm, *râpé*
1 c. à soupe de purée de tomates
1½ c. à café de piment Kashmiri moulu
sel
25 cl de bouillon de légumes, *plus 2,5 cl d'eau*
40 g de noix (soit une grosse poignée), *hachées*
100 g de sauce aux canneberges

Préchauffez votre four à 180 °C (th. 6) ou 160 °C (th. 5) à chaleur tournante. Placez le riz dans un bol, couvrez-le d'eau froide, remuez-le à la main, puis égouttez-le ; répétez l'opération jusqu'à ce que l'eau soit claire. Égouttez à nouveau, puis couvrez-le d'eau froide et laissez-le tremper.

Coupez le haut du potimarron (réservez-le) et retirez ses graines (vous pouvez les garder pour les faire rôtir plus tard). Si vous avez retiré des morceaux de sa chair, coupez-les en dés et mettez-les de côté. Broyez ensuite les graines de fenouil et de cumin dans un mortier (jusqu'à ce qu'elles soient assez bien moulues), puis ajoutez la cannelle. Réservez.

Versez maintenant 3 c. à soupe d'huile dans une poêle à feu moyen. Ajoutez les épices écrasées ainsi que l'oignon. Laissez cuire 12 min, en remuant, jusqu'à ce qu'il soit brun foncé. Réservez alors 1 c. à soupe du mélange d'oignon, puis mélangez l'ail et le gingembre dans la poêle. Incorporez la chair de potimarron coupée en dés (s'il y en a) ainsi que la purée de tomates et 1 c. à café de piment en poudre. Laissez cuire 3 à 4 min, jusqu'à ce que le mélange soit sec. Ajoutez alors : ¾ de c. à café de sel ; le riz bien égoutté ; le bouillon de légumes ; et l'eau. Portez à ébullition et laissez cuire 6 min. Retirez enfin du feu et incorporez les noix. Versez tout le mélange dans le potimarron à l'aide d'une cuillère.

Placez la dernière cuillère du mélange d'oignon sur le dessus, refermez avec le haut du potimarron. Enveloppez la courge dans du papier d'aluminium (comme un cadeau mal emballé), placez-la sur une plaque à four et faites-la cuire 1 h 10, ou jusqu'à ce qu'un couteau se glisse facilement à travers ses parois et que le riz soit cuit.

Mélangez la sauce aux canneberges avec 1 c. à soupe d'huile et la ½ c. à café de piment en poudre restante. Sortez le potimarron du four, déballez-le et placez-le dans un plat de service. Coupez-le en quartiers et servez avec le chutney de canneberges.

V/SG PRÉPARATION 10 min / CUISSON 1 h 55

S&B
ORIENTAL
CURRY
POWDER
SAMBAL OELEK
LUCULLUS
La-Yu
辣油
DOUBLE
NOZZLE
KEWPIE
MAYONNAISE
LAOGANMA
ATTA
No.2

Essentiels

Les condiments

*« C'est la sauce qui commande. »**

Il y a très peu de choses sans lesquelles l'humanité ne peut vivre. Mais pour moi, la vie serait simplement inimaginable sans pickles, sauces et chutneys. Voilà cinq de mes incontournables.

1. Huile pimentée croustillante Lao Gan Ma®

Celui-là a déjà toute une assemblée d'adeptes, mais il reste le meilleur cadeau en bocal à faire à votre table. Le décrire comme un condiment au piment serait comme dire qu'Elton John est une pop-star. C'est techniquement correct, mais cela ne parvient pas à retranscrire à quel point il fait l'unanimité. Une simple cuillérée réveillera absolument toutes vos papilles : il est salé, sucré, épicé (mais pas trop), croustillant, moelleux et savoureux.

Je l'utilise de multiples manières : pour faire une sauce ; pour agrémenter des nouilles ; pour relever un congee, des dumplings ou encore du tofu soyeux. J'aime en ajouter à ma mayonnaise pour la passer au niveau supérieur ; j'en verse un filet sur mes œufs au plat et j'en mélange un autre à des légumes verts cuits. Il existe aujourd'hui plusieurs variétés de condiments de piment Lao Gan Ma®, mais la recette originelle reste ma préférée. La suivante dans la liste est celle de « chou-rave, arachide et tofu à l'huile pimentée ». Sa texture est plus riche, plus épaisse (telle une glace Ben & Jerry's®), avec un petit goût de tomates en prime. À la troisième place, je mettrais les « haricots noirs fermentés à l'huile pimentée ». Ces trois-là ne sont pas interchangeables, elles n'ont pas la même intensité ni salinité : ajoutez-en toujours petit à petit, jusqu'à ce que le goût vous convienne.

Vous pouvez en trouver en supermarchés chinois ou en ligne (un conseil de pro : prenez le bocal de 700 g, vous ne le regretterez pas). Utilisez-le pour préparer : la ronde d'aubergines rôties et de tofu soyeux (voir page 33), les papardelle à la mode de Xi'an (voir page 91) et les nouilles au sésame et soja frit aux épices (voir page 231).

* Le slogan de ma sauce barbecue préférée, de la marque Sweet Baby Ray's®

2. Mayonnaise Kewpie®

Dans le royaume de la mayonnaise, la Kewpie® est reine. Créée par Toichiro Nakashima en 1924, elle est de nos jours une sauce que l'on trouve dans tous les réfrigérateurs japonais. Toichiro cherchait à créer une version de mayonnaise plus nutritive que celle qui existait aux États-Unis. Et même si je ne dirais pas que c'est ce qu'il y a de meilleur pour la santé, elle est composée seulement de jaunes d'œufs (et non d'œufs entiers), ce qui lui donne un goût plus riche et lui confère plus d'intensité qu'une mayonnaise ordinaire. Son mélange de vinaigres de pomme et de vin lui donne aussi un goût plus sucré. Adopter cette mayonnaise, c'est passer au niveau supérieur : c'est comme sortir avec le plus beau mec du quartier après avoir vécu une histoire avec le gentil garçon d'à-côté.

J'aime déposer une jolie ligne irrégulière de Kewpie® sur mes okonomiyaki, mes sushis, mes sandwichs, du tofu et des légumes verts. Enfin, sur tout ce qui se mange, en fait.

3. Sambal oelek de Lucullus® ou de Yeo's®

La sauce sambal oelek est à la sauce piquante ce que le Champomy® est au champagne. Originaire d'Indonésie, mais aussi très consommée en Malaisie et à Singapour, elle est plus douce, plus enjouée, plus lumineuse, plus satisfaisante. Et ça, même les détracteurs de la sauce piquante le disent. Vous pouvez la manger telle quelle sur des légumes verts, des nouilles ou des œufs… Ou encore l'utiliser comme base de curry ou de soupe (comme dans mon curry de pois chiches et de pommes de terre et ses parathas en page 190) pour leur donner de la profondeur et de la chaleur. Bref, vous pouvez l'utiliser comme une sauce chili pour paresseux, ou à chaque fois que vous sentez que votre plat manque d'un petit quelque-chose – il est très probable que ce « quelque chose » soit un peu de sambal oelek.

4. Kimchi d'Eaten Alive® ou de King Kong®

« Chou surprise », c'est ainsi qu'on pourrait aussi appeler le kimchi. On se réveille un jour et on est surpris d'être devenu addict. C'est d'ailleurs sans doute à cause de lui que la consommation des Coréens avoisine les 47 kilos de choux par an et par habitant.** Son ingrédient principal ? Vous l'avez deviné, un genre de chou chinois feuillu le plus souvent (d'autres types de kimchi à base d'autres légumes existent), accompagné de sel marin, de gingembre, d'ail et de gochugaru (des flocons coréens de piment rouge). On fait fermenter le mélange quelques jours et hop : le résultat est aussi intense qu'épicé – deux qualités hors pair qui rendront vos dîners et vos compagnons de table absolument géniaux. Le kimchi de la marque King Kong® contient des carottes et du miso, et celui d'Eaten Alive®, des pommes et de la sauce soja. Je les trouve tous les deux parfaits parce qu'ils atteignent l'équilibre optimal entre intensité, piquant et salinité.

**statista.com.

Servez-vous directement au bocal pour garnir un sandwich au fromage ou une crêpe de Taipei (voir page 112) ; ou prenez-en une cuillérée pour relever votre sauce spaghettis, en la faisant d'abord rissoler pour détendre ses parfums (voir page 218). Assurez-vous de vérifier sa composition si vous êtes végétarien, car certaines marques utilisent de la sauce poisson.

5. Chutney de mangue de Geeta's®

Si l'on considère la place que ce chutney occupe dans ma tête et dans mon réfrigérateur, je suis assez surprise chaque fois que je me rends compte qu'il n'existe en réalité que depuis les années 1990. En matière de pickle de mangue, personne ne peut rivaliser avec celui de ma grand-mère. Mais le chutney de Geeta's® a vraiment son mot à dire. Son goût absolument délicieux tient en deux chiffres : 40 % aigre et 60 % doux, comme une mangue fraîchement cueillie. Il a aussi ce côté très « chutney maison » qui pourrait me faire croire qu'il a été cuisiné par l'une de mes tantes. Et ses grains de poivre entiers, ses petits bouts d'ail et ses graines d'oignons forment un combo parfait. Et en plus, c'est un produit local, du Royaume-Uni, que l'on trouve hyper facilement. Alors faites-vous plaisir et mangez-en à toute heure avec tous les types de fromage qui vous tomberont sous la main. Et allez donc voir en page 101 mes naans de paneer au glaçage mangue-citron vert (miam !).

Dans

nos

placards

Spaghettis au kimchi et à la tomate

Je crois que le kimchi a une double personnalité. Lorsque je le mange cru, son aigreur croquante me fait plisser les yeux et grimacer d'une jolie manière. C'est une addiction, un peu comme les bonbons acidulés. Mais lorsqu'il est cuit, à peine caramélisé – comme c'est le cas dans cette recette – il se ramollit et libère sa douceur intérieure. Son aigreur tapageuse s'adoucit alors tellement que je souris simplement et ne lève plus qu'un seul sourcil.

NOTE Le gochugaru est le piment star en Corée. Son odeur est suave, comme celle des fraises déshydratées, et il n'est pas si piquant. Vous le trouverez en supermarchés asiatiques ou en ligne (voir page 310). Veillez à acheter le meilleur kimchi possible.

POUR 4 PERSONNES

les spaghettis au kimchi

2 c. à soupe d'huile de colza
2 c. à soupe d'huile de sésame grillé, *plus un peu pour servir*
3 gousses d'ail, *écrasées*
150 g de kimchi, *égoutté et finement haché*
2 c. à café de flocons de gochugaru
2 c. à café de sirop d'agave ou de riz
1 boîte de 400 g de concassé de tomates
sel
400 g de spaghettis

la chapelure

50 g de chapelure
2 c. à soupe de pignons de pin
1½ c. à soupe de graines de sésame noir

Versez l'huile de colza avec 1 c. à soupe d'huile de sésame grillé dans une casserole de taille moyenne, munie d'un couvercle, sur feu moyen. Une fois chaude, ajoutez l'ail et faites cuire 2 min, jusqu'à ce qu'il soit doré. Ajoutez ensuite le kimchi et faites-le sauter quelques minutes, jusqu'à ce que l'eau s'évapore totalement et que l'huile se soit séparée.

Incorporez le gochugaru et le sirop d'agave ou de riz, puis ajoutez les tomates et portez à ébullition. Baissez le feu, couvrez (la sauce peut émettre des projections à mesure qu'elle épaissit), puis laissez cuire 15 à 20 min en remuant de temps en temps, jusqu'à ce que la sauce soit bien épaisse. Salez à votre goût (la teneur en sel du kimchi peut varier, j'utilise de mon côté entre ¾ et 1 c. à café de sel).

Préparez maintenant la chapelure. Versez la c. à soupe d'huile de sésame restante dans une petite poêle à feu entre doux et moyen. Une fois chaude, ajoutez la chapelure, les pignons de pin et les graines de sésame. Faites sauter le tout jusqu'à ce que la chapelure soit croustillante et dorée. Ajoutez 1 ou 2 pincées de sel, puis transférez dans un bol.

Remplissez une très grande casserole d'eau, salez (avec 1 c. à café par litre d'eau), puis portez à ébullition. Faites cuire les spaghettis selon les instructions figurant sur l'emballage, puis prélevez une petite tasse d'eau de cuisson juste avant de les égoutter. Réservez.

Versez les pâtes dans la sauce. Mélangez à l'aide d'une pince ou d'une cuillère à spaghetti. Ajoutez quelques c. à soupe d'eau de cuisson des pâtes pour détendre la sauce si besoin. Rectifiez également l'assaisonnement si nécessaire.

Répartissez enfin les spaghettis dans un plat de service (ou dans 4 assiettes séparées), saupoudrez généreusement de chapelure au sésame, puis arrosez d'un filet d'huile de sésame si vous le souhaitez.

V PRÉPARATION 5 min / CUISSON 30 min

Koshari

Le koshari est aussi populaire en Égypte que la pyramide de Khéops l'est dans le monde entier. Vous aurez beau demander, personne ne connait l'origine exacte de ce plat, mais il y a plusieurs théories. L'une d'entre elles raconte qu'il s'inspirerait du kitchari, un plat épicé indien de riz et de lentilles. Mais le mystère reste entier car le koshari est aussi fait de pâtes, de sauce tomate relevée et d'oignons frits. Cela dit, une chose est certaine : il peut être cuisiné avec des ingrédients de tous les jours, et je crois bien qu'il sera aussi populaire sur votre table que dans les ruelles du Caire.

POUR 4 PERSONNES

200 g de riz basmati
huile de colza
2 oignons rouges, *coupés en 2 et en fines tranches*
sel
4 gousses d'ail, *écrasées*
1 boîte de 400 g de concassé de tomates
1½ c. à café de flocons de piment
2 c. à café de vinaigre de vin blanc
180 g de lentilles brunes sèches
150 g de macaronis
1 c. à café de cumin moulu
1 c. à café de cannelle moulue
30 cl de bouillon de légumes

Lavez soigneusement le riz sous l'eau froide jusqu'à ce qu'elle soit claire. Laissez-le tremper dans un saladier d'eau froide.

Versez 6 c. à soupe d'huile dans une poêle munie d'un couvercle à feu moyen. Une fois chaude, ajoutez les oignons et 2 pincées de sel. Faites rissoler 30 min en remuant régulièrement, jusqu'à ce qu'ils soient brun foncé et ramollis. Retirez-les de la poêle à l'aide d'une écumoire (en les pressant contre le bord pour les débarrasser de l'huile autant que possible), puis transférez-les dans une assiette tapissée de papier absorbant.

Remettez la poêle à feu moyen (il devrait y rester l'équivalent d'environ 4 c. à soupe). Déposez l'ail, puis faites rissoler 3 min, jusqu'à ce qu'il commence à dorer. Incorporez les tomates et leur jus, versez 15 cl d'eau avec ½ c. à café de sel. Laissez cuire 20 min en remuant de temps en temps. Ajoutez enfin les flocons de piment et le vinaigre, puis éteignez le feu.

Pendant le temps de cuisson, placez les lentilles dans une grande casserole munie d'un couvercle hermétique. Couvrez-les d'une grande quantité d'eau froide, puis portez à ébullition et laissez mijoter 15 min. Ajoutez ensuite les macaronis et faites-les cuire 1 min de moins que ce qui est indiqué sur l'emballage. Égouttez-les bien, puis versez-les dans un saladier et couvrez-les de papier d'aluminium pour les garder au chaud.

Égouttez le riz, puis prenez la même poêle que pour la cuisson des lentilles et faites chauffer 2 c. à soupe d'huile à feu moyen. Ajoutez le riz, le cumin, la cannelle et 1½ c. à café de sel. Remuez bien pour enrober le riz, en veillant à ce que les épices ne brûlent pas. Après quelques minutes, incorporez lentement le bouillon. Portez à ébullition, placez le couvercle, puis baissez le feu à très doux et laissez cuire sans interruption 10 min. Éteignez le feu et laissez reposer 10 min, couvercle bien en place.

Ajoutez les oignons (réservez-en l'équivalent de 1 poignée) aux lentilles et aux macaronis, puis incorporez le riz en mélangeant délicatement. Transférez le tout dans un plat de service. Recouvrez de sauce tomate, déposez les derniers oignons, puis servez.

V PRÉPARATION 10 min / CUISSON 1 h 15

Bún chả et palets de soja

C'est le genre de plat qui vous fera croire qu'un mardi soir est un vendredi soir, qu'une belle nuit d'été s'étend sur une année entière, et qu'une longue semaine n'a en fait existé que l'espace d'un instant. Sur le papier, cette recette n'a peut-être pas l'air si simple à réaliser, mais la plupart de ses ingrédients se nichent rapidement et facilement au creux d'un bol, d'une poêle ou d'une jolie assiette.

NOTE Vous aurez besoin d'une sauce poisson végétale (*no fish sauce*) et de la sauce végétarienne pour sautés aux champignons appelée « Mushroom Vegetarian Stir Fry Sauce », fabriquée par Lee Kum Kee®. Ces produits sont disponibles en supermarchés chinois ou en ligne (voir page 310). Vous aurez peut-être besoin d'un robot de cuisine pour les boulettes si elles ne s'assemblent pas aisément.

POUR 4 PERSONNES

la vinaigrette

2 c. à soupe de jus de citron vert *(2 citrons verts)*
2 gousses d'ail, *écrasées*
1 piment œil d'oiseau (ou piment thaï), *finement haché*
3 c. à soupe de *no fish sauce*
1½ c. à soupe de sucre roux

la salade

100 g de vermicelles de riz
2 carottes (150 g), *épluchées*
¼ de radis Daïkon ou ½ courgette (150 g)
½ laitue iceberg (150 g), *déchiquetée*
40 g de feuilles de menthe fraîche
4 c. à soupe d'échalotes frites du commerce

les palets de soja

100 g de protéines de soja texturées déshydratées, *en granulés*
1 c. à soupe de *no fish sauce*
1 bâton de citronnelle, *feuilles extérieures et couches supérieures retirées, le reste finement haché*
2 c. à soupe de sauce végétarienne pour sautés aux champignons
2½ c. à soupe de Maïzena® (25 g)
25 g de chapelure séchée
2 oignons nouveaux, *finement émincés*
2 gousses d'ail, *écrasées*
huile de colza, *pour la friture*

Mélangez les ingrédients de la vinaigrette avec 2 c. à soupe d'eau dans un bol.

Pour la salade, faites cuire les nouilles selon les instructions figurant sur l'emballage. Égouttez-les et rincez-les dans une passoire sous l'eau froide pour éviter qu'elles ne continuent de cuire. Réservez. À l'aide d'un économe, coupez les carottes et le radis (ou la courgette) en de longues lanières, ou bien coupez-les en longues allumettes. Placez-les dans un bol, ajoutez la laitue et la moitié de la menthe, puis mélangez.

Pour les palets, placez les protéines de soja dans un saladier résistant à la chaleur. Versez 15 cl d'eau tout juste bouillie, puis laissez reposer 2 min. Remuez, puis ajoutez tous les autres ingrédients (excepté l'huile). Mélangez bien jusqu'à ce que vous puissiez former des boules avec la préparation (si ce n'est pas le cas, mettez dans un robot de cuisine et mixez jusqu'à ce que ce soit bien homogène). Séparez-la maintenant en 4 tas égaux, que vous diviserez à nouveau en 4 (ce qui vous donnera 16 petits tas). Prenez un premier petit morceau, comprimez-le, roulez-le en boule, puis pressez-le entre vos mains pour former 1 palet d'environ 1 cm d'épaisseur, puis réservez. Répétez l'opération avec les 15 autres petits tas pour obtenir 16 palets au total.

Faites maintenant chauffer 3 c. à soupe d'huile dans une poêle. Une fois chaude, faites cuire les palets (par lots) pendant 8 min (pour chaque lot), en les retournant toutes les 2 min pour éviter qu'ils ne soient trop bruns à l'extérieur.

Préparez la salade bún chả. Prenez un plat de service et placez les ingrédients dans l'ordre suivant : la moitié des nouilles ; la moitié des légumes ; la moitié des échalotes ; puis le reste des nouilles et des légumes. Recouvrez la salade ainsi obtenue de vos palets de soja, parsemez de feuilles de menthe, puis déposez les échalotes restantes. Versez enfin la vinaigrette à l'aide d'une cuillère. Puis, dégustez.

V PRÉPARATION 15 min / CUISSON 1 h

Tofu frit sur un sambal de tomates et riz à la noix de coco

Classique. Renversant. Une vraie perle indonésienne.

POUR 4 PERSONNES

150 g de concombre
(environ ½ gros concombre)
3 c. à soupe de vinaigre de riz
sel
huile de colza
3½ c. à soupe de flocons de piment ancho
6 gousses d'ail, *écrasées*
2 boîtes de 400 g de concassé de tomates
1 c. à soupe de sucre en poudre
350 g de riz parfumé au jasmin
1 boîte de 40 cl de lait de coco
2 paquets de 280 g de tofu extra-ferme, *égoutté*
5 c. à soupe de Maïzena®
½ c. à café de cinq-épices chinois
50 g de cacahuètes salées, *broyées à l'aide d'un pilon et d'un mortier ou finement hachées, pour décorer*

Commencez par les pickles de concombre. Coupez le concombre en 2 dans la longueur. Retirez les pépins à l'aide d'une c. à café et jetez-les. Coupez-le en demi-cercles fins (disons de 3 mm). Déposez-les dans un bol avec le vinaigre et ½ c. à café de sel, mélangez, puis laissez de côté.

Préparez maintenant le sambal. Versez 6 c. à soupe d'huile avec les flocons de piment et l'ail dans une casserole. Remuez et faites chauffer à feu moyen. Lorsque l'ail prend une couleur or pâle et que les flocons de piment croustillent et grésillent (ce qui peut prendre environ 1 min), ajoutez les tomates, le sucre et 1½ c. à café de sel. Mélangez, placez un couvercle fermé aux ¾. Laissez mijoter environ 12 min à feu doux, en remuant de temps en temps, jusqu'à ce que la sauce soit gourmande, épaisse et délicieuse.

Pendant ce temps, mettez le riz dans une passoire et lavez-le soigneusement sous l'eau froide jusqu'à ce qu'elle soit claire. Placez-le dans une casserole avec le lait de coco, 16 cl d'eau et ½ c. à café de sel. Portez à ébullition, puis couvrez et baissez à feu très doux (jusqu'à entendre comme un murmure). Laissez cuire 15 min, puis éteignez le feu et laissez la cuisson se terminer à la vapeur, couvercle bien en place.

Épongez le tofu avec du papier absorbant, puis coupez les blocs en 2 dans la longueur pour former 4 pavés.

Mélangez la Maïzena®, le cinq-épices et ½ c. à café de sel dans un plat creux. Prenez chaque pavé de tofu 1 par 1 pour les enduire de ce mélange (des 2 côtés), puis transférez-les sur une assiette. Versez un filet d'huile sur toute la surface d'une poêle antiadhésive à feu entre moyen et élevé. À l'aide d'une pince, déposez 2 pavés de tofu, faites-les revenir 4 min de chaque côté, ou jusqu'à ce qu'ils soient dorés et croustillants (faites bien rissoler les bords en tenant le tofu avec la pince). Répétez l'opération avec les 2 autres pavés.

Servez à l'assiette. Mettez ¼ du riz dans un petit bol, tassez bien, placez une assiette sur le dessus, puis retournez délicatement pour obtenir une petite montagne de riz. Déposez 1 généreuse cuillerée de sambal, placez le tofu, couvrez de 1 autre cuillerée de sambal. Puis décorez de pickles de concombre et de cacahuètes concassées. Faites de même avec les autres assiettes et régalez-vous.

V/SG PRÉPARATION 10 min / CUISSON 45 min

Tiger sushi roll

Mon ancien patron avait l'habitude de dire que l'Angleterre est un pays très productif parce qu'il y fait bien froid en hiver. Je crois qu'il avait raison. Pour moi, les mois les plus gelés de l'année représentent une occasion de m'atteler à certaines de mes activités préférées en cuisine : la confection de marmelades, la préparation de pains « maison » et le roulage de sushi rolls. Cela compense les jours plus courts et moins ensoleillés. Les sushi rolls deviennent alors un genre de « projet » dominical, même s'ils sont finalement assez faciles à réaliser. Dans cette recette, il n'y a qu'un seul ingrédient à cuire : le riz. Les autres participants – légumes, tofu et avocat – ne représentent qu'un travail de hachage, de mélange et d'assemblage. Alors, à vos rouleaux, petits tigres.

NOTE Le mot « Tiger » du nom de ce plat vient des rayures dessinées par la mayonnaise sriracha sur le dessus des sushi rolls. Ce n'est absolument pas authentique, mais c'est amusant. Vous pouvez acheter cette mayonnaise (vegan) dans le commerce, mais si vous n'en trouvez pas, vous pouvez mélanger 1 c. à soupe de sauce sriracha avec 2 c. à soupe de mayonnaise vegan.

POUR 4 PERSONNES

300 g de riz à sushi ou de riz rond
3 c. à soupe de vinaigre de riz
4 c. à café de sucre en poudre
1½ c. à café de sel
¼ de 1 petit chou rouge, *râpé*
1 grosse carotte, *pelée et coupée en allumettes*
4 feuilles d'algue nori
110 g de tofu fumé, *coupé en bâtonnets de 1 cm d'épaisseur*
1 avocat, *pelé et coupé en bâtonnets de 1 cm d'épaisseur*
3 c. à soupe de sauce sriracha mayonnaise
4 c. à soupe d'échalotes frites du commerce

Placez le riz dans une petite casserole, couvrez-le d'eau tiède et remuez-le à la main, jusqu'à ce que l'eau devienne trouble. Égouttez et répétez l'opération jusqu'à ce que l'eau devienne claire. Couvrez d'eau tiède, laissez tremper 5 min, puis égouttez une dernière fois.

Replacez le riz dans la casserole, puis couvrez de 40 cl d'eau froide. Placez le couvercle et portez à ébullition. Baissez à feu très doux et laissez cuire 10 min. Éteignez le feu et laissez la cuisson se terminer à la vapeur 10 min supplémentaires, couvercle bien en place.

Mélangez 2 c. à soupe de vinaigre, le sucre et 1 c. à café de sel dans un bol. Incorporez ce mélange au riz cuit, puis couvrez à nouveau pour garder le riz au chaud.

Déposez le chou et la carotte dans un saladier et mélangez-les avec 1 c. à soupe de vinaigre et ½ c. à café de sel, puis réservez.

Placez 1 feuille de papier cuisson antiadhésif sur le plan de travail. Déposez 1 feuille d'algue nori à l'horizontale, étalez ¼ du riz dessus, en veillant à laisser un espace vide de 2 cm en haut de la feuille d'algue (cela facilitera le roulage des sushis). Déposez ensuite une ligne horizontale de chou et de carotte sur le milieu du riz, puis surplombez d'une ligne de tofu et d'avocat. Mouillez le rectangle supérieur (vide) de la feuille d'algue nori avec un peu d'eau. Puis, en vous aidant du papier cuisson, enroulez la feuille en la serrant le plus possible et en l'éloignant de vous pour créer un rouleau bien hermétique. Répétez l'opération pour les 3 sushi rolls suivants.

Prenez votre couteau le plus aiguisé pour couper chaque sushi roll en 8, puis pressez-les un à un pour reformer 1 seul sushi roll. Déposez-les dans un plat, arrosez-les de sriracha mayonnaise, parsemez d'échalotes frites, puis servez.

V/SG PRÉPARATION 20 min / CUISSON 50 min

Pâtes à la vodka et au gochujang

Je me surprends parfois à projeter ce que j'attends vraiment de la vie dans la préparation du dîner. Et je dois dire que ces pâtes regorgent d'énergie. Elles sont tellement extra qu'on devrait les déguster en bikini, cheveux au vent, en l'excellente compagnie d'un magnum de rosé, sur une plage de Mykonos. Tout simplement.

NOTE Le gochujang est une pâte de piment rouge coréenne douce et piquante, vendue dans la plupart des grands supermarchés. Elle n'est pas si épicée, surtout lorsque l'on atténue son effet avec de la crème.

POUR 4 PERSONNES

2 c. à soupe d'huile de colza
1 oignon rouge, *coupé en 2 et en fines tranches*
1 c. à café de sel
2 gousses d'ail, *écrasées*
1 boîte de 400 g de passata ou de pulpe de tomates
1 c. à soupe de pâte de gochujang
1 c. à soupe de purée de tomates
10 cl de vodka
17,5 cl de crème liquide ou de préparation culinaire végétale à base d'avoine
400 g de pâtes rigatoni

pour servir
poivre noir

Versez l'huile dans une grande poêle à feu entre moyen et élevé, ajoutez l'oignon et le sel, et faites cuire 8 min en remuant, jusqu'à ce que l'oignon soit suffisamment tendre pour être coupé facilement avec une cuillère en bois.

Ajoutez l'ail, faites revenir 2 min, puis ajoutez la passata, le gochujang, la purée de tomates et la moitié de la vodka. Laissez le tout mijoter 10 min, jusqu'à ce que le mélange ait l'air pâteux. Incorporez alors la crème et le reste de la vodka, laissez mijoter quelques minutes, puis retirez du feu.

Faites cuire les rigatoni 1 min de moins que ce qui est indiqué sur l'emballage. Prélevez délicatement une tasse (environ 25 cl) d'eau de cuisson, mettez-la de côté, puis égouttez les pâtes.

Remettez la sauce au gochujang et à la vodka sur le feu, ajoutez les pâtes et l'eau de cuisson réservée, puis laissez mijoter quelques minutes, jusqu'à ce que la sauce soit bien épaisse et qu'elle adhère aux pâtes. Répartissez dans des bols et ajoutez un peu de sel et de poivre si vous voulez.

OV PRÉPARATION 5 min / CUISSON 30 min

Nouilles au sésame et soja frit aux épices

J'ai mangé un plat similaire chez mon ami Ben Adamo et j'ai adoré. Vous pouvez tout préparer à l'avance sans trop d'effort (à l'exception des nouilles qu'il vous faudra cuire au dernier moment), ce qui en fait un excellent repas à partager avec des amis après une journée de travail, par exemple.

NOTE Le vinaigre noir de Chinkiang et l'huile pimentée croustillante (j'aime la marque Lao Gan Ma®) peuvent être achetés en supermarché asiatique ou en ligne (voir page 310). Il n'est pas nécessaire de faire tremper les protéines de soja à l'avance. Vous aurez besoin d'un pilon et d'un mortier pour moudre les grains de poivre.

POUR 4 PERSONNES

la sauce au sésame

1/3 de cube de bouillon de légumes
150 g de tahini
3½ c. à soupe d'huile pimentée croustillante
2½ c. à soupe de sauce soja claire
4 c. à café de vinaigre de riz
4 c. à café de vinaigre Chinkiang
¼ de c. à café de poivre de Sichuan, *moulu à l'aide d'un pilon et d'un mortier*

le soja frit aux épices

4 c. à soupe d'huile de colza
4 gousses d'ail, *écrasées*
1 morceau de gingembre de 2 cm, *râpé*
100 g de protéines de soja texturées déshydratées, *en granulés*
1½ c. à soupe de sauce soja claire
2½ c. à soupe de sauce hoisin
1½ c. à soupe de vinaigre Chinkiang
1 c. à soupe d'huile pimentée croustillante

les nouilles

340 g de nouilles ramen
250 g de pousses d'épinards
2 oignons nouveaux, *finement émincés*

Préparez la sauce au sésame. Émiettez 1/3 du cube de bouillon dans une petite casserole, versez 15 cl d'eau tout juste bouillie, puis remuez pour dissoudre. Ajoutez le reste des ingrédients de la sauce, remuez à nouveau, puis laissez de côté.

Pour le soja frit, versez l'huile dans une grande poêle antiadhésive munie d'un couvercle à feu moyen. Une fois chaude, ajoutez l'ail et le gingembre, puis faites revenir 1 min. Ajoutez les protéines de soja, mélangez, puis faites cuire 4 min en remuant fréquemment (pour éviter qu'ils n'accrochent), ou jusqu'à ce que les protéines prennent une couleur d'amande grillée. Versez 20 cl d'eau, la sauce soja, la sauce hoisin et le vinaigre de Chinkiang, puis l'huile pimentée. Laissez cuire 5 min supplémentaires jusqu'à ce que l'eau se soit évaporée et que la poêle soit sèche. Retirez du feu, placez le couvercle et réservez.

Juste avant de servir, portez une grande casserole d'eau à ébullition, puis faites cuire les nouilles selon les instructions figurant sur l'emballage. Une fois cuites, transférez-les dans une passoire à l'aide d'une pince ou d'une écumoire. Ajoutez les épinards à l'eau bouillante, remuez pour que les feuilles s'immergent et flétrissent. Égouttez-les dans la passoire avec les nouilles.

Placez la casserole de sauce au sésame sur feu moyen. Remuez et portez rapidement à ébullition, puis retirez du feu.

Pour le montage, répartissez les nouilles dans 4 bols de présentation (une façon élégante de procéder consiste à prendre une fourchette, à faire tourner les nouilles autour d'elle pour former un petit nid. Placez ensuite délicatement le nid dans le bol en retirant la fourchette). Recouvrez de ¼ des épinards, ¼ de la sauce, puis de quelques cuillerées de soja aux épices. Décorez d'oignons nouveaux pour la touche finale.

V PRÉPARATION 5 min / CUISSON 25 min

Saag d'épinards et de maïs doux

D'habitude, je commence par cuisiner *puis* je congèle, mais ce repas défie tout mon organigramme : il est d'abord décongelé puis cuit. Pour tout vous dire, je pense que les épinards surgelés donnent un saag bien meilleur et plus savoureux que les épinards frais, parce que leurs feuilles se défont plus facilement. Elles se mêlent délicieusement au beurre, sans résistance aucune.

NOTE Vous aurez besoin d'un mixeur. Le kasuri methi des feuilles séchées de fenugrec donne au saag une saveur terreuse incomparable et peut être trouvé en épiceries asiatiques.

POUR 4 PERSONNES

50 g de beurre doux, *plus 30 g pour la finition*
1 c. à soupe d'huile de colza
½ c. à café de graines de cumin
1 oignon rouge, *finement haché*
3 piments verts longs, *finement hachés*
3 gousses d'ail, *écrasées*
2 c. à soupe de kasuri methi
½ c. à café de curcuma moulu
2 c. à café de sel
285 g de maïs doux, *surgelé et décongelé, ou en boîte et égoutté*
750 g d'épinards surgelés, *décongelés et égouttés*

pour servir
naans du commerce ou pains plats faits maison *(voir page 305)*

Déposez le beurre et l'huile dans une grande casserole à feu entre moyen et élevé. Une fois que le beurre devient mousseux, ajoutez les graines de cumin et remuez pendant 30 sec, puis ajoutez l'oignon. Laissez cuire 6 min, jusqu'à ce qu'il soit tendre et translucide. Déposez les piments et l'ail, et faites cuire encore 2 min, jusqu'à ce que son odeur ne soit plus celle de l'ail cru. Incorporez le kasuri methi, le curcuma et le sel. Mélangez, ajoutez le maïs doux, puis mélangez à nouveau. Ajoutez enfin les épinards avec 60 cl d'eau. Portez à ébullition. Une fois le point d'ébullition atteint, baissez le feu et laissez mijoter 5 min, puis retirez du feu.

Pour préparer le mélange, vous pouvez mixer 1/3 de la préparation dans la casserole jusqu'à ce qu'elle soit lisse, ou prélever 1/3 du mélange et le mixer directement dans un mixeur pour le remettre ensuite dans la casserole. Ajoutez le reste du beurre, puis laissez mijoter à feu moyen pendant les 5 dernières min.

Servez avec des naans chauds et beurrés.

OSG (AVEC NAANS SG) PRÉPARATION 10 min / CUISSON 25 min

Dumplings de kimchi et de tofu

Lorsque j'étais sur le point de mettre mon bébé au monde, une femme très sage m'a donné un conseil : « Allez au supermarché chinois le plus proche et achetez des dumplings congelés. » Les dumplings congelés sont un cadeau pour tous les parents fatigués. Mais le meilleur cadeau qu'on puisse se faire à soi-même est d'en préparer « maison » et de les congeler pour les jours de pluie.

NOTE Vous aurez besoin d'un robot de cuisine. Vous trouverez des feuilles de gyoza dans les grands supermarchés et dans la plupart des épiceries asiatiques, mais vérifiez sur l'étiquette qu'elles conviennent bien aux végétaliens.

POUR 2 À 4 PERSONNES
(30 dumplings)

la sauce pour tremper

4 c. à soupe de sauce soja claire
4 c. à soupe de vinaigre de riz
2 c. à soupe de vinaigre de vin blanc
1 morceau de gingembre de 2 cm, *finement râpé*

les dumplings

1 paquet de 280 g de tofu extra-ferme, *égoutté*
250 g de kimchi vegan de bonne qualité
huile de colza
8 oignons nouveaux, *finement hachés*
sel
30 feuilles de gyoza (ou de wonton), *décongelées*

pour servir

graines de sésame noir

Pour la sauce, mélangez tous les ingrédients dans un bol, puis laissez de côté.

Coupez le tofu en gros morceaux, puis déposez-les dans un robot de cuisine. Pesez le kimchi – le chou et son jus –, pour vérifier la quantité, ajoutez-le au tofu, puis mixez jusqu'à ce que le mélange ressemble à un hachis. Versez 1 c. à soupe d'huile dans une poêle antiadhésive munie d'un couvercle, à feu moyen. Une fois chaude, déposez les oignons nouveaux (veillez à en garder 1 petite poignée pour plus tard). Faites-les sauter 4 à 5 min, puis ajoutez le mélange de kimchi et de tofu. Laissez cuire 10 min, ou jusqu'à ce que l'eau s'évapore, puis goûtez : il se peut que vous deviez ajouter du sel (jusqu'à 1 c. à café) en fonction de votre kimchi – ajoutez-le petit à petit si c'est le cas. Versez ensuite le mélange dans un bol et essuyez la poêle.

Pour les dumplings, remplissez un bol d'eau, puis prenez 1 feuille de gyoza (couvrez le reste d'un torchon humide). Trempez un doigt dans le bol d'eau et mouillez le bord intérieur de la feuille. Déposez 2 c. à café bombées de farce au kimchi et au tofu en son centre. Repliez la feuille de gyoza pour enfermer la garniture, puis fermez-la en appuyant, en pinçant ou en plissant, d'un côté à l'autre (en veillant à chasser l'air au fur et à mesure). Répétez l'opération pour les dumplings suivants.

Versez ensuite 1 c. à soupe d'huile dans la poêle à feu doux. Une fois chaude, ajoutez autant de dumplings que possible (sans qu'ils ne se chevauchent) et faites-les revenir 1 à 2 min, jusqu'à ce que leur dessous soit bien doré. Retournez-les délicatement, baissez le feu, puis ajoutez 5 c. à soupe d'eau et placez enfin le couvercle. Laissez-les cuire à la vapeur pendant 6 à 7 min, jusqu'à ce que la pâte soit souple et que l'eau se soit évaporée. Répétez l'opération avec le reste des dumplings.

Ajoutez enfin la poignée d'oignons nouveaux réservée au bol de sauce, puis répartissez la sauce dans des bols de service plus petits. Disposez les dumplings sur les assiettes de chaque convive, saupoudrez de graines de sésame, puis servez avec les petits bols de sauce pour tremper et une paire de baguettes pour vos convives.

Photos sur les pages suivantes

V PRÉPARATION 5 min / CUISSON 1 h 15

Nuggets épicés au tofu

Quand vous êtes d'humeur à vous régaler, existe-t-il quelque chose de meilleur qu'une multitude de nuggets avec du coleslaw ? Je vous invite évidemment à passer votre chemin si vous répondez par l'affirmative. Mais sinon, bienvenue à vous, chers acolytes. Car, oui, mon amie la talentueuse cuisinière Milli Taylor, Snoop Dogg, vous et moi faisons tous partie d'un gang secret réuni autour d'une croyance fondamentale : les chips écrasées sont un excellent raccourci pour créer de délicieuses petites choses croustillantes à mettre au four.

NOTE La sauce est plutôt épicée. Pour les réfractaires, les nuggets peuvent être servis seuls, avec la sauce à part dans un petit bol (ou avec du ketchup). Les gochugaru sont des flocons de piment coréen que l'on trouve en épiceries asiatiques et en ligne (voir page 310). Ces nuggets se marient parfaitement avec du coleslaw à la ciboulette.

POUR 2 PERSONNES

les nuggets

1 paquet de 450 g de tofu extra-ferme
80 g de Maïzena®
1 c. à café de levure chimique
1 c. à café de sel
1 c. à café de poivre blanc moulu
1 c. à café d'ail semoule
1 c. à café de flocons de gochugaru
10 cl de boisson végétale à l'avoine
150 g de chips salées

la sauce gochujang

50 g de sucre roux
3 c. à soupe de sauce soja claire
1 c. à soupe de vinaigre de cidre
4 c. à soupe de ketchup
2 c. à soupe de pâte de gochujang
1½ c. à soupe de graines de sésame, *plus un peu pour servir*

Préchauffez le four à 220 °C (th. 7) ou 200 °C (th. 6) à chaleur tournante. Tapissez une grande plaque à four (30 x 40 cm) de papier cuisson ou préparez une plaque antiadhésive si vous en avez une.

Épongez le tofu à l'aide de papier absorbant pour retirer autant d'humidité que possible. Coupez-le à la main en morceaux irréguliers et anguleux d'une taille inférieure à 4 cm au point le plus large, puis réservez.

Pour la pâte, déposez la Maïzena®, la levure chimique, le sel, le poivre blanc, l'ail semoule, les flocons de gochugaru et la boisson à l'avoine dans un saladier. Mélangez à l'aide d'un fouet jusqu'à obtention d'une pâte homogène. Écrasez ensuite les chips en très petits morceaux. Vous pouvez faire cela en les mixant avec un robot de cuisine, ou en passant le sachet plusieurs fois au rouleau à pâtisserie (après avoir coupé un petit coin du sachet pour faire sortir l'air). Versez ensuite les chips écrasées dans une grande assiette creuse.

Préparez le plan de travail pour l'élaboration des nuggets. Vous aurez besoin des morceaux de tofu, de la pâte à base de Maïzena®, du bol de chips écrasées et de la plaque à four.

Placez les morceaux de tofu dans le bol de pâte, recouvrez-les un à un de pâte à l'aide d'une cuillère ou de vos mains. Secouez-les ensuite (un à un également) au-dessus du bol pour retirer l'excédent de pâte, puis faites-les rouler dans le bol de chips écrasées. Déposez-les sur la plaque et enfournez 25 min, jusqu'à ce que les nuggets soient croustillants et dorés.

Pendant ce temps, préparez la sauce gochujang. Pour ce faire, versez le sucre, la sauce soja, le vinaigre, le ketchup et le gochujang dans une petite casserole et mélangez à l'aide d'un fouet. Faites chauffer la casserole à feu moyen. Une fois que des bulles apparaissent, retirez du feu et incorporez les graines de sésame.

Si vous aimez le piquant, vous pouvez mélanger vos nuggets de tofu à la sauce, puis les empiler sur une assiette. Dans le cas contraire, arrosez-les de 1 ou 2 filets de sauce (selon votre goût), puis saupoudrez-les de graines de sésame.

V PRÉPARATION 5 min / CUISSON 1 h

Tomates

et

autres

fruits

Sauté de tomates et de tofu et son riz au sésame

À l'origine, je pensais vous proposer une variante du plat préféré des cuisiniers chinois, le sauté d'œufs et de tomates (que j'adore pour un repas simple et rapide). Mais j'ai un jour remplacé l'œuf par du tofu, et là, mon monde a changé pour toujours. Déjà, le tofu est encore plus rapide à cuisiner que l'omelette de la recette traditionnelle. Mais c'est surtout sa texture craquelée qui fonctionne ici à merveille. Elle s'allie parfaitement à la douceur et à la saveur des tomates parfumées au sésame. Sachez que je ne reviendrai jamais en arrière. Jamais. Je fais désormais partie de l'équipe « tomates et tofu » jusqu'au bout.

NOTE Vous aurez besoin d'un presse-purée pour écraser le tofu.

POUR 2 PERSONNES

200 g de riz parfumé au jasmin
1 c. à soupe d'huile de sésame grillé
sel
huile de colza
6 oignons nouveaux, *parés, parties blanches émincées, parties vertes coupées en biais de 3 cm dans la longueur*
1 paquet de 280 g de tofu extra-ferme, *égoutté et coupé en morceaux*
500 g de tomates en grappe, *coupées en 8 quartiers*
2 gousses d'ail, *écrasées*
½ c. à soupe de pâte de miso blanc
2½ c. à soupe de sauce soja claire
graines de sésame noir, *pour décorer*

Placez le riz dans une passoire, rincez-le bien sous l'eau froide jusqu'à ce qu'elle soit claire. Égouttez-le et versez-le dans une casserole de taille moyenne munie d'un couvercle hermétique. Ajoutez l'huile de sésame et ½ c. à café de sel, puis versez 35 cl d'eau bouillie et portez à ébullition. Placez le couvercle, baissez le feu à très doux, puis laissez mijoter 12 min. Éteignez le feu et réservez (ne soyez pas tenté de soulever le couvercle).

Pendant ce temps, placez une assiette à proximité pour placer le tofu une fois cuit. Remplissez une tasse de 10 cl d'eau froide. Versez ensuite 2 c. à soupe d'huile dans une grande poêle à feu moyen. Une fois chaude, ajoutez la partie verte des oignons et ¼ de c. à café de sel, puis remuez 1 min, jusqu'à ce que les oignons prennent une teinte vert fluo. Ajoutez le tofu, écrasez-le avec un presse-purée jusqu'à ce qu'il ait l'aspect d'œufs brouillés. Faites cuire 3 min en remuant, jusqu'à ce qu'il soit chaud, et déposez-le dans l'assiette prévue à cet effet à l'aide d'une cuillère.

Essuyez maintenant la poêle avec du papier absorbant, puis versez 1 c. à soupe d'huile. Lorsque l'huile est très chaude, ajoutez les quartiers de tomates et laissez-les cuire 5 min, en ne les remuant qu'une seule fois pour qu'elles ne se désagrègent pas. Ajoutez l'ail et les blancs d'oignons nouveaux. Remuez délicatement et laissez cuire encore 1 min. Incorporez ensuite le miso, la sauce soja et la tasse d'eau précédemment remplie ; remuez doucement et laissez mijoter 3 min. Remettez alors le tofu et la partie verte des oignons nouveaux dans la casserole. Laissez bien mijoter 5 min, puis retirez du feu.

Servez à même la poêle ou dans un grand bol peu profond. Répartissez le riz dans un autre bol, puis parsemez de graines de sésame.

V PRÉPARATION 10 min / CUISSON 30 min

Riz sauté à l'ananas

Dans les années 1980, le statut de l'ananas a subi un revers culturel en Grande-Bretagne. Entre les publicités de « The Man from Del Monte » pour la marque Del Monte Foods® et les hérissons au fromage et à l'ananas servis pendant les fêtes des enfants, il était devenu un objet d'amusement. Le noble peuple thaïlandais n'a pas suivi cette mode. Premièrement, parce qu'il n'en a jamais eu vent. Deuxièmement, parce qu'il lui avait déjà décerné une place de choix dans sa magnifique carte culinaire, sous la forme de ce plat de riz frit : le khao pad sapparod.

NOTE Vous pouvez vérifier que le fruit est mûr en tirant sur une feuille du centre de la couronne : si elle s'enlève facilement, c'est qu'il est mûr. Lee Kum Kee® prépare une excellente sauce végétarienne pour sautés aux champignons (la « Mushroom Vegetarian Stir Fry Sauce ») que l'on peut trouver en supermarchés asiatiques.

POUR 2 PERSONNES
(portions généreuses)

500 g de riz déjà cuit *(s'il vous en reste d'un autre repas)*, **ou 200 g de riz parfumé au jasmin cru**
huile de colza
50 g de noix de cajou non salées
8 oignons nouveaux, *finement hachés*
½ c. à café de sel, *ou selon votre goût*
1 morceau de gingembre de 2 cm, *râpé*
4 gousses d'ail, *écrasées*
2 piments œil d'oiseau (ou piments thaïs), *finement hachés*
250 g de chair d'ananas frais, *coupée en dés*
250 g de haricots verts, *équeutés*
1 boîte de 225 g de châtaignes d'eau, *égouttées*
1 c. à soupe de curry doux moulu
3 c. à soupe de sauce végétarienne pour sautés aux champignons
3 c. à soupe de sauce soja claire

pour servir
1 grosse poignée de feuilles de basilic thaï frais
facultatif : 1 piment œil d'oiseau (ou piment thaï), *finement haché*
1 citron vert, *coupé en quartiers*

Si vous devez cuire le riz parfumé au jasmin, placez-le dans une passoire et rincez-le sous l'eau froide jusqu'à ce qu'elle soit claire. Égouttez-le et mettez-le dans une casserole munie d'un couvercle hermétique. Couvrez de 34 cl d'eau tout juste bouillie, puis portez à ébullition. Placez le couvercle et laissez mijoter 12 min. Retirez du feu et laissez la cuisson se terminer à la vapeur pendant 5 min, couvercle bien en place. Étalez enfin le riz cuit sur une grande assiette et laissez-le refroidir à température ambiante.

Versez maintenant 1 c. à soupe d'huile dans une grande poêle munie d'un couvercle à feu moyen. Une fois chaude, ajoutez les noix de cajou et faites-les revenir quelques minutes en remuant, jusqu'à ce qu'elles soient dorées, puis réservez-les dans une assiette. Versez 2 autres c. à soupe d'huile dans la même poêle. Une fois chaude, déposez les oignons nouveaux avec ½ c. à café de sel. Faites-les rissoler 3 min en remuant, jusqu'à ce qu'ils soient tendres et se colorent d'un vert fluo. Ajoutez le gingembre, l'ail et les piments, et faites sauter 2 min, puis ajoutez l'ananas. Faites sauter 1 min, puis incorporez les haricots verts et les châtaignes d'eau. Mélangez bien, couvrez et laissez cuire 5 min environ, jusqu'à ce que les haricots s'assouplissent. Si le mélange commence à coller et que les haricots ne sont pas encore assez tendres, versez un peu d'eau dans la poêle.

Incorporez le curry, versez la sauce aux champignons ainsi que la sauce soja. Faites cuire quelques minutes, puis ajoutez le riz parfumé au jasmin et mélangez délicatement. Augmentez le feu et faites rissoler 5 min, en retournant à mi-cuisson. Une fois que le riz sauté à l'ananas est bien chaud, transférez-le dans un plat de présentation, puis parsemez de feuilles de basilic thaï, de noix de cajou sautées et de piment (si cela vous dit). Servez enfin avec des quartiers de citron vert.

V PRÉPARATION 15 min / CUISSON 25 min (plus, si cuisson du riz)

Achari de légumes d'été

C'est en août que la grande récolte britannique de maïs doux commence. On le voit sur les marchés fermiers et dans les supermarchés, qui se retrouvent gorgés d'épis jaune soleil. J'ai expérimenté différentes façons de les utiliser, et je suis arrivée à ce délicieux curry. Il est le fruit du mariage d'un curry de maïs doux gujarati aux tomates fraîches (makai nu shaak) avec un curry achari « mariné » punjabi aux saveurs fortes, piquantes, salées et acides. Le maïs et sa douceur naturelle s'y acclimatent parfaitement.

NOTE Si vous ne pouvez pas vous procurer d'épis de maïs frais, optez pour des grains de maïs surgelés. Ils sont souvent 2 fois moins chers et ont un goût plus naturel que ceux en boîte.

POUR 4 PERSONNES

300 g de haricots plats d'Espagne
5 c. à soupe d'huile de colza
½ c. à café de graines de fenouil
½ c. à café de graines de cumin
1 c. à café de graines de moutarde noire
¼ de c. à café de graines de fenugrec
1 c. à café de graines de nigelle
3 épis de maïs, *égrainés, pour obtenir 350 g*
3 gousses d'ail, *écrasées*
1 oignon rouge, *coupé en 2 puis en fines tranches*
750 g de tomates mélangées, *coupées en morceaux (tomates-grappe coupées en 4, tomates cerises en 2, grosses tomates en quartiers)*
1 c. à café de piment Kashmiri moulu
1¼ de c. à café de sel marin

pour servir

chapatis ou naans *(voir page 307)*

Préparez d'abord les haricots plats d'Espagne. Éliminez les fils coriaces des haricots en passant un épluche-légumes sur leurs côtés. Équeutez-les, puis coupez-les en biais en de fines tranches, et réservez.

Versez l'huile dans une grande poêle à feu moyen. Attendez que l'huile soit bien chaude (plongez une cuillère en bois : si des bulles se forment à sa pointe, c'est que l'huile est prête) pour ajouter les graines de fenouil, de cumin, de moutarde noire, de fenugrec et de nigelle. Laissez-les crépiter 30 sec, puis déposez les haricots d'Espagne et les grains de maïs. Faites revenir 3 à 4 min en remuant, puis ajoutez l'ail et l'oignon, et faites revenir 5 min supplémentaires.

Versez les tomates dans la poêle, incorporez le piment en poudre et le sel, puis faites cuire pendant environ 10 min, jusqu'à ce que les tomates commencent à se décomposer et à libérer leur jus, mais qu'elles tiennent encore légèrement leur forme. Goûtez, ajustez l'assaisonnement si nécessaire, et servez avec des chapatis ou des naans.

V/OSG (AVEC DU PAIN SG) PRÉPARATION 10 min / CUISSON 25 min

Curry de mangue et de paneer

Au début de la saison des mangues, mon grand-père Madhuradas se rendait chez *Paul's Fruit and Veg*, un grossiste de Leicester. Il y achetait un carton de mangues pour tous ceux qu'il aimait. Cela fait 27 ans qu'il est décédé, mais je finis toujours par en acheter trop pendant la courte saison, et cette recette est une excellente façon de les utiliser.

NOTE Choisissez des mangues à la peau lisse, non ridée et plutôt tendres. Les feuilles de curry fraîches peuvent se trouver en épiceries spécialisées et en ligne (voir page 310). S'il vous reste des feuilles, congelez-les pour la prochaine fois.

POUR 4 PERSONNES

2 grosses mangues (900 g)
huile de colza
500 g de paneer, *en dés de 2½ cm*
16 feuilles de curry fraîches
1 c. à café de graines de moutarde noire
1 gros oignon jaune, *coupé en 2 puis en fines tranches*
1 morceau de gingembre de 2 cm, *râpé*
2 gousses d'ail, *écrasées*
2 piments verts longs, *finement hachés*
1 c. à soupe de coriandre moulue
¾ de c. à café de curcuma moulu
1¼ de c. à café de sel
½ c. à café de sucre en poudre
1 boîte de 40 cl de lait de coco

pour servir
riz basmati, *cuit (voir page 305)*

Épluchez les mangues, puis découpez une grosse « joue » d'un côté de chaque fruit, en maintenant le couteau aussi près que possible du noyau. Répétez l'opération de l'autre côté des fruits, puis coupez leurs extrémités. Veillez à récupérer le maximum de chair sur les noyaux, puis coupez celle obtenue en dés de 2 cm (conservez les noyaux pour grignoter les restes de chair qui y sont accrochés pendant que vous cuisinez, un petit délice). Si les mangues sont trop molles pour être épluchées, coupez-les de part et d'autre du noyau, en 2, découpez leur chair en dés de 2 cm à l'aide d'un couteau, puis utilisez une grande cuillère pour la récupérer.

Placez une assiette à proximité. Versez 1 c. à soupe d'huile dans une grande poêle antiadhésive à feu moyen. Faites revenir les dés de paneer 5 à 6 min, en les retournant un à un à l'aide d'une spatule, jusqu'à ce qu'ils soient dorés. Transférez dans l'assiette et réservez.

Versez 2 c. à soupe d'huile dans la même poêle. Une fois bien chaude, ajoutez les feuilles de curry, laissez-les crépiter et devenir croustillantes, puis transférez-en la moitié dans l'assiette de paneer. Ajoutez ensuite les graines de moutarde au reste des feuilles de curry. Laissez les graines éclater pendant quelques secondes et ajoutez l'oignon. Faites cuire 8 min en remuant de temps en temps, jusqu'à ce que l'oignon soit doré, puis ajoutez le gingembre, l'ail et les piments. Laissez cuire 2 min, déposez la coriandre, le curcuma, le sel et le sucre, et mélangez.

Ajoutez les dés de mangue avec 20 cl d'eau. Portez à légère ébullition et laissez mijoter 8 min, jusqu'à ce qu'ils soient tendres et que l'eau ait presque entièrement disparu. Remettez le paneer dans la poêle avec le lait de coco, baissez à feu très doux et laissez cuire encore 5 min. Retirez du feu, goûtez et rectifiez l'assaisonnement si nécessaire.

Servez à même la poêle ou dans un grand bol, parsemez les feuilles de curry réservées, et accompagnez de riz basmati cuit à la vapeur.

SG PRÉPARATION 5 min / CUISSON 40 min

Nouilles froides MJJ

Une célébration de Mai-Juin-Juillet, les mois où tomates et mangues sont reines.

NOTE Le tofu soufflé (*tofu puffs*) est un vrai bonheur : il est spongieux, mœlleux et s'imprègne de toutes les saveurs qu'il rencontre. On peut le trouver en supermarchés asiatiques et en ligne (voir page 310).

POUR 2 PERSONNES
(il vous en restera forcément un peu)

1 grosse mangue mûre, *pelée et coupée en dés de 1 cm*
150 g de tomates mûres, *coupées en quartiers*
8 morceaux de tofu soufflé, *coupés en 4*
1 citron vert, *zesté et coupé en 4*
4 c. à soupe d'huile de colza
3 gousses d'ail, *écrasées*
2 bâtons de citronnelle, *feuilles extérieures et couches supérieures retirées, le reste finement haché*
1 piment oeil d'oiseau (ou piment thaï), *très finement haché*
1½ c. à café de sucre en poudre
4 c. à soupe de vinaigre de riz
¾ de c. à café de sel
3 c. à soupe d'échalotes frites du commerce, *plus 3 c. à soupe pour la touche finale*
200 g de nouilles soba
15 g de feuilles de basilic thaï frais ou de basilic ordinaire frais

Placez la mangue, les tomates, le tofu soufflé et le zeste de citron vert dans un saladier, mélangez et réservez.

Pour la vinaigrette, faites chauffer l'huile dans une petite casserole. Une fois chaude, ajoutez l'ail, la citronnelle et le piment. Laissez cuire 2 min, ou jusqu'à ce que l'ail devienne brun doré. Retirez du feu et ajoutez le sucre, le vinaigre, le sel et 3 c. à soupe d'échalotes frites. Laissez refroidir.

Faites cuire les nouilles selon les instructions figurant sur l'emballage, égouttez-les et rincez-les dans une passoire sous l'eau froide jusqu'à ce qu'elles soient bien refroidies. Égouttez-les à nouveau le plus possible, puis ajoutez-les au saladier de mangues et de tomates. Versez la vinaigrette, ajoutez les feuilles de basilic et mélangez délicatement (j'aime le faire avec les mains).

Pour servir, transvasez dans un plat de service ou répartissez dans 2 bols de présentation. Parsemez d'un peu d'échalottes frites et décorez de quartiers de citron vert.

V/OSG (AVEC NOUILLES SG) PRÉPARATION 15 min / CUISSON 15 min

Risotto à la pâte Marmite® et beurre à l'huile pimentée croustillante

Certaines personnes ont de grandes révélations, mais pas moi. J'ai eu 2 petites révélations dernièrement. La première, c'est que je n'aime pas le goût du bouillon de légumes : tout est fini, *terminado*, si on en met trop. Et la seconde, c'est justement que la pâte à tartiner Marmite® fait d'excellents bouillons. Voilà une recette pour vous prouver que j'ai raison. Contrairement à ce qu'on pourrait imaginer, la Marmite® sait se montrer subtile, ce qui rend finalement ce risotto très doux. Le beurre au piment qui l'accompagne, en revanche, est un mini feu d'artifice. Un plat contrasté et fascinant, n'est-il pas ?

NOTE N'importe quel huile pimentée croustillante peut convenir, mais ma préférence va à celui de Lao Gan Ma®, qu'on trouve en épiceries chinoises et également en ligne (voir page 310).

POUR 4 PERSONNES

le beurre de piment

550 g de tomates cerise, *coupées en 2*
2 c. à soupe d'huile d'olive extra vierge
½ c. à café de sel
50 g de beurre doux laitier ou végétal
2 c. à soupe d'huile pimentée croustillante

le risotto

50 g de beurre doux laitier ou végétal
2 c. à soupe d'huile d'olive extra vierge
1 gros oignon, *finement haché*
1 c. à café de sel
3 gousses d'ail, *écrasées*
350 g de riz Arborio
17, 5 cl de vin blanc sec
4 c. à café de pâte à tartiner Marmite® (35 g), *dissoute dans 1,1 l d'eau bouillie*

Préchauffez le four à 200 °C (th. 6) ou 180 °C (th. 6) à chaleur tournante et tapissez une plaque à four de papier cuisson.

Commencez par les tomates. Placez-les sur la plaque à four, enduisez-les d'huile d'olive et saupoudrez-les de sel. Enfournez 35 min (retournez-les 1 fois à mi-cuisson), jusqu'à ce qu'elles soient collantes et dorées (mais pas noircies). Sortez du four et laissez refroidir.

Pour le risotto, déposez la moitié du beurre (25 g) et toute l'huile d'olive dans une poêle de taille moyenne sur feu moyen. Ajoutez l'oignon avec 1 c. à café de sel, faites revenir 8 min en remuant régulièrement, jusqu'à ce que l'oignon soit tendre, translucide et doré. Ajoutez l'ail, faites cuire 2 min supplémentaires, puis déposez le riz et remuez pour l'enrober. Versez le vin, laissez-le crépiter, puis ajoutez 1 louche de bouillon de Marmite®. Faites cuire en remuant doucement et régulièrement, jusqu'à ce que le bouillon soit absorbé par le riz, puis ajoutez 1 autre louche de bouillon de Marmite® dans la casserole, puis répétez l'opération. Poursuivez la cuisson et ajoutez à nouveau du bouillon si nécessaire, jusqu'à ce que le riz soit tendre et le risotto très crémeux (plutôt que trop ferme ou trop lâche). Cela devrait prendre jusqu'à 30 min (si vous manquez de bouillon, ajoutez de l'eau chaude à la place). Retirez du feu et incorporez les 25 g de beurre restants.

Pour le beurre de piment, faites chauffer le beurre et l'huile pimentée croustillante dans une petite casserole. Une fois le beurre fondu, incorporez les tomates et retirez du feu. Pour servir, répartissez le risotto dans 4 bols peu profonds, puis déposez 2 c. de beurre de piment avec les tomates au centre de chaque portion.

OV PRÉPARATION 10 min / CUISSON 55 min

Nouilles instantanées aux tomates et à la citronnelle

« Des nouilles instantanées avec une touche de classe », c'est ainsi qu'un secrétaire de rédaction a décrit cette recette lorsqu'elle a été publiée dans le journal *The Guardian* – et je suis plutôt d'accord avec lui. Pour tout vous dire, je l'ai écrite en hommage à une super technique de Martha Stewart, qui consiste à préparer des spaghettis en une seule fois en mettant tous les ingrédients (sauce, pâtes et eau de cuisson) dans la même casserole. Ce qui donne, 9 min plus tard, un repas parfaitement parfait. Du génie.

NOTE J'utilise un blender Nutribullet® pour la pâte, mais vous pouvez aussi utiliser un mixeur plongeant.

POUR 2 PERSONNES

1 morceau de gingembre de 3 cm, *grossièrement haché*
4 gousses d'ail, *grossièrement hachées*
3 bâtons de citronnelle, *feuilles extérieures et couches supérieures retirées, le reste grossièrement haché*
20 g de tiges et de feuilles de coriandre fraîche, *hachées*
2 piments œil d'oiseau (ou piments thaïs), *grossièrement hachés*
4 c. à soupe d'huile de colza
400 g de tomates mini Roma (ou autres tomates cerise allongées), *coupées en 2*
1 boîte de 40 cl de lait de coco
1¼ de c. à café de sel
200 g de nouilles soba
20 g de feuilles de basilic thaï frais

Mettez les 6 premiers ingrédients dans un mixeur et mixez-les jusqu'à obtention d'une pâte homogène. Placez une large casserole munie d'un couvercle sur feu moyen. Une fois chaude, déposez la pâte et faites cuire 3 à 4 min en remuant, jusqu'à ce que la pâte libère ses huiles dans la casserole.

Ajoutez alors les tomates, couvrez et laissez-les cuire 5 à 6 min en remuant juste de temps en temps (pour éviter de les écraser), jusqu'à ce qu'elles flétrissent, ramollissent et soient légèrement confites.

Versez alors le lait de coco, puis prenez la boîte vide et remplissez-la d'eau 1½ fois (pour obtenir 60 cl d'eau) et versez-la dans la casserole. Salez délicatement, puis portez le mélange à ébullition. Ajoutez ensuite les nouilles en les immergeant. Laissez bouillir environ 5 min, jusqu'à ce que les nouilles soient tendres, et incorporez le basilic thaï.

Servez à la casserole ou (si vous vous sentez d'humeur plus chic) répartissez les nouilles dans 2 bols de présentation : versez d'abord la sauce à l'aide d'une louche, puis enroulez les nouilles à l'aide d'une fourchette pour les déposer sous forme de nids dans les bols.

V/OSG (AVEC NOUILLES SG) PRÉPARATION 10 min / CUISSON 25 min

Haricots de Lima à la harissa de rose et à l'aneth

J'ai traversé une période où je voulais flâner à la Baudelaire. Je recherchais le moindre effort, mais je souhaitais tout de même que mes plats soient poétiques et éclatants. D'où ces haricots épicés qui se cuisinent pratiquement tout seuls. Si vous êtes d'humeur à traînailler, mangez-les tels quels (de préférence dans le jardin avec une baguette de pain et du vin frais). Mais si vous avez un peu plus d'énergie, ouvrez donc un bocal d'artichauts et prenez quelques pains plats, une salade et du houmous pour un repas de type mezzé à la carte.

NOTE Certains mélanges d'épices pour harissa contiennent du sel, comme celui que j'utilise, fabriqué par Bart's Spices®, tandis que d'autres n'utilisent que peu ou pas de sel ; vous devrez donc ajuster l'assaisonnement en fonction de vos goûts. Mesurez toujours l'eau de rose à l'écart de la casserole, afin d'éviter tout débordement accidentel.

POUR 2 À 4 PERSONNES

7 c. à soupe d'huile d'olive extra vierge
6 gousses d'ail, *écrasées*
1 piment rouge frais, *finement haché*
500 g de grosses tomates grappe mûres, *pelées et râpées*
1 c. à soupe de mélange d'épices harissa moulu
1 c. à soupe de vinaigre de vin rouge
à peine 1/4 de c. à café d'eau de rose
1 1/2 c. à soupe de pâte de tomates séchées
2 boîtes de 400 g de haricots de Lima, *non égouttés*
sel
15 g d'aneth frais, *ciselé*
2 c. à soupe de jus de citron *(1 citron)*

pour servir

1 baguette ou des pains plats *(voir page 305)*

Versez 4 c. à soupe d'huile dans une casserole de taille moyenne à feu entre moyen et élevé. Une fois chaude, ajoutez l'ail et faites-le cuire 1 à 2 min, jusqu'à ce que son odeur piquante disparaisse et qu'il se colore d'une teinte dorée pâle.

Déposez le piment, laissez cuire encore quelques minutes, puis incorporez les tomates râpées, le mélange d'épices harissa, le vinaigre, l'eau de rose et la pâte de tomates séchées. Laissez mijoter (avec vigueur) 8 à 10 min, jusqu'à ce que les tomates aient réduit et que le mélange ait l'aspect d'une pâte.

Incorporez maintenant les haricots de Lima avec leur eau. Mélangez, puis laissez cuire 10 min, jusqu'à ce que les haricots soient bien chauds et tendres. Ajoutez le sel (1/4 de c. à café à la fois), jusqu'à ce que le mélange ait la saveur que vous recherchez (j'ai utilisé 1 c. à café au total ; vous pouvez en mettre plus ou moins, selon votre goût).

Pendant la cuisson des haricots, placez l'aneth dans un bol avec le jus de citron, les 3 c. à soupe d'huile restantes et 1/4 de c. à café de sel, puis mélangez.

Transférez les haricots dans un plat de service, arrosez de quelques c. de votre huile de citron et d'aneth, puis servez avec du pain (de la baguette ou des pains plats).

V/OSG (AVEC DU PAIN SG) PRÉPARATION 10 min / CUISSON 25 min

Dahl tout simple de tomates

Un noble usage des tomates.

NOTE Vous pouvez vous procurer des feuilles de curry dans la plupart des grandes surfaces et en épiceries asiatiques. Congelez celles que vous n'aurez pas utilisées pour une autre fois. Vous aurez besoin d'un mixeur.

POUR 4 PERSONNES

300 g de lentilles rouges fendues ou lentilles corail
600 g de tomates mûres, *grossièrement hachées*
4 c. à soupe d'huile de colza
1 c. à café de graines de moutarde noire
10 feuilles de curry fraîches
5 gousses d'ail, *écrasées*
1 morceau de gingembre de 2 cm, *finement râpé*
2 à 3 piments verts longs, *finement hachés*, **ou 1 c. à café de piment Kashmiri moulu**
1 c. à café de cumin moulu
1 c. à café de curcuma moulu
à peine ½ c. à café de poivre noir moulu
1¾ de c. à café de sel

pour servir
riz basmati, *cuit (voir page 305)*

Commencez par rincer les lentilles dans une passoire sous l'eau froide jusqu'à ce qu'elle soit claire, puis laissez-les s'égoutter tranquillement. Placez les tomates dans un mixeur et mixez jusqu'à obtention d'une texture lisse. Réservez.

Versez maintenant l'huile dans une grande casserole munie d'un couvercle à feu moyen. Une fois chaude, ajoutez les graines de moutarde et les feuilles de curry. Laissez les graines crépiter et éclater quelques secondes (mais si ce n'est pas le cas, passez à l'étape suivante, car elles deviendraient rapidement amères sans cela). Ajoutez l'ail, le gingembre et les piments, remuez et laissez cuire 2 min, jusqu'à ce que l'odeur de l'ail passe de crue à cuite. Déposez le cumin, le curcuma, le poivre et le sel, puis mélangez.

Incorporez la pâte de tomates fraîches, mélangez, puis placez le couvercle et laissez cuire 10 min en remuant de temps en temps. Ajoutez les lentilles avec 1 l d'eau, mélangez, couvrez à nouveau et portez à ébullition. Baissez le feu, puis laissez cuire 10 à 15 min supplémentaires, ou jusqu'à ce que les lentilles et l'eau se mélangent, sans pour autant qu'elles s'agglomèrent, mais elles doivent avoir une texture que vous identifiez comme étant celle d'un dahl (plutôt que des lentilles dans un bouillon, par exemple).

Servez avec du riz basmati cuit à la vapeur.

V/SG PRÉPARATION 10 min / CUISSON 35 min

Seconds

rôles

Blettes à l'ail

Un accompagnement résolument universel (c'est-à-dire que je ne vois pas avec quoi il ne se marierait pas).

NOTE J'aime beaucoup les blettes à grosses cardes blanches, pour leur saveur, bien sûr, mais aussi parce qu'elles donnent l'impression d'être 2 légumes en 1 : les tiges juteuses et crémeuses d'un côté, et les feuilles vert émeraude foncé, légèrement amères, de l'autre. Cette recette est une façon très simple et délicieuse de les cuisiner, et ses proportions peuvent facilement être doublées (dans ce cas, vous devrez toutefois augmenter les temps de cuisson de 1 min environ).

POUR 4 PERSONNES
(en accompagnement)

400 g de blettes
3 c. à soupe d'huile de colza
4 gousses d'ail, *écrasées*
à peine ½ c. à café de sel

Lavez les blettes et secouez-les pour les sécher. Coupez les tiges en morceaux de 2 cm, et les feuilles en bandes horizontales de 6 à 8 cm. Déposez-les en 2 piles séparées sur une planche à découper.

Versez l'huile dans une grande poêle munie d'un couvercle à feu moyen. Une fois chaude, déposez les tiges de blettes, remuez, puis placez le couvercle et laissez cuire 4 min en remuant à mi-cuisson. Ajoutez l'ail et mélangez. Incorporez ensuite les feuilles de blettes avec le sel et versez 4 c. à soupe d'eau. Remuez, couvrez à nouveau et faites cuire 5 min, en remuant 1 ou 2 fois.

Pour servir, transférez dans un plat de service et arrosez de jus de cuisson.

V/SG PRÉPARATION moins de 5 min / CUISSON 10 min

Salade de carottes et de tofu au kimchi

Punchy et croustillante, cette salade ravira les foules. Un bon kimchi est absolument essentiel ici – ainsi qu'un excellent couteau.

NOTE Sachez que plus cette salade reposera longtemps, plus elle libèrera de jus. C'est pourquoi il convient de tout préparer à l'avance, puis de tout mélanger juste avant de servir. Une fois préparés, conservez vos légumes sous une serviette humide, placez la pomme dans de l'eau froide et gardez votre vinaigrette (déjà prête) au réfrigérateur.

POUR 6 PERSONNES
(en accompagnement)

200 g de kimchi, *égoutté*
5 c. à soupe d'huile de colza (7,5 cl)
1 paquet de 280 g de tofu extra-ferme, *égoutté*
¼ de chou blanc (150 g), *paré*
1 pomme (j'aime la Braeburn)
2 grosses carottes (200 g), *épluchées*
3 oignons nouveaux
20 g de coriandre fraîche, *hachée*
½ à 1 c. à café de sel

pour servir
huile de sésame grillé

Commencez par préparer la vinaigrette : mettez le kimchi et l'huile de colza dans un mixeur et mixez jusqu'à obtention d'une texture lisse. Préparez ensuite un saladier ainsi que votre couteau le plus aiguisé.

Épongez le tofu avec du papier absorbant, puis coupez-le en tranches très fines (environ 3 mm). Empilez ces tranches et coupez-les en fines allumettes. Mettez-les dans le saladier.

Émincez finement le chou, puis coupez la pomme en allumettes de la même forme et de la même taille que celles du tofu, et faites de même avec les carottes. Coupez ensuite les oignons nouveaux en 2, puis émincez-les finement dans la longueur. Déposez le tout dans le saladier.

Ajoutez la coriandre, puis mélangez avec des mains propres, en froissant un peu les aliments pour les flétrir légèrement. Versez ½ c. à café de sel, mélangez puis goûtez (ajoutez le reste de sel si nécessaire, ¼ de c. à café à la fois).

Versez enfin la vinaigrette et mélangez bien. Transférez sur un plat de service et arrosez de quelques gouttes d'huile de sésame.

V/SG PRÉPARATION 5 min / ASSEMBLAGE 25 min

Deux salades en feuilles

Salade d'été à la menthe et à l'aneth

L'unique salade dont vous aurez jamais besoin (en dehors des trois autres salades de ce chapitre).

NOTE J'utilise des piments verts Frenk en bocal, marinés dans de la saumure et du vinaigre, mais n'importe quel piment mariné fera l'affaire. Ajoutez-en autant que vous le souhaitez. Les proportions de cette recette peuvent facilement être doublées.

POUR 4 PERSONNES
(en accompagnement)

1 sucrine (260 g)
15 g de feuilles d'aneth frais
15 g de feuilles de menthe fraîche
1 à 2 piments verts marinés,
finement hachés
3 c. à soupe d'huile de colza
1½ c. à soupe de vinaigre de riz
¼ de c. à café de sel

Coupez la base de la sucrine pour libérer les feuilles. Déchirez les plus grandes en 2 sur leur centre, et laissez les plus petites intactes. Une fois arrivé au cœur, coupez-le en tranches. Mettez le tout dans un saladier, puis ajoutez les herbes et les piments, selon votre goût.

Dans un bol, préparez la vinaigrette en mélangeant vigoureusement l'huile, le vinaigre et le sel. Incorporez-la à la salade juste avant de servir. J'utilise toujours, et brièvement, mes mains (préalablement lavées) pour enrober les feuilles, mais c'est comme vous voulez (il n'y a pas de règles en la matière). Et j'aime également transférer ma salade dans un saladier peu profond pour servir.

V/SG PRÉPARATION 2 min / ASSEMBLAGE 5 min

Salade d'hiver au gingembre et au miso

Si cette salade pouvait parler, je suis sûre qu'elle n'accepterait pas une seconde d'être qualifiée d'accompagnement. Elle qui est si vibrante. Et sa vinaigrette au gingembre, douce et ardente, se marie à merveille avec le côté amer des jolies feuilles colorée du radicchio.

NOTE Il existe de nombreuses variétés de radicchio. La meilleure pour cette salade est la Chioggia (qui est souvent simplement appelée « radicchio » parce que c'est la plus répandue). La variété Grumolo, en forme de rosette, est également délicieuse si vous pouvez vous la procurer. Clearspring® propose un excellent miso doux.

POUR 4 PERSONNES
(en accompagnement)

1½ c. à soupe de shiro miso
ou de miso blanc doux
1½ c. à soupe de sirop d'agave
1 morceau de gingembre de 2 cm,
finement râpé
3 c. à soupe d'huile de colza
½ c. à soupe de vinaigre de riz
¼ de c. à café de sel
300 g de radicchio

Mélangez le miso, le sirop d'agave, le gingembre, l'huile, le vinaigre et le sel à l'aide d'un fouet dans le saladier dans lequel vous allez servir la salade. Si le mélange vous semble très épais, ajoutez un peu d'eau, 1 c. à café à la fois (j'en utilise 3), jusqu'à ce qu'il ait à peu près la consistance d'un miel coulant.

Au moment de servir, coupez la base du radicchio, puis déchirez ses feuilles dans le saladier et mélangez en utilisant vos mains (préalablement lavées) pour enrober les feuilles de vinaigrette.

V/SG PRÉPARATION 5 min / ASSEMBLAGE 5 min

Salade de pommes de terre râpées au sel et au vinaigre

J'ai un aveu à vous faire : je n'aime pas les salades de pommes de terre traditionnelles, mais cette salade est tout autre chose, je ne peux pas m'empêcher de la dévorer. Les pommes de terre doivent ici être à peine cuites pour conserver un soupçon de croquant.

NOTE Il vous faudra une bonne poêle antiadhésive munie d'un couvercle. J'utilise des pommes de terre King Edward, mais tout autre type de pomme de terre conviendra également. Vous pouvez préparer les allumettes de pommes de terre quelques heures à l'avance : il suffit de les garder bien immergées dans de l'eau froide jusqu'au moment de la cuisson.

POUR 4 PERSONNES
(en accompagnement)

4 pommes de terre de taille moyenne (550 g), *épluchées*
2 c. à soupe d'huile de colza
2 oignons nouveaux, *finement émincés en biais*
1 c. à soupe de vinaigre de vin blanc
1¼ de c. à café de sel
1 c. à café d'huile de sésame grillé
15 g de ciboulette fraîche, *finement hachée*

Commencez par remplir un saladier d'eau. Coupez les pommes de terre en de très fines rondelles. Superposez-les en petits lots pour les couper ensemble en mini-allumettes (aussi fines et régulières que possible). Déposez-les dans le saladier rempli d'eau et répétez l'opération avec le reste des pommes de terre. Remuez l'eau à la main, puis égouttez les pommes de terre le mieux possible, en les secouant pour qu'elles soient le moins humides possible (l'huile risquerait de faire des projections lorsque vous les ajouterez à la poêle).

Versez l'huile de colza dans une grande poêle munie d'un couvercle. Une fois l'huile très chaude, déposez les pommes de terre dans la poêle. Faites-les sauter 3 min, puis ajoutez les oignons nouveaux, le vinaigre, le sel et l'huile de sésame. Mélangez, puis couvrez 1 dernière min, jusqu'à ce que les pommes de terre ne soient plus crues, mais légèrement croquantes. Si elles vous semblent encore crues, laissez-les dans la poêle 1 min supplémentaire, puis retirez du feu. Ajoutez alors la quasi-totalité de la ciboulette (gardez-en pour la touche finale), puis goûtez et rectifiez l'assaisonnement si nécessaire.

Servez dans une grande assiette ou un plat, puis parsemez du reste de ciboulette.

V/SG PRÉPARATION 5 min / CUISSON 25 min

Thoran d'asperges et de noix de cajou

Jamais le mot « accompagnement » ne m'a semblé aussi injuste en ce qui concerne un plat. Nos asperges reçoivent ici le traitement kéralais (comme dans l'état indien du Kérala) classique de graines de moutarde, de noix de cajou, de noix de coco et de citron, ce qui leur confère un petit quelque chose vraiment très spécial. Cette recette fait bien partie de ma liste d'accompagnements, mais elle saura briller telle une étoile sur votre table.

NOTE Cette recette est idéale avec du paneer au beurre ou n'importe quel dahl. Vous pouvez acheter des feuilles de curry fraîches dans la plupart des grands supermarchés et des épiceries indiennes. Congelez celles que vous n'utilisez pas. Vous aurez besoin d'un pilon et d'un mortier pour écraser vos graines de cumin.

POUR 4 À 6 PERSONNES
(en accompagnement)

750 g d'asperges, *sans les parties ligneuses*
2 c. à soupe d'huile de colza
10 à 15 feuilles de curry fraîches
½ c. à café de graines de cumin, *écrasées à l'aide d'un pilon et d'un mortier*
½ c. à café de graines de moutarde noire
1 oignon rouge, *finement haché*
1 morceau de gingembre de 2 cm, *râpé*
1 piment vert long, *finement haché*
4 tomates mûres de taille moyenne, *grossièrement coupées*
1 grosse poignée de noix de cajou grillées
¾ de c. à café de sel
1 c. à soupe de jus de citron *(½ citron)*
4 c. à soupe de noix de coco déshydratée (30 g)

Préparez tous les ingrédients à l'avance, car ce plat se prépare très rapidement.

Une fois que vous les avez tous à portée de main, coupez les asperges en morceaux de 4 cm de long en biais. Versez l'huile dans une grande poêle à feu vif. Une fois chaude, ajoutez les feuilles de curry, le cumin et les graines de moutarde. Attendez 1 min qu'elles crépitent et éclatent, puis ajoutez l'oignon et faites-le rissoler 5 min. Incorporez ensuite le gingembre et le piment, faites rissoler 3 min supplémentaires, jusqu'à ce que le mélange soit tendre et bien coloré. Déposez enfin les tomates, les asperges, les noix de cajou et le sel. Faites sauter pendant 4 min, ou jusqu'à ce que les asperges soient *al dente*.

Incorporez le jus de citron et la noix de coco, retirez du feu puis transférez dans un plat de service.

V/SG PRÉPARATION 10 min / CUISSON 20 min

Broccolinis au sésame et au citron vert

Toujours le bienvenu à ma table.

NOTE Pour écraser les graines de sésame, vous aurez besoin d'un pilon et d'un mortier, ou d'un moulin à épices. Thai Taste fait une bonne fish sauce végétale. Les proportions de cette recette peuvent facilement être doublées.

POUR 4 PERSONNES

3 c. à soupe de graines de sésame noir ou blanc *(ou un mélange)*
1 c. à café de sucre roux
¼ de c. à café de sel
300 g de broccolinis, *sans les extrémités ligneuses*
1½ c. à soupe de *no fish sauce*
1½ c. à soupe de jus de citron vert *(1 citron vert)*

Si les graines de sésame ne sont pas déjà grillées, faites-les griller 1 à 2 min dans une grande casserole à feu vif. Une fois qu'elles se seront colorées d'un beau brun doré profond, transférez-les dans une assiette et laissez-les refroidir.

Une fois froides, déposez-les dans un mortier avec le sucre et le sel pour les réduire en fines miettes à l'aide d'un pilon, puis réservez.

Remplissez la grande casserole d'eau, puis placez-la sur feu vif. Une fois à ébullition, déposez délicatement les broccolinis et faites-les bouillir pendant 5½ à 6 min, jusqu'à ce qu'ils soient entre tendres et moelleux (ou juste à peine croquants). Égouttez-les bien, puis remettez-les dans la casserole vide pour qu'ils « sèchent » à la vapeur pendant 1 min. Déposez-les dans un saladier, puis ajoutez votre mélange de graines de sésame, la *no fish sauce* et le jus de citron vert. Remuez doucement à la main jusqu'à ce que tous les aliments se mélangent bien.

V/SG PRÉPARATION moins de 5 min / CUISSON 10 min

Concombres marinés à la taïwanaise

Ces pickles de concombre au soja et au vinaigre se préparent en un clin d'œil. Ils sont aussi incroyablement polyvalents.

NOTE Les petits concombres fermes comme les mini-concombres, les concombres libanais ou encore les cornichons sont plus adaptés pour cette recette, car ils sont moins aqueux. Si vous utilisez de plus gros concombres, retirez les graines de leur centre, puis coupez-les en demi-cercles.

POUR 1 bocal de 45 cl

250 g de mini-concombres, *coupés en tranches de 1 cm*
100 g de sauce soja claire
50 g de sucre en poudre (4 c. à soupe environ)
7,5 cl de vinaigre de vin blanc (5 c. à soupe environ)

Lavez soigneusement un bocal de 45 cl et son couvercle à l'eau chaude savonneuse, rincez et laisser sécher à l'air libre.

Placez tous les ingrédients dans une casserole de petite ou moyenne taille et portez à ébullition. Baissez immédiatement le feu pour laisser mijoter 5 min. Retirez du feu et laissez refroidir, puis transvasez dans le bocal propre et sec. Ces pickles peuvent se conserver au réfrigérateur jusqu'à 2 semaines après leur élaboration.

V PRÉPARATION 5 min / CUISSON 10 min (+ le temps pour refroidir)

Gâteau de radis chinois

Ce gâteau surprenant est inspiré d'un classique des dim sum. Parfois appelé gâteau au navet, il est en réalité préparé avec du daïkon, un radis très éloigné des radis rose et blanc plus connus dans nos contrées. C'est l'un de mes cakes préférés, car il répond à un grand nombre de mes attentes : il est sucré et salé, presque crémeux au centre, mais croustillant à l'extérieur. Vous pouvez le servir en entrée avec des boissons (j'ai déjà testé), mais il constitue un accompagnement somptueux. Essayez-le donc avec l'aubergine rôtie au tofu soyeux de la page 33 ou avec la super recette de Ben Benton (voir page 36).

NOTE Vous aurez besoin de farine de riz thaïlandaise – de la variété non glutineuse – pour réaliser cette recette. Elle est beaucoup plus fine que la farine de riz vendue en supermarché. Vous aurez également besoin d'un plat à four de 1 l (en céramique, en verre, ou même en aluminium) et d'un plat à four plus grand, dans lequel vous placerez le premier plat. Pour prendre de l'avance, préparez la veille et faites frire juste avant de servir.

POUR 6 PERSONNES
(en accompagnement)

le gâteau de radis chinois

huile de colza
140 g de farine de riz thaïlandaise *(non glutineuse)*
1 c. à soupe de Maïzena®
1½ c. à café de sucre en poudre
1¼ de c. à café de sel
200 g d'échalotes longues, *coupées en 2 et finement émincées*
125 g de champignons shiitakés frais, *coupés en dés*
2 gousses d'ail, *écrasées*
1 grand radis daïkon (400 g), *râpé grossièrement*

la sauce

3 c. à soupe de sauce soja foncée
2 c. à soupe de sirop d'agave
1 c. à soupe d'huile de sésame grillé
1 c. à café de vinaigre de vin blanc

pour servir

3 oignons nouveaux, *finement émincés*

Badigeonnez légèrement d'huile le plat à four de 1 l. Préchauffez le four à 240 °C (th. 8) ou 220 °C (th. 7) à chaleur tournante.

Pour la pâte, déposez la farine, la Maïzena®, le sucre et le sel dans un saladier, versez 22, 5 cl d'eau, mélangez, puis réservez.

Versez 2½ c. à soupe d'huile dans une grande poêle à feu moyen. Une fois chaude, ajoutez les échalotes et les champignons. Faites cuire 8 min, jusqu'à ce qu'ils soient tendres et presque caramélisés. Incorporez l'ail, laissez cuire 2 min, puis ajoutez le radis. Laissez cuire 10 à 12 min en remuant régulièrement, jusqu'à ce que l'eau s'évapore et que le mélange semble assez sec. Déposez alors le mélange dans le saladier avec la pâte. Mélangez bien, puis transvasez le tout dans le plat à four badigeonné.

Faites bouillir de l'eau à l'aide d'une bouilloire, puis recouvrez le plat à four avec le mélange de papier aluminium de façon hermétique. Déposez l'autre grand plat dans le four chaud, puis placez le plat contenant la pâte (et recouvert de papier d'aluminium) à l'intérieur. Versez délicatement l'eau dans le plus grand plat jusqu'à mi-hauteur du plus petit plat. Laissez cuire 40 min. Une fois cuit, retirez soigneusement le plat du gâteau de radis et mettez-le de côté pour qu'il refroidisse (ne sortez pas tout de suite le grand plat du four, attendez que l'eau soit bien froide pour le vider). Retirez le couvercle d'aluminium du plat à cake, laissez le plat refroidir, couvrez-le à nouveau, puis mettez-le au réfrigérateur pendant 1 h minimum ou bien 1 nuit.

Préparez la sauce juste avant de servir. Versez la sauce soja, le sirop d'agave, l'huile de sésame et le vinaigre dans un bol et mélangez, puis réservez.

Découpez enfin le cake en 12 parts égales. Versez 1 c. à soupe d'huile dans la poêle, déposez-y 6 parts de gâteau et faites frire 3 min de chaque côté, jusqu'à ce qu'elles soient dorées. Transférez-les dans un plat de présentation, puis répétez l'opération avec les tranches restantes. Pour servir, arrosez les parts d'un peu de sauce (gardez et servez le reste à part dans le bol) et parsemez d'oignons nouveaux.

V PRÉPARATION 15 min / CUISSON 1 h 30 (+ le temps de refroidir)

Œufs golden coins

Des petites merveilles épicées, directement importées du Hunan (en Chine). Ils sont parfaits pour accompagner les plats de riz les plus simples.

NOTE Veillez à bien préparer tous les ingrédients à l'avance, car ce plat se prépare très rapidement. Vous aurez besoin de graines de soja fermentées noires, aussi appelées « haricots noirs salés » ou « douchi », que vous trouverez en supermarché chinois ou en ligne (voir page 310). Pour que vos lamelles d'oignons nouveaux soient légèrement enroulées comme celles de la photo, placez-les dans un bol d'eau froide juste après les avoir coupées et réservez-les ainsi jusqu'au dernier moment.

POUR 4 PERSONNES
(en accompagnement)

5 c. à soupe de Maïzena®
4 gros œufs
4 c. à soupe d'huile de colza
1 morceau de gingembre de 2 cm, *finement râpé*
3 gousses d'ail, *écrasées*
1 c. à café de flocons de piment
1 c. à soupe de haricots noirs salés, *rincées et hachées*
4 oignons nouveaux, *dont 3 finement émincés, et 1 coupé en longues et fines lamelles*
1½ c. à soupe de sauce soja claire
1½ c. à soupe de vin de Shaoxing

Préparez un saladier d'eau très froide, ajoutez-y quelques glaçons pour faire bonne mesure si vous le souhaitez, et laissez de côté. Versez la Maïzena® dans une grande assiette creuse et réservez également.

Remplissez une casserole de taille moyenne d'eau, puis portez à ébullition. Déposez-y les œufs délicatement puis réduisez le feu à très doux et laissez bouillir 9 min. Égouttez les œufs, puis plongez-les dans le saladier d'eau très froide. Cassez-les au fond du bol pour laisser passer un peu d'eau entre l'œuf et la coquille, laissez-les reposer 2 min avant de les écaler.

À l'aide d'un couteau humide, coupez-les en rondelles de 1 cm (en essuyant le couteau si besoin pour obtenir des tranches bien propres). Placez les rondelles sur la Maïzena® puis enrobez-les délicatement à l'aide d'une cuillère à café.

Préparez tous les ingrédients à portée de main, puis versez l'huile dans une grande poêle antiadhésive à feu moyen. Une fois très chaude, déposez rapidement et délicatement les rondelles d'œuf dans l'huile à l'aide de vos doigts (une par une, en secouant l'excédent de Maïzena®). Faites-les frire environ 2 à 2½ min de chaque côté, jusqu'à ce qu'elles soient bien dorées. Ajoutez le gingembre, l'ail, les flocons de piment, les haricots noirs et les 3 oignons nouveaux finement émincés. Faites sauter environ 30 sec, puis versez la sauce soja et le vin de Shaoxing. Faites sauter encore 30 sec, puis retirez du feu.

Déposez les œufs dans un plat de présentation, puis garnissez-les de lamelles d'oignons nouveaux.

SPL PRÉPARATION 10 min / CUISSON 40 min

Salade de tomates et de courgettes à la thaï

Le som tam m'a littéralement époustouflée dès la première bouchée. Il m'a semblé froid et croquant, mais aussi chaud, aigre, salé et sucré – des sensations et saveurs parfaitement adaptées à la chaleur thaïlandaise de 38 °C ce jour-là. Trouver des papayes non mûres n'est pas facile en Angleterre, alors j'ai opté pour des courgettes et des tomates. Cela donne une salade au goût de Bangkok avec des fruits et légumes des potagers anglais. Servez froid, avec une bière Chang® bien glacée.

NOTE Sachez que plus cette salade repose longtemps, plus les courgettes libèrent de jus. Si vous ne la mangez pas tout de suite, pensez à la servir avec une pince, puis versez le jus à la cuillère et enfin saupoudrez la chapelure au dernier moment. Il est incroyablement facile de découper vos courgettes en julienne à l'aide d'un économe. Vous aurez besoin d'un mixeur ou d'un pilon et d'un mortier.

POUR 4 PERSONNES
(en accompagnement)

la vinaigrette

2 piments œil d'oiseau (ou piments thaïs)
3 gousses d'ail, *grossièrement hachées*
3½ c. à soupe de sauce soja claire
4 c. à soupe de jus de citron vert *(3 citrons verts)*
huile de colza
1½ c. à café de sucre de palme ou de sucre roux

la salade

500 g de tomates cerise, *coupées en 2*
2 courgettes (400 g), *coupées en julienne*
1 grosse poignée de feuilles de basilic thaï frais (10 g), *grossièrement ciselées*
2 piments œil d'oiseau (ou piments thaïs)
40 g de cacahuètes salées, *concassées*
40 g de chapelure
¼ de c. à café de sel

Préparez d'abord la vinaigrette. Hachez grossièrement 2 piments et mettez-les dans un mixeur avec l'ail, la sauce soja, le jus de citron vert, 2 c. à soupe d'huile ainsi que le sucre, puis mixez jusqu'à obtention d'un mélange homogène. Une autre alternative : vous pouvez réduire les piments et l'ail en pâte à l'aide d'un pilon et d'un mortier, puis verser les liquides et le sucre, et enfin, mélanger.

Déposez les moitiés de tomates dans un saladier et pressez-les légèrement à la main. Versez la vinaigrette, puis réservez. Placez les courgettes sur les tomates, sans les mélanger pour l'instant. Saupoudrez de basilic.

Passez maintenant à la chapelure de cacahuètes. Versez 2 c. à soupe d'huile dans une poêle à feu moyen. Hachez les 2 autres piments très finement le temps que l'huile chauffe. Une fois chaude, ajoutez les piments, les cacahuètes, la chapelure et le sel. Remuez environ 4 min, jusqu'à ce que tous les aliments soient bien dorés, puis retirez du feu.

Pour assembler la salade, mélangez les courgettes et le basilic avec les tomates dans le saladier, puis répartissez-les dans une grande assiette de présentation munie de rebords. Saupoudrez la chapelure au dernier moment, ou attendez que vos convives se soient servis et encouragez-les à en saupoudrer une petite montagne directement sur leur assiette.

V PRÉPARATION 20 min / CUISSON 20 min

Essentiels

Les divinités culinaires

Vous trouverez un dieu perché sur une étagère dans chaque cuisine indienne, assis dans l'armoire à épices ou présidant le four à micro-ondes.

Lorsque Hugh et moi avons acheté notre première maison, le plus grand moment n'a pas été celui où nous sommes allés chercher les clés chez l'agent immobilier. Non, notre plus grand moment a été celui où mes parents sont venus faire la *navi ghar ni puja* – ou prière de la nouvelle maison. Nous ne sommes pas très pratiquants, mais cette prière fait partie de nos rituels. Elle est censée apporter de la lumière, de la positivité et de la bonne énergie… et nous venions justement d'emménager dans un quartier à l'époque célèbre pour ses agressions à l'arme blanche et ses descentes de police à la recherche de trafiquants. Nous ne pouvions pas refuser.

Maman a posé un plateau en cuivre sur le sol. Elle y a placé une bande de tissu scintillant rouge et or. Puis, elle a déballé deux divinités de premier plan : Ganesh, le dieu éléphant, grand destructeur d'obstacles ; et Lakshmi, la déesse de la prospérité. Elle les a disposés à l'arrière du plateau pour qu'ils puissent superviser nos offrandes. Ces dernières ne semblent pas avoir évolué avec les temps modernes. Il n'y avait ni biscuits Wagon Wheels® ni Pringles®, mais une série de bols de riz basmati non brisé, des haricots mungo, quelques pièces de monnaie, des fleurs et de l'encens. Maman a allumé l'encens et a prononcé quelques mots. Puis elle a badigeonné chacun de nos fronts d'une poudre rouge vif à base de curcuma et de chaux éteinte, avant de porter son attention sur la cuisinière. Elle y a placé une petite casserole de lait et l'a laissée déborder – ce qui est une invitation de la maison à l'abondance et à la prospérité. Maman a ensuite transféré les haricots mungo dans un petit sac en plastique et m'a dit de les faire cuire pour les invités qui viendraient à la maison. Je ne les ai, cela dit, jamais cuisinés : les haricots bénis me semblent bien trop sacrés pour cela. Des années plus tard, je les ai retrouvés et les ai plantés dans le jardin, espérant qu'ils se transformeraient (tel le haricot de Jack) en quelque chose de magique. Comme pour me dire à moi-même que je n'avais pas abandonné les dieux. Cette année-là, nous avons eu une bonne récolte de haricots d'Espagne comme lot de consolation.

Ganesh et Lakshmi sont restés dans la cuisine. À côté d'eux se trouve Annapurna, la déesse hindoue de la nourriture, qui tient une cuillère dans ses mains. Et de mon dernier voyage à Bombay, j'ai rapporté un bouddha miniature : j'ai supposé qu'il m'encouragerait dans mes efforts culinaires grâce à son ventre rond. Je leur offre des fleurs de temps en temps, parfois un morceau de fruit et quelques-unes des petites pierres artisanales brillantes que mes petites filles aiment garder dans leurs poches.

Plus je réfléchissais à mes divinités culinaires et passais du temps dans les cuisines de mes amis, plus je me rendais compte que tout le monde avait en fait ses propres talismans dans sa cuisine. Des objets qui représentent le bonheur et le réconfort : le vieux livre de recettes de votre grand-mère ou le plat du dimanche de votre maman, des photos sur le frigo, des œuvres d'art de vos enfants ou des magnets rapportés des vacances passées. Ce ne sont pas vraiment les dieux qui sont importants, mais le sentiment qu'ils procurent et ce qu'ils représentent.

Les statuettes de déités de ma cuisine me procurent en fait le même sentiment que la cuillère en bois de ma mère ou la petite casserole en cuivre que ma grand-mère m'a offerte : que ce soit par lien, tradition ou rituel, ici résident le réconfort et la joie de savoir que je ne suis jamais seule dans ma cuisine – et vous non plus.

Happy

ends

Banana bread au tahini

La création d'une recette végétale de banana bread sans gluten a été pour moi comme l'ascension de l'Everest. J'ai supprimé la farine de blé, les produits laitiers et les œufs de la recette traditionnelle, et il ne me restait plus que les bananes et le sucre. Autant vous dire que j'ai un peu tatonné et lancé plusieurs séries de tests (sept au total). J'y suis enfin parvenue grâce au savoir-faire de Freddie Janssen de *Snackbar* (qui sert un banana bread vegan au tahini excellent), à Londres et à la générosité d'une communauté en ligne qui m'a recommandé la farine de sarrasin. Vive le partage et vive cette recette !

NOTE Vous aurez besoin d'un moule à pain (d'une capacité de 1 kg). Si vous êtes intolérant au gluten, vérifiez que votre boisson végétale à l'avoine n'en contient pas.

POUR 1 GÂTEAU de 1 kg

huile de colza
250 g de farine de sarrasin
1½ c. à soupe de graines de lin moulues
1 c. à café de levure chimique
¾ de c. à café de bicarbonate de soude
¾ de c. à café de sel
6 bananes, *dont 5 pelées pour 400 g de chair*
80 g de tahini
180 g de sucre roux
1½ c. à café de vinaigre de cidre
1 c. à soupe d'extrait de vanille
20 cl de boisson végétale à l'avoine
1 c. à soupe de sucre roux Demerara

pour servir
beurre doux végétal

Préchauffez le four à 200 °C (th. 6) ou 180 °C (th. 6) à chaleur tournante. Tapissez un moule à pain (d'une capacité de 1 kg) de papier cuisson, en veillant à ce qu'une partie dépasse des bords (pour démouler plus facilement), puis graissez les côtés du papier avec un peu d'huile.

Versez la farine de sarrasin, les graines de lin, la levure chimique, le bicarbonate de soude et le sel dans un saladier. Mélangez les ingrédients à l'aide d'un fouet jusqu'à obtention d'une poudre uniforme.

Dans un autre saladier, écrasez les 400 g de bananes à la fourchette jusqu'à obtention d'une texture semblable à une pâte. Ajoutez ensuite le tahini, le sucre roux, le vinaigre, l'extrait de vanille, la boisson végétale à l'avoine et 2 c. à soupe d'huile. Mélangez bien, puis versez le tout dans le saladier de farine. Mélangez jusqu'à ce que la pâte soit lisse et homogène.

Versez la préparation dans le moule à pain, puis tapotez-le sur un plan de travail ou sur une table pour égaliser la surface et faire sortir les éventuelles bulles d'air. Coupez la banane restante en 2 dans la longueur, puis enfoncez-la délicatement dans la pâte, côté coupé vers le haut. Saupoudrez enfin de sucre Demerara.

Enfournez 30 min. Tournez alors le moule et baissez le feu à 180 °C (th. 6) ou 160 °C (th. 5) à chaleur tournante. Faites cuire encore 30 min, jusqu'à ce que le dessus soit doré et qu'un couteau inséré au centre en ressorte immaculé, puis sortez du four. Laissez refroidir dans le moule, puis faites glisser un couteau à palette le long de chaque côté. Retirez enfin du moule en utilisant le papier cuisson qui dépasse. Découpez le banana bread en parts épaisses, puis tartinez-les de beurre végétal.

V/SG PRÉPARATION 5 min / CUISSON 1 h 15

Rötis thaïs croustillants au chocolat salé

Si je devais mourir demain et qu'on me laissait choisir mon dernier dessert, ce serait un röti thaï « crousti-moelleux », sans hésiter. Ceux de cette recette sont encore plus addictifs grâce au chocolat salé et au filet de lait concentré. La pâte à röti est traditionnellement faite à la main et repose pendant des heures avant d'être utilisée, mais j'ai décidé d'opter pour de la pâte filo – une révélation – ce qui les rend super rapides à préparer.

NOTE Il vous restera du lait concentré. Gardez-le pour en ajouter à un café glacé ou congelez-le pour une prochaine fournée de rötis croustillants. La poudre de chocolat malté Milo® est disponible en grande surface.

POUR 2 RÖTIS, (4 personnes)

1 gros œuf
6 c. à soupe de crème fraîche épaisse
4 c. à soupe de poudre chocolatée Milo®, plus un peu pour servir
1 c. à soupe de lait concentré, *plus un peu pour servir*
1 c. à café de fleur de sel
6 feuilles de pâte filo *(chacune d'environ 48 x 25½ cm)*
6 c. à soupe d'huile de colza, *pour une cuisson légère*

Fouettez l'œuf avec 2 c. à soupe de crème fraîche épaisse dans un bol jusqu'à obtention d'un mélange homogène. Prenez un autre bol, mélangez-y la poudre chocolatée Milo®, le lait concentré avec 4 c. à soupe de crème fraîche épaisse et le sel.

Placez les feuilles de filo à l'horizontale devant vous sur une grande planche ou un plan de travail propre. Coupez-les en 2, puis superposez-les toutes d'un côté de votre planche ou plan de travail pour libérer de l'espace pour la suite.

Prenez 1 feuille, placez-la devant vous, puis badigeonnez-la d'une fine couche de crème aux œufs à l'aide d'un pinceau à pâtisserie. Prenez une deuxième feuille et placez-la à côté de la première. Badigeonnez-la également de crème aux œufs, puis placez-la sur la première feuille, face badigeonnée vers le bas. Faites de même avec les troisième, quatrième et cinquième feuilles. Lorsque vous arrivez à la sixième feuille, laissez le dessus nu. Il devrait vous rester 6 feuilles.

Déposez la moitié de la crème au chocolat Milo® au milieu du carré de feuilles filo obtenu, puis ramenez chaque coin vers le centre pour créer une enveloppe (en veillant à ce qu'il y ait un certain chevauchement pour que le röti puisse être scellé et que la crème au chocolat ne s'échappe pas). L'enveloppe devrait mesurer environ 15 cm de côté.

Répétez l'opération pour le deuxième röti, en utilisant les 6 feuilles de filo restantes, la crème aux œufs et la crème au chocolat Milo®.

Versez 4 c. à soupe d'huile dans une poêle antiadhésive à feu moyen. Une fois que l'huile est très chaude, faites cuire un premier röti 2 min de chaque côté (en appuyant dessus), ou jusqu'à ce que des taches brunes apparaissent. Retirez-le à l'aide de la spatule et placez-le sur une planche à découper.

Ajoutez de l'huile dans la poêle si nécessaire et faites cuire le deuxième röti, puis placez-le sur la planche à découper à côté du premier. Mettez un peu de poudre chocolatée Milo® dans un tamis, tapotez-la pour en recouvrir les rötis, puis arrosez-les de lait concentré. Coupez chaque röti en 8 morceaux. Servez-les chauds, directement sur la planche à découper.

PRÉPARATION 2 min / CUISSON 30 min

Sandwichs de céréales à la crème glacée

Christina Tosi, de *Momofuku*®, a donné ses lettres de noblesse au lait de céréales. Proust et elle ont bien compris comment une saveur particulière peut nous ramener à un moment précis dans le temps. De mon côté, les cornflakes me ramènent à notre cuisine en bois du Lincolnshire, vers 1990 : Papa qui trempe un toast dans son chaï, puis qui essuie subrepticement sa moustache à la Tom Selleck avant de nous faire grimper, ma sœur et moi (avec nos doubles tresses et nos sacs à dos), dans sa Datsun 260Z pour nous emmener à l'école. Mythique.

NOTE Le film alimentaire reste la meilleure option pour couvrir la boîte de conserve, mais vous pouvez aussi acheter du film compostable. Vous aurez besoin d'un mixeur pour réaliser cette recette.

POUR 12 SANDWICHS
à la crème glacée

le biscuit aux cornflakes
175 g de cornflakes
80 g de sucre en poudre
100 g d'huile de coco désodorisée, *fondue*
250 g de framboises, *coupées en 2*

la crème glacée
75 g de cornflakes, *grossièrement écrasés*
55 cl de boisson végétale à l'avoine
150 g de noix de cajou grillées et non salées
60 g de sucre en poudre
2 c. à soupe de sirop d'érable
1 c. à café d'extrait de vanille
1 c. à soupe d'huile neutre, *comme l'huile de colza ou de tournesol*
sel

Recouvrez un moule de 20 x 20 cm de film alimentaire, en veillant à ce qu'il n'y ait pas d'espace et à ce qu'il déborde sur les côtés.

Pour les couches de biscuit, écrasez les cornflakes, soit à l'aide d'un robot de cuisine, soit directement dans leur sachet (à l'aide d'un rouleau à pâtisserie (après avoir ouvert un coin du sachet pour faire sortir l'air). Déposez les miettes de cornflakes et le sucre dans un saladier, versez l'huile de coco et mélangez. Versez les 2/3 du mélange dans le moule (gardez-en 1/3 pour plus tard). À l'aide du dos d'une cuillère, répartissez la préparation dans le fond en appuyant fermement dessus. Placez les framboises par-dessus (côté coupé vers le bas) en lignes nettes, puis déposez au congélateur.

Pour la glace, faites tremper les cornflakes écrasés dans la boisson végétale 20 min, jusqu'à ce qu'elle prenne la couleur d'un porridge d'avoine et que les cornflakes ramolissent.

Pendant ce temps, placez les noix de cajou dans une petite casserole et couvrez d'eau à hauteur. Portez à ébullition et laissez mijoter 20 min. Égouttez-les et laissez-les refroidir. Passez le lait de céréales au tamis au-dessus d'une cruche. Prenez une cuillère pour appuyer sur les cornflakes et extraire autant de lait que possible, puis débarrassez-vous des cornflakes.

Versez le lait de céréales dans le mixeur. Déposez-y également les noix de cajou. Ajoutez le sucre, le sirop d'érable, l'extrait de vanille, l'huile et 1 grosse pincée de sel. Mixez le tout à vitesse élevée pendant au moins 4 min, jusqu'à ce que le mélange soit parfaitement homogène. Le mélange de crème glacée est prêt.

Sortez le moule du congélateur, versez le mélange de crème glacée sur les framboises, puis remettez au congélateur 2 h ou plus – jusqu'à sentir une résistance lorsque vous appuyez avec le doigt. Saupoudrez du 1/3 de miettes de cornflakes réservé, en utilisant à nouveau une cuillère pour les presser aussi fermement que possible sur la crème glacée. Remettez au congélateur 2 h ou plus, jusqu'à ce que le gâteau soit complètement pris.

Sortez la glace 5 min avant de servir, puis coupez-la en 12 bars et régalez-vous. Vous pouvez également la conserver jusqu'à 3 mois au congélateur dans un emballage scellé.

V PRÉPARATION 5 min / CUISSON 1 h (+ 4 h au congélateur)

Un saladier de mousse au chocolat

J'aime les grands bols, ou plutôt, je les adore. J'aime les remplir à ras bord de crème ou de mousse, puis les placer au centre de la table pour que mes amis se les passent entre eux et se servent. Je trouve ça beaucoup plus convivial que de faire le tour de la table en demandant combien de cuillères chacun voudra (j'ai toujours un peu peur d'avouer que j'en veux douze, alors j'imagine que mes amis aussi).

C'est une recette à base de tofu soyeux, mais elle n'est pas vegan pour autant. L'utilisation du tofu permet d'éviter la partie un peu compliquée de la préparation des œufs pour une crème anglaise. On peut donc transformer le tofu en un genre de crème anglaise vegan après l'avoir rapidement fouetté, mais il a besoin de la richesse de la crème fraîche épaisse pour obtenir une texture suffisamment veloutée (ce qui marche moins bien avec les préparations culinaires végétales).

NOTE Vous aurez besoin d'un batteur électrique.

POUR 6 À 8 PERSONNES

1 paquet de 290 g de tofu soyeux, *égoutté*
3 c. à soupe d'huile d'olive extra vierge, *plus un peu pour servir*
1 c. à soupe de pâte de vanille
30 cl de crème fraîche épaisse
70 g de sucre en poudre
200 g de chocolat noir de bonne qualité (70 %), *finement haché*
¼ de c. à café de sel
fleur de sel, *pour saupoudrer*

Mettez le tofu, l'huile et la pâte de vanille dans un bol. Fouettez le mélange à l'aide d'un batteur électrique jusqu'à obtention d'une consistance crémeuse, semblable à celle d'une crème anglaise (pensez à racler les parois 1 ou 2 fois pour éviter la formation de grumeaux). Laissez de côté et tapotez les fouets du batteur pour éliminer toute trace de crème, afin de pouvoir les réutiliser plus tard.

Dans un bol propre, fouettez la crème fraîche épaisse 3 à 4 min, jusqu'à obtention d'un bec d'oiseau, puis laissez de côté.

Versez 8 cl d'eau et le sucre dans une petite casserole à feu doux. Remuez jusqu'à ce que le sucre se dissolve, puis retirez du feu. Ajoutez les petits morceaux de chocolat avec le sel et remuez jusqu'à ce que le chocolat ait entièrement fondu et soit encore plus brillant que des cheveux dans une publicité L'Oréal®.

Versez le chocolat à l'aide d'une spatule dans le bol de tofu à la vanille. Mélangez bien, puis incorporez la crème fraîche en prenant soin de ne pas faire retomber le mélange, jusqu'à ce qu'il prenne une couleur brun-chocolat uniforme. Placez au réfrigérateur au moins 1 h. Juste avant de servir, saupoudrez légèrement de fleur de sel selon votre goût. Versez un peu d'huile d'olive extra vierge dans une petite cruche et préparez un petit bol de fleur de sel pour que chaque convive puisse se servir, s'il le souhaite.

SG PRÉPARATION 5 min / CUISSON 20 min (+ 1 h de repos)

Cheesecake vegan à la vanille

Cette recette a été publiée le jour du cinquième anniversaire de ma chronique végétalienne pour le journal *The Guardian*. Et, humour *bristish*, vous pouvez me taper avec un poulet (en caoutchouc) si vous ne pensez pas que c'est l'une des meilleures que j'ai écrites jusqu'à présent. Tout cela grâce aux progrès des produits végétaliens qui remplacent les produits laitiers – qui sont désormais meilleurs que jamais – et à l'aide d'un lecteur, le chef Matthew Sogorsk. Il a remarqué que j'avais du mal à dompter certains ingrédients et il est venu à ma rescousse. Il ne s'agit donc pas seulement d'un cheesecake vegan. C'est aussi une célébration du chemin parcouru par la cuisine végétalienne et une bonne part d'optimisme vanillé pour son avenir.

NOTE Vous devrez commencer cette recette la veille ou le matin même de votre dîner. Tous les « cream cheese » végétaliens ne conviennent pas pour cette recette. Il vous faudra impérativement utiliser un « fromage » à base de noix de coco et de soja, comme le Sheese de Bute Island® ou le crémeux original de Violife®. Vous aurez également besoin d'un moule à gâteau démontable de 20 cm de diamètre et d'un robot de cuisine.

POUR 8 PERSONNES

- **100 g de noix décortiquées**
- **100 g de pistaches décortiquées**
- **30 g de « beurre » doux végétal (ou de margarine),** *fondu*
- **2 c. à soupe de sirop d'agave ou de riz**
- **⅛ de c. à café de sel**
- **750 g de « cream cheese » végétal** *(voir note ci-dessus)*
- **1 paquet de 300 g de tofu soyeux,** *égoutté*
- **150 ml de préparation culinaire végétale épaisse (type crème fraîche épaisse)**
- **200 g de sucre en poudre**
- **1 c. à café de gousses de vanille moulues ou 1½ c. à café d'extrait de vanille**
- **3 c. à soupe de Maïzena® (30 g)**
- **1 citron,** *zesté*

Préchauffez le four à 220 °C (th. 7) ou 200 °C (th. 6) à chaleur tournante. Découpez un carré de 38 cm dans une feuille de papier cuisson. Froissez-le en boule, passez-le sous l'eau, puis défroissez-le et le secouez-le. Placez-le dans un moule à gâteau démontable de 20 cm de diamètre. Applatissez-le contre les parois, puis pressez-le vers le fond du moule et vers le haut du rebord.

Placez les noix et pistaches et le beurre fondu dans un robot de cuisine, ajoutez le sirop d'agave et le sel, puis réduisez en miettes grossières (ne travaillez pas le mélange trop longtemps, il se transformerait en beurre de noix). Versez le mélange obtenu dans le moule, en raclant bien les parois du robot, puis utilisez le dos d'une cuillère à soupe pour le presser uniformément sur toute la base du moule.

Déposez le « cream cheese », le tofu, la préparation culinaire végétale, le sucre, la vanille, la Maïzena® et le zeste de citron dans le bol du robot. Mixez jusqu'à obtenir une consistance lisse. Versez le tout sur la base de noix de manière uniforme, puis enfournez 50 min (tournez le moule à mi-cuisson). Au bout de ce temps, le cheesecake doit présenter des taches noircies sur le dessus et une légère ondulation.

Retirez, laissez refroidir à température ambiante, puis réfrigérez au moins 5 h (ou 1 nuit), jusqu'à ce que le cheesecake soit bien froid. Coupez des parts et servez.

V/SG PRÉPARATION 5 min / CUISSON 1 h 10 (+ 5 h pour refroidir)

Glace au bubble tea

D'aussi loin que je me souvienne, mon dessert coup-de-baguette-magique a toujours été composé d'une bonne crème glacée à la vanille accompagnée d'une myriade de petits bols (fruits découpés, chocolats et vermicelles en sucre) pour que mes invités se servent eux-mêmes. Cette recette est encore meilleure grâce aux perles de boba (ou perles de fruits), merveilles taïwanaises au sucre brun. Il s'agit ici encore d'une bonne glace achetée dans un magasin, mais avec une touche très chic et juste un petit soupçon d'effort.

NOTE Le sirop de thé et les perles de boba se préparent en 5 min. Vous pouvez le faire plusieurs heures à l'avance, mais veillez à les laisser hors du réfrigérateur jusqu'au moment de servir (les perles de boba ont tendance à durcir quand elles sont réfrigérées). Veillez également à acheter des boba instantanées/rapides à préparer, vous les trouverez en supermarchés asiatiques et en ligne (voir page 310).

POUR 4 PERSONNES

3 sachets de thé noir fort *(j'aime le thé noir Assam)*
150 g de sucre roux, *plus 1 c. à café*
40 g de cacahuètes salées
120 g de perles boba instantanées
50 cl de bonne glace à la vanille végétale ou laitière

Pour préparer le sirop de thé, placez 15 cl d'eau dans une petite casserole à feu moyen, puis portez à ébullition. Éteignez le feu, laissez infuser les sachets de thé 4 min, puis, au moment de les retirer, pressez-les doucement (mais fermement) pour extraire autant de liquide que possible. Ajoutez alors 150 g de sucre, remuez pour le dissoudre, puis portez de nouveau à ébullition 3 à 4 min sur feu moyen (ou jusqu'à ce que de grosses bulles brillantes commencent à se former et à remonter dans la casserole). Éteignez le feu et laissez refroidir complètement.

Placez les cacahuètes et 1 c. à café de sucre dans un mortier et réduisez-les en poudre fine à l'aide du pilon (vous pouvez aussi utiliser un mixeur). Laissez de côté.

Faites cuire les perles de boba selon les instructions figurant sur l'emballage. Égouttez-les dans une passoire et rincez-les sous l'eau froide jusqu'à ce qu'elles refroidissent, puis égouttez-les à nouveau le mieux possible. Déposez-les dans un récipient muni d'un couvercle hermétique. Versez 2 c. à soupe de sirop refroidi, placez le couvercle sur le récipient et laissez reposer à température ambiante jusqu'au moment de servir.

Pour servir, placez 1 à 2 boules de crème glacée dans chaque bol. Versez 1 c. à soupe de sirop de thé (ou suffisamment pour couvrir la glace) sur chaque portion. Saupoudrez chaque bol de 1 c. à soupe de cacahuètes moulues, puis déposez ¼ des perles de boba à l'aide d'une écumoire tout autour de la crème glacée.

OV/SG PRÉPARATION 5 min / CUISSON 30 min

Le succulent gâteau coco-cardamome de Matai

La noix de coco et la cardamome ont des saveurs très indiennes, mais ce gâteau est en fait danois. Je l'ai mangé pour la première fois chez *Creamo's*, la fantastique boutique de glaces de Matai Jowitt à Ashburton, dans le Devon (en Angleterre). Il était servi imbriqué dans une glace. J'ai ensuite évidemment harcelé Matai pour qu'il me donne sa recette. Et il m'a envoyé une liste d'ingrédients écrite à la main avec quelques instructions, mais pas toutes – comme un genre de défi entre chefs. Et voilà le résultat : ce magnifique gâteau. Ce que j'adore surtout dans ce gâteau, c'est sa garniture gourmande au caramel de noix de coco, croustillante et fondante à la fois, qui se forme lentement au four et se fissure pour révéler la superbe génoise vanille-cardamome.

NOTE Pour cette recette, vous aurez besoin d'un moule à gâteau de 22 cm de diamètre ainsi que d'un batteur électrique.

POUR 10 À 12 PERSONNES

le gâteau

75 g de beurre doux, *plus un peu pour graisser le moule*
15 cl de lait entier
1 c. à café de pâte de vanille
1 citron vert, *zesté*
3 gros œufs
225 g de sucre en poudre
225 g de farine ordinaire
2 c. à café de levure chimique
¾ de c. à café de cardamome moulue
½ c. à café de sel

le nappage à la noix de coco

115 g de beurre doux
7,5 cl de lait entier
250 g de sucre roux
1 c. à café de cardamome moulue
150 g de noix de coco déshydratée

pour servir

30 cl de crème fraîche épaisse
1 c. à café de pâte de vanille
1 citron vert

Préchauffez le four à 200 °C (th.6) ou 180 °C (th.6) à chaleur tournante. Découpez un cercle assez large dans du papier cuisson pour tapisser la base d'un moule à gâteau de 22 cm de diamètre, ainsi qu'une longue bande pour entourer le rebord intérieur, assez large pour dépasser du haut du moule de 3 cm. Graissez le moule, tapissez-le de papier cuisson, puis mettez-le de côté.

Faites fondre le beurre pour le gâteau dans une petite casserole, puis laissez refroidir 3 min. Ajoutez ensuite le lait, la pâte de vanille et le zeste de citron vert. Mélangez et laissez de côté. Déposez les œufs et le sucre dans un saladier, mélangez au batteur électrique jusqu'à ce que la préparation blanchisse, épaississe et obtienne une texture crémeuse. Tamisez ensuite la farine, la levure et la cardamome dans un saladier. Mélangez bien, puis incorporez le mélange d'œufs et de sucre, puis celui de lait et de beurre. Mélangez à nouveau jusqu'à obtention d'une pâte homogène. Versez-la dans le moule et enfournez 30 min.

Pendant ce temps, préparez le nappage à la noix de coco. Mettez tous les ingrédients (à l'exception de la noix de coco râpée) dans une petite casserole. Portez à ébullition et laissez bouillir pendant 1 min, puis retirez du feu. Au bout de 25 min de cuisson, c'est-à-dire 5 min avant de sortir le gâteau du four, remettez la casserole du nappage sur le feu, jusqu'à ce qu'il soit fin et liquide. Retirez du feu et ajoutez la noix de coco râpée.

Sortez le gâteau du four (mais laissez le four allumé). Il doit avoir une texture tremblotante et avoir commencé à prendre une couleur dorée sur le dessus. Déposez délicatement le nappage sur le gâteau de manière uniforme (en prenant soin de ne pas appuyer sur le gâteau). Remettez au four 25 min supplémentaires. Sortez-le du four et laissez votre gâteau refroidir complètement avant de le démouler et de le décorer.

Au moment de servir, placez la crème et la pâte de vanille dans un bol. Fouettez à l'aide d'un batteur électrique jusqu'à obtenir un bec d'oiseau. Déposez délicatement ce nouveau nappage sur votre gâteau, râpez le zeste de citron vert sur le dessus, puis servez.

PRÉPARATION 5 min / CUISSON 1 h 15 (+ le temps de refroidir)

Pancakes 1 000 trous aux cacahuètes et au chocolat

Après plusieurs décennies sur Terre, je pensais tout savoir sur les pancakes – jusqu'à ce que je découvre les martabak manis sur un marché ambulant de Singapour. Ces pancakes sont le rêve ultime des amateurs de crumpets : un pancake géant, sucré, croustillant et moelleux avec un millier de trous profonds prêts à être saturés de beurre ou, dans ce cas, de chocolat et de cacahuètes salées. Cette recette est tellement délicieuse qu'elle s'est depuis imposée comme une sérieuse concurrente à la recette de pancakes du week-end déjà en place chez les Sodha.

NOTE Il s'agit d'une recette à base de levure, il faut donc prévoir 1 h pour que le mélange prenne.

POUR 2 GRANDS PANCAKES
(4 personnes)

la pâte à pancake
30 cl de boisson végétale à l'avoine
240 g de farine ordinaire
½ c. à café de sel
1 c. à café de poudre à levée rapide
4 c. à café de vinaigre de cidre
½ c. à café de bicarbonate de soude
huile de colza, *pour rissoler*

la garniture
2 c. à soupe de sucre en poudre
2 c. à soupe de « beurre » végétal
1 carré de chocolat noir végétal (10 g), *râpé*
1 grosse poignée de cacahuètes salées, *finement hachées*

Si la boisson à l'avoine a été conservée au réfrigérateur, réchauffez-la à une température d'environ 37 °C (la température de votre corps), soit au micro-ondes, soit dans une petite casserole.

Dans un saladier, mélangez la farine, le sel, la levure et la boisson à l'avoine. Fouettez bien à l'aide d'une cuillère (le but est ici de développer un peu de gluten), puis réservez 1 h pour que la levure s'active et que le mélange double (à peu près) de volume.

Une fois l'heure écoulée, mélangez le vinaigre et le bicarbonate de soude dans un bol, puis incorporez-les au mélange précédent.

Versez ½ c. à café d'huile dans une crêpière ou une poêle antiadhésive munie d'un couvercle. Placez-la sur feu moyen, puis penchez-la pour répartir l'huile sur toute sa surface.

Une fois chaude, versez la moitié de la pâte dans la poêle, en utilisant une cuillère en bois pour former une couche uniforme. Laissez cuire 5 min, en surveillant le dessous pour éviter qu'il ne noircisse trop vite. Si c'est le cas, baissez le feu. Des centaines de petites bulles devraient apparaître à la surface. Lorsque les trous sont bien distincts et ouverts, répartissez la moitié du sucre sur le dessus du pancake, puis placez le couvercle.

Au bout de 1 min, une fois que le sucre aura fondu, retirez le pancake et, pendant qu'il est encore chaud, tartinez-le avec la moitié du « beurre ». Répartissez la moitié du chocolat, puis la moitié des cacahuètes. Répétez l'opération pour le second pancake. Pour servir de manière traditionnelle, pliez les pancakes en 2, coupez-les en 4 et dégustez-les. Sinon, coupez-en des parts et engloutissez-les.

V PRÉPARATION 10 min / CUISSON 10 min (plus 1 h pour la levée)

Riz collant thaï à la mangue

Ma relation avec les mangues peut être divisée en 2 parties : avant que je ne mange pour la première fois du riz gluant thaï à la mangue, et après. Avant, je me considérais comme une puriste de la mangue et je pensais qu'aucun plat ne pouvait rivaliser avec une mangue Alphonso fraîchement sortie de son carton. Mais je me trompais. Le mariage entre une noix de coco laiteuse et sucrée, et un riz gluant est tout à fait extraordinaire. Et il sait surtout faire ressortir les notes les plus ensolleillées de n'importe quelle mangue. Ce plat est un pur bonheur, alors cuisinez-le tant que vous le pouvez (c'est-à-dire pendant la saison des mangues, d'avril à juillet).

NOTE Un cuiseur vapeur en bambou bon marché est ici essentiel. Vous aurez également besoin d'un torchon fin et propre, ou d'une mousseline pour cuire le riz à la vapeur. N'oubliez pas de réserver 30 min pour faire tremper le riz avant de le cuire.

POUR 4 PERSONNES

200 g de riz gluant ou de riz collant thaï
1 boîte de 40 cl de lait de coco *(de minimum 65 % d'extrait de coco)*
2 c. à soupe de sucre en poudre
¼ de c. à café de sel
4 mangues de variété Alphonso, *(ou Honey, ou Kesar)*
1 citron vert, *coupé en 4*

Déposez le riz dans un saladier et couvrez-le d'eau. Remuez-le à la main jusqu'à ce que l'eau devienne trouble. Égouttez-le, puis répétez l'opération jusqu'à ce que l'eau soit claire. Égouttez-le à nouveau, puis placez-le dans un saladier, couvrez-le d'eau chaude, et laissez-le tremper 30 min. Placez la boîte de lait de coco au congélateur jusqu'à ce que vous en ayez besoin.

Une fois les 30 min écoulées, égouttez le riz une dernière fois. Étalez un torchon fin dans le fond du panier supérieur d'un cuiseur vapeur en bambou, en faisant ressortir les coins de chaque côté. Placez le riz à l'intérieur, puis égalisez-le en une fine couche du bout des doigts. Rabattez et enroulez les côtés du torchon au-dessus du riz et placez le couvercle du cuiseur.

Prenez une poêle suffisamment grande pour pouvoir y placer le cuit-vapeur. Remplissez-la de 3 cm d'eau, mettez-la sur le feu, portez à ébullition, puis baissez à feu très doux. Placez enfin le cuiseur dans l'eau avec précaution. Faites cuire 20 à 25 min, ou jusqu'à ce que le riz soit tendre, en ajoutant de l'eau dans la poêle si nécessaire.

Pendant la cuisson du riz, préparez la crème de coco. Sortez le lait de coco du congélateur (sans secouer la boîte) et versez 20 cl dans une petite casserole (complétez avec de l'eau de coco si besoin – et gardez le reste de l'eau de coco pour des smoothies). Ajoutez le sucre et le sel, mélangez et portez à ébullition, puis retirez du feu.

Épluchez les mangues et coupez les « joues » de chacune d'elles pour en obtenir 4, puis coupez-les finement.

Une fois le riz cuit, déballez le torchon avec précaution car la vapeur sera très chaude. Versez le riz dans un bol avec presque toute la crème de coco (réservez-en 4 c. à soupe pour l'accompagnement). Mélangez à l'aide d'une fourchette, puis couvrez et réservez pour laisser au riz le temps d'absorber la crème.

Pour servir, répartissez le riz en de jolies montagnes dans 4 bols. Déposez les morceaux de mangue, arrosez d'un peu de jus de citron vert, puis surplombez de 1 c. à soupe de crème de coco réservée.

V/SG PRÉPARATION 5 min / CUISSON 40 min (+ 1h de trempage)

Matcha mochi cakes et croquants au sésame

Les mochi cakes au beurre, comme ceux de cette recette, sont originaires d'Hawaï. Si les Japonais et les Chinois ont des desserts moelleux similaires, personne d'autre dans le monde (à ma connaissance), n'utilise la combinaison unique de beurre fondu et de lait de coco dans ses recettes. La cuisson du gâteau se fait typiquement dans un seul moule, ce qui donne des carrés denses, collants et moelleux. Je préfère les cuire dans des moules à muffins pour donner à chaque petit gâteau une glorieuse croûte dorée sur plusieurs côtés ainsi qu'un cœur de mochi bien centré. Un vrai délice des îles du Pacifique.

NOTE Pour cette recette, vous devrez acheter de la farine de riz gluant, disponible en supermarchés asiatiques et en ligne (voir page 310). Vous aurez également besoin d'un moule à muffins à 12 empreintes.

POUR 12 MOCHI CAKES

50 g de beurre doux, *plus un peu pour graisser le moule*
250 g de farine de riz gluant
1 c. à café de levure chimique
½ c. à café de sel
1½ c. à soupe de matcha en poudre
200 g de sucre en poudre
2 gros œufs
2 c. à café de pâte de vanille
1 boîte de 40 cl de lait de coco

pour décorer
20 g de graines de sésame *(j'utilise des graines blanches et noires, mélangées)*
1 c. à soupe de sucre en poudre
1 pincée de sel
100 g de chocolat blanc, *finement haché*

Préchauffez le four à 200 °C (th. 6) ou 180 °C (th. 6) à chaleur tournante. À l'aide d'un pinceau à pâtisserie, graissez le moule à muffins avec du beurre doux.

Déposez la farine, la levure, le sel et le matcha dans un saladier et fouettez le tout. Dans un bol résistant à la chaleur, faites fondre le beurre au micro-ondes par tranches de 10 sec. Laissez refroidir quelques minutes, puis transférez-le dans un autre saladier, avec le sucre et les œufs. Fouettez environ 3 min, jusqu'à ce que le mélange devienne pâle. Ajoutez la pâte de vanille avec le lait de coco et fouettez à nouveau. Versez les liquides dans le mélange sec, puis fouettez jusqu'à obtenir une pâte homogène. Répartissez uniformément la pâte dans le moule. Secouez doucement le moule pour égaliser et éliminer les bulles d'air.

Enfournez 30 min, puis tournez le moule et faites cuire 20 min supplémentaires. Vérifiez la cuisson : la pointe d'un couteau insérée au cœur d'un mochi cake doit ressortir immaculée (si ce n'est pas le cas, faites cuire 5 min supplémentaires). Une fois le moule suffisamment refroidi pour être manipulé, démoulez les mochi cakes un à un avec précaution. Placez-les sur une grille et laisser refroidir.

Placez les graines de sésame dans une petite poêle antiadhésive, ajoutez le sucre avec 1 c. à soupe d'eau et 1 pincée de sel. Mettez la poêle sur feu entre doux et moyen et remuez : l'eau doit s'évaporer et les graines s'agglomérer. Remuez 6 min, jusqu'à ce que les graines commencent à sécher et à se séparer. Versez-les dans une assiette et laissez refroidir.

Placez le chocolat blanc dans un bol résistant à la chaleur. Faites fondre par tranches de 20 sec au micro-ondes, en remuant à chaque fois, jusqu'à ce que presque tous les morceaux soient fondus (le reste fondra sous l'effet de la chaleur résiduelle). Placez les mochi cakes refroidis sur un plat de présentation (ou du papier cuisson) et arrosez-les de chocolat blanc à l'aide d'une cuillère. Brisez le croquant aux graines de sésame en morceaux réguliers, puis déposez-en sur chaque cake. Attendez que le glaçage au chocolat blanc prenne, puis dévorez. Les mochi cakes sont meilleurs lorsqu'ils sont consommés le jour même, mais ils peuvent se conserver jusqu'à 3 jours dans une boîte hermétique.

Photos sur les pages suivantes

SG PRÉPARATION 5 min / CUISSON 1 h 20 (+ le temps de refroidir)

Extras bonus/ bonus extras

Vous trouverez ici tous les accompagnements indispensables pour donner à votre dîner l'éclat qu'il mérite. J'ai sélectionné certaines de ces recettes dans mes archives afin de vous accompagner vous aussi dans l'élaboration de votre repas.

Les riz

Cuire à la vapeur ou faire bouillir ? Peu importe votre choix, il est surtout important de faire cuire votre riz avant de vous lancer dans la confection du plat principal. Le riz conserve sa chaleur pendant 1 h dans une casserole bien couverte et il peut facilement être réchauffé au micro-ondes s'il est froid. Pour ce faire, mettez-le dans un récipient résistant à la chaleur, versez un peu d'eau, couvrez d'une assiette et faites chauffer par tranches de 30 sec, en remuant à chaque fois, jusqu'à ce qu'il soit bien chaud.

Revenons-en au débat : je préfère cuire mon riz à la vapeur car cela lui permet d'absorber une quantité précise d'eau et de préserver tous les arômes que vous souhaitez lui ajouter. Mais faites comme bon vous semble si vous préférez la cuisson à l'eau.

Riz parfumé au jasmin

C'est un riz idéal pour vos repas de tous les jours, car il n'a pas besoin de tremper. Il suffit de le rincer dans une passoire sous l'eau froide jusqu'à ce qu'elle soit claire, de l'égoutter et de le mettre directement dans une casserole – ce qui est parfait pour les dîners en semaine.

Nb de portions	Riz	Eau / cuisson vapeur
Pour 2	175 g	30 cl fraîchement bouillie
Pour 4	350 g	60 cl fraîchement bouillie

Préparation : placez le riz dans une passoire et lavez-le soigneusement en l'agitant à la main jusqu'à ce que l'eau soit claire.

Cuisson vapeur : placez le riz égoutté dans une casserole munie d'un couvercle hermétique, avec l'eau fraîchement bouillie (voir les quantités ci-dessus). Portez de nouveau à ébullition, placez le couvercle, puis baissez à feu très doux. Faites cuire 15 min, puis retirez du feu et laissez la cuisson se terminer à la vapeur 5 à 10 min supplémentaires, couvercle bien en place.

Cuisson à l'eau : placez le riz égoutté dans une grande casserole et recouvrez-le d'une grande quantité d'eau fraîchement bouillie. Portez à nouveau à ébullition, laissez mijoter 15 min, ou jusqu'à ce que le riz soit tendre, puis égouttez.

Riz basmati

J'aime les grains élégants, longs et fins du basmati. Leur odeur et leur goût me rappelleront toujours la maison. Il a juste besoin d'un peu plus d'attention que le riz parfumé au jasmin.

Nb de portions	Riz	Eau / cuisson vapeur
Pour 2	175 g	30 cl fraîchement bouillie
Pour 4	350 g	60 cl fraîchement bouillie

Préparation : placez le riz basmati dans un bol, couvrez-le d'eau et agitez-le avec les mains jusqu'à ce que l'eau devienne trouble. Égouttez-le, puis répétez l'opération jusqu'à ce que l'eau soit claire (pour éliminer l'excès d'amidon et ainsi obtenir un riz basmati moelleux). Faites ensuite tremper le riz 10 min dans de l'eau chaude (mais pas brûlante) ou 20 min dans de l'eau froide, et égouttez-le à nouveau.

Cuisson vapeur : placez le riz égoutté dans une casserole munie d'un couvercle hermétique avec l'eau fraîchement bouillie (voir les quantités ci-dessus). Portez à ébullition, placez le couvercle, puis baissez à feu très doux. Faites cuire 10 min, retirez du feu et laissez la cuisson se terminer à la vapeur 10 min supplémentaires, couvercle bien en place.

Cuisson à l'eau : placez le riz égoutté dans une casserole et recouvrez-le d'une grande quantité d'eau fraîchement bouillie. Portez à nouveau à ébullition, laissez mijoter 10 à 12 min, ou jusqu'à ce que le riz soit tendre. Couvrez et laissez reposer 5 à 10 min.

Riz rond ou riz à sushi

Ce riz est populaire en Corée, en Thaïlande et au Japon. Ses grains courts et trapus ont une texture délicieusement moelleuse et s'accrochent les uns aux autres grâce à l'amidon qu'ils renferment – ce qui permet de les manger avec des baguettes. J'aime servir ce riz en utilisant l'astuce du bol renversé pour former un petit monticule garni de tofu frit ou de sambal, ou entaillé avec le dos d'une cuillère pour y loger un jaune d'œuf mariné au soja.

Nb de portions	Riz	Eau / cuisson vapeur
Pour 2	175 g	20 cl à température ambiante
Pour 4	350 g	40 cl à température ambiante

Préparation : placez le riz dans une casserole de taille moyenne munie d'un couvercle hermétique et couvrez-le d'eau tiède. Agitez-le à la main jusqu'à ce que l'eau devienne trouble. Égouttez-le, puis répétez l'opération jusqu'à ce que l'eau soit claire. Couvrez-le d'eau tiède, laissez-le tremper 5 min, puis égouttez-le à nouveau.

Cuisson : remettez le riz égoutté dans la casserole avec la bonne quantité d'eau (voir les quantités ci-dessus). Placez le couvercle, portez à ébullition, puis baissez à feu très doux et laissez cuire 10 min. Retirez du feu et laissez la cuisson se terminer à la vapeur 10 min supplémentaires, couvercle bien en place.

Les pains

Faire son propre pain sera toujours meilleur (et plus thérapeutique) que de l'acheter, mais je porte ici le flambeau des dîners rapides et faciles à préparer. Je vais donc vous rappeler que de nombreux supermarchés (asiatiques ou non) proposent une grande variété de pains précuits au four. Vous trouverez des chapatis au rayon pain de la plupart des grandes surfaces, et des parathas, aloo parathas et baos surgelés en épiceries et supermarchés asiatiques. Il est généralement possible de les congeler et vous pouvez les faire cuire au micro-ondes ou à la poêle, selon vos besoins. Une fois cuits, enveloppez-les dans du papier d'aluminium puis dans un torchon propre pour les garder au chaud.

Pour les autres pains du livre, voir le paratha rapide page190, les tatties rötis page 188 et les röti thaïs croustillants au chocolat salé page 286.

Les pains plats de Ben V

Ces pains plats rapides à faire et délicieusement moelleux sont l'œuvre de Ben Benton (« Ben Benton a encore frappé », page 36). Si vous n'utilisez pas toute la pâte en une seule fois, attendez qu'elle lève, puis découpez tous les pains plats. Superposez ceux

que vous ne mangerez pas entre des feuilles de papier cuisson et placez-les dans une boîte de conservation avant de les mettre au congélateur. Vous pourrez ensuite directement les cuire, sans les décongeler au préalable.

POUR 8 PAINS PLATS

1 paquet de 7 g de levure sèche
27 cl d'eau chaude *(mais pas brûlante)*
500 g de farine blanche, *plus un peu pour saupoudrer*
1 c. à café de sel

Déposez la levure dans un petit bol ou bocal, versez environ 1½ c. à soupe d'eau chaude, puis mélangez jusqu'à ce que la consistance soit homogène. Placez la farine et le sel dans un saladier et mélangez avant d'incorporer le mélange de levure avec le reste de l'eau. Mélangez le tout à la main ou à l'aide d'une cuillère en inox jusqu'à ce que tout le liquide soit incorporé, mais que le mélange soit encore grumeleux. Réservez 10 min.

Une fois les 10 min écoulées, reprenez la pâte et pétrissez-la 5 min, ou jusqu'à ce qu'elle soit lisse et élastique. Formez alors 8 boules d'environ 90 g chacune. Placez-les sur un plan de travail ou un plateau, puis couvrez-les d'un torchon propre et laissez-les lever 5 min.

Pour faire cuire vos pains plats, vous pouvez les mettre au four, ou utiliser une poêle à fond épais ou en fonte.

Si vous optez pour le four, commencez par le préchauffer à sa température maximale, 260 °C (th. 8) à chaleur tournante. Placez 2 grilles tout en haut du four, puis recouvrez 2 plaques à four de papier cuisson. Pendant que le four chauffe, étalez vos boules de pâte en pains plats d'environ 16 cm de diamètre (veillez à saupoudrer la surface d'un peu de farine pour éviter qu'ils ne collent). Placez deux pains plats sur chaque plaque, côte à côte, et faites cuire au four 3 à 5 min, jusqu'à ce que la pâte soit entièrement cuite.

Si vous utilisez plutôt une poêle, faites-la chauffer à feu moyen jusqu'à ce qu'elle soit très chaude, puis faites cuire les pains plats à la poêle 3 à 5 min, en veillant à les retourner à mi-cuisson.

Naans « Oreille d'éléphant » à l'ail

Cette recette se base sur la recette de naans de tata Harsha, que j'ai adaptée pour mon livre *Fresh India* en y ajoutant du beurre d'ail. Elle a reçu 2 097 notes cinq étoiles sur le site web du *New York Times*. Go, tata Harsha, go !

POUR 4 GRANDS NAANS
(à partager entre 6 à 8 personnes)

500 g de farine boulangère blanche, *plus un peu pour saupoudrer*
huile de colza
4 c. à soupe de yaourt au lait entier
1 paquet de 7 g de levure sèche
2 c. à café de sucre en poudre
sel
1 c. à café de levure chimique
27,5 cl de lait entier chaud *(mais pas brûlant)*
110 g de beurre doux
4 gousses d'ail, *écrasées*
1 c. à café de graines de nigelle, *pour saupoudrer*

Mettez la farine dans un saladier. Creusez un puits, versez-y 2 c. à soupe d'huile puis ajoutez le yaourt, la levure, le sucre, 2 c. à café de sel et la levure chimique. Mélangez avec les doigts jusqu'à obtenir une pâte fine, puis incorporez le lait chaud.

Pétrissez le mélange sur une surface propre et bien farinée. Au début, la pâte sera très collante, plutôt molle mais assez solide. Pétrissez environ 5 min, puis formez une boule. Retirez la pâte sur vos mains en les grattant à l'aide d'une cuillère (la meilleure méthode à mes yeux jusqu'à ce jour), puis frottez doucement la pâte avec 1 c. à café d'huile sur toute sa surface avant de la laisser reposer.

Transférez-la dans un saladier suffisamment grand pour qu'elle puisse y doubler de volume. Couvrez-la d'un torchon propre ou de film alimentaire et laissez-la reposer dans un endroit chaud pendant au moins 1 h : maman utilise le placard d'aération du chauffe-eau, un élément de mobilier très répandu en Angleterre ; et moi, je la place dans mon four chauffé à 110 °C (th. 3) ou 100 °C (th. 3) à chaleur tournante pendant 10 min, puis éteint.

Passons au beurre d'ail. Placez le beurre dans une petite casserole à feu entre doux et moyen. Une fois fondu, ajoutez l'ail avec quelques grosses pincées de sel. Laissez cuire 5 min, puis retirez du feu et laissez de côté.

Une fois que la pâte aura levé, préchauffez le four à 240 °C (th. 8), ou 220 °C (th. 7) à chaleur tournante. Séparez la pâte en 4 morceaux, remettez-en 3 dans le bol et couvrez-les à nouveau pendant que vous roulerez et ferez cuire le premier. Pour ce faire, commencez par rouler la pâte en boule et aplatissez-la entre vos mains. Prenez un rouleau à pâtisserie pour l'étaler en une forme vaguement triangulaire ressemblant à une oreille d'éléphant d'environ 25 cm de long (ajoutez un peu d'huile si nécessaire).

Enfournez une fine plaque à four légèrement huilée pendant 5 min. Une fois chaude, déposez-y votre naan, puis saupoudrez-le de graines de nigelle. Enfournez 5 min en plaçant la plaque sur la grille supérieure du four. Retirez enfin le naan (il devrait être doux, moelleux et bien cuit, sans aucune trace de pâte crue), puis badigeonnez-le ou arrosez-le de beurre d'ail. Répétez l'opération avec les 3 autres naans. Vous pouvez créer un nid en papier d'aluminium pour les garder bien au chaud. Retenez-vous surtout de les manger avant de les servir à vos convives !

Les chapatis de maman *V*

NOTE : Si vous n'avez pas besoin de 12 chapatis, vous pouvez tout à fait réduire les proportions de moitié ou de ¾. J'en fais habituellement 2 par personne.

POUR 12 CHAPATIS (4 à 6 personnes)

450 g de farine atta, ou 225 g de farine complète et 225 g de farine ordinaire (plus un peu pour saupoudrer)
½ c. à café de sel
huile de colza
30 cl d'eau chaude *(mais pas brûlante)*

Déposez la farine dans un saladier. Ajoutez le sel et mélangez. Creusez un puits au milieu, ajoutez 3 c. à soupe d'huile et mélangez avec les doigts jusqu'à obtenir une pâte fine comme de la chapelure. Versez 25 cl d'eau, puis ajoutez le reste petit à petit – il se peut que vous n'ayez pas besoin de toute l'eau – jusqu'à ce que vous puissiez pétrir le mélange en une pâte souple et flexible (ce qui peut prendre jusqu'à 8 min).

Frottez légèrement la pâte avec 1 c. à café d'huile (pour qu'elle ne sèche pas) et mettez-la de côté. Farinez un plan de travail, puis préparez un bol de farine dans lequel vous tremperez les boules de pâte ; une spatule (ou une presse à chapatis) ; ainsi qu'une assiette pour vos chapatis une fois cuits. Quand tout est prêt, divisez la pâte en 16 morceaux, puis placez une poêle antiadhésive sur feu entre moyen et élevé.

Prenez un premier morceau de pâte, roulez-le en boule entre vos mains et enduisez-le généreusement de farine. Aplatissez-le et étalez-le en un disque d'environ 10 cm de diamètre. Recouvrez-le légèrement de farine sur les 2 côtés, puis étalez-le à nouveau jusqu'à ce qu'il atteigne environ 16 cm de diamètre. Placez-le enfin dans la poêle chaude.

Attendez que ses bords blanchissent et que le chapati commence à faire des bulles (cela devrait prendre 30 à 40 sec), puis retournez-le et faites-le cuire de l'autre côté pendant la même durée. Retournez-le à nouveau (il devrait commencer à gonfler, pressez-le donc doucement vers le bas à l'aide du côté plat de votre spatule). Laissez cuire environ 10 sec, puis retournez-le une dernière fois pour faire de même de l'autre côté.

Vérifiez que la pâte est entièrement cuite (toute partie non cuite aura un aspect sombre et pâteux), puis placez-le dans l'assiette prévue à cet effet. Couvrez-le ensuite d'un torchon ou enveloppez-le dans du papier d'aluminium pour le garder bien au chaud. Répétez l'opération pour les chapatis suivants.

De nombreuses femmes indiennes dominent l'art d'étaler un nouveau chapati pendant le temps exact de cuisson du précédent, en ayant les yeux sur les 2 galettes à la fois. Un petit exploit d'efficacité plutôt gratifiant. Mais gardez bien en tête que beaucoup de chapatis brûlés ont été sacrifiés pour y parvenir. Alors ne vous en faites pas si vous n'y parvenez pas au début.

Les pickles, chutney et autres délices

Un certain nombre de pickles et de sauces pour tremper sont disséminés dans le livre – par exemple, le yaourt au citron vert (page 140), les oignons marinés (page 181), les pickles de navets (page 50) et les concombres marinés à la taïwanaise (page 271) – mais en voici d'autres dont je ne pourrais pas non plus me passer.

Pickles de citrons rapides à la poêle

V/SG

POUR 4 PERSONNES

2 citrons
huile de colza
½ c. à café de graines de moutarde noire
1 gousse d'ail, *finement tranchée*
1 piment rouge, *finement haché*
sel

Commencez par couper les extrémités de 1 de vos 2 citrons. Coupez-le en 4, puis prenez votre couteau le plus aiguisé pour couper chaque quartier en tranches très fines (veillez à éliminer les pépins). Placez ensuite les tranches dans un bol et recouvrez-les du jus de l'autre citron.

Versez 2 c. à soupe d'huile dans une poêle munie d'un couvercle à feu très doux. Déposez les graines de moutarde et l'ail. Une fois que l'ail sera d'une teinte dorée pâle, ajoutez le piment, les tranches de citron avec le jus de citron ainsi que ½ c. à café de sel. Mélangez, couvrez et laissez cuire 5 min. Retirez le couvercle et faites cuire 5 min supplémentaires, jusqu'à ce que l'huile commence à se séparer des citrons. Retirez du feu et laissez refroidir. Ces pickles peuvent se conserver jusqu'à une semaine au réfrigérateur, dans un récipient ou un bocal hermétique.

Chutney à la coriandre de la famille Sodha

V/SG

POUR 1 PETIT POT

100 g de coriandre fraîche, *tiges épaisses retirées*
60 g de cacahuètes salées
2 piments verts longs, *hachés*
4 c. à café de sucre roux
4 c. à soupe de jus de citron *(2 citrons)*
2 c. à soupe d'huile de colza
1 c. à café de sel

Lavez les feuilles de coriandre (même si elles proviennent d'un sachet, il est toujours utile de les laver, car elles se mélangeront plus facilement) et hachez-les grossièrement. Placez-les dans un mixeur, puis ajoutez le reste des ingrédients avec 2 c. à soupe d'eau. Mixez, raclez les parois (et ajoutez 1 autre c. à soupe d'eau si nécessaire). Goûtez pour vérifier que le chutney est aussi salé, sucré et piquant que vous le souhaitez. Vous pouvez le conserver jusqu'à 1 semaine au réfrigérateur, dans un petit bocal hermétique.

Chutney au piment frais

V/SG

Ce chutney apporte une chaleur vive, fraîche et piquante à tout ce qu'il touche. Il est préférable de le consommer immédiatement, mais il peut être conservé au réfrigérateur dans un récipient ou un bocal hermétiquement fermé pendant quelques jours.

POUR 4 PERSONNES (pour 1 petit pot)

4 piments rouges doux (60 g), *hachés*
1 morceau de gingembre de 3 cm , *haché*
3 gousses d'ail, *hachées*
½ c. à café de sel
1½ c. à café de sucre en poudre
2 c. à café d'huile de sésame grillé
1½ c. à soupe de jus de citron vert *(1 citron vert)*
2 c. à café de vinaigre de riz

Mettez tous les ingrédients dans un mixeur (de préférence de petite taille comme le blender Nutribullet®), puis mixez jusqu'à obtention d'une sauce lisse.

Raïta au concombre et à la menthe OV/SG

Un excellent accompagnement pour n'importe quel curry ou subji indien. Convient aussi tout à fait pour accompagner des pains plats à peine sortis du four (voir pages 305 à 307), à la manière turque.

POUR 4 PERSONNES (pour 1 petit bol)

1½ c. à café de graines de cumin
1 concombre (250 g)
1½ c. à café de sel
250 g de yaourt grec ou de « yaourt » grec végétal
15 g de feuilles de menthe fraîche, *finement hachées*

Placez les graines de cumin dans une poêle froide sur feu doux. Faites-les rissoler 3½ min, en les remuant toutes les 2 min. Faites-les frémir environ 30 sec, jusqu'à ce qu'elles soient plus foncées et parfumées. Réduisez-les ensuite en poudre grossière à l'aide d'un pilon et d'un mortier.

Râpez le concombre dans un bol, ajoutez ¼ de c. à café de sel, puis laissez reposer 1 h dans une passoire au-dessus d'un bol. Essorez, puis jetez l'eau. Versez maintenant le yaourt dans un bol de service, ajoutez le concombre, les feuilles de menthe, 1 grosse pincée de poudre de cumin grillé et le dernier ¼ de c. à café de sel. Mélangez, puis saupoudrez encore un peu de poudre de cumin sur le dessus.

Sauce au sésame pour tremper V

Une sauce où tremper vos légumes verts cuits (ou pour les en arroser). Excellent avec le broccolini.

POUR 4 PERSONNES

4 c. à soupe de tahini
1 c. à soupe d'huile de sésame grillé
1½ c. à soupe de sauce soja claire
1 c. à soupe de sirop d'agave ou de riz
1 morceau de gingembre de 1½ cm, *râpé*

Placez tous les ingrédients dans un bol et mélangez-les. Ajoutez ensuite un peu d'eau pour détendre le tout et obtenir la consistance d'une sauce dip.

Sauce soja sucrée V

Une bonne alternative au kecap manis.

2 c. à soupe de sauce soja foncée
2 c. à soupe de sirop d'agave

Mélangez dans un petit bol. Doublez ou triplez les proportions si le cœur vous en dit.

Jaune d'œuf mariné au soja SPL

J'adore en manger mélangé à du riz au sésame (voir page 240). Je sers d'abord le riz chaud à l'assiette en une petite montagne renversée, puis je fais une entaille au milieu pour que le jaune d'œuf puisse s'y loger. Servez accompagné de petits bols de sauce soja et de *no fish sauce*.

POUR 1 À 2 PERSONNES

3½ c. à soupe de sauce soja claire
3½ c. à soupe de mirin
2 jaunes d'œufs

Versez la sauce soja et le mirin dans un petit bol, mélangez, puis incorporez délicatement les jaunes d'œuf. Laissez mariner 20 min, puis retirez délicatement chaque jaune d'œuf du mélange de soja et déposez-les sur votre riz.

Dip aux petits pois et au wasabi SG

POUR 1 PETIT POT

250 g de petits pois surgelés
80 g de cream cheese entier
2 c. à soupe d'huile de colza
2½ c. à café de pâte de wasabi (15 g)
jusqu'à ¼ de c. à café de sel

Placez les petits pois dans un bol, puis couvrez-les d'une quantité suffisante d'eau bouillie. Laissez reposer 2 min, puis égouttez. Déposez les petits pois dans un mixeur avec le fromage à la crème, l'huile et la pâte de wasabi. Mixez jusqu'à obtention d'un mélange homogène, goûtez et ajoutez un peu de sel ou de wasabi si nécessaire. Mixez à nouveau, puis servez.

Le panier de courses

Infos générales

Oriental Mart (www.orientalmart.co.uk) propose une vaste gamme d'aliments chinois, taïwanais, coréens, japonais et thaïlandais - des snacks, sucre brun taïwanais, perles boba et vinaigre de Chinkiang au tofu frais, tofu soufflé (*tofu puffs*) et chou cantonais. Il dispose même d'une bonne sélection d'aliments surgelés, comme les raviolis Fresh Asia®.

Sous Chef (www.souschef.co.uk) propose une petite mais excellente sélection d'aliments secs et non périssables provenant de toute l'Asie.

Produits indiens

Épices

Fudco (www.fudcoshop.com) pour des épices de bonne qualité mais aussi des dahls et des légumineuses.

Rooted Spices (rootedspices.com) pour de magnifiques épices d'origine unique et un joli emballage.

Produits frais

Desi Cart (desicart.co.uk) pour des mangues, des feuilles de curry fraîches, et des parathas et samosas surgelés.

Produits japonais

Japan Centre (www.japancentre.com) est la meilleure boutique en ligne pour tout ce qui est japonais, y compris les articles difficiles à trouver et classiques comme le beni shoga (gingembre mariné rose), la mayonnaise Kewpie® et la poudre de curry S&B®.
Ils vendent également des mochis frais.

Produits coréens

H Mart (hmart.co.uk) est un immense univers de nourriture coréenne (ainsi que de K-beauty et K-pop).

Produits thaïs

Thai Food Online (www.thai-food-online.co.uk) pour la papaye fraîche, les piments, les feuilles de citron Kaffir, le basilic sacré et les feuilles de riz.

Note

La plupart des ingrédients de ce livre peuvent être trouvés en épiceries asiatiques ou, pour les produits de substituts végétaux, dans des épiceries spécialisées en alimentation végétale, et en ligne.

Remerciements

Il faut beaucoup de petites et grandes mains pour faire un livre de cuisine. Cela représente beaucoup de travail. Alors j'aimerais remercier celles et ceux qui ont donné de leur temps, de leur énergie et de leur attention pour la conception de celui-ci.

Merci à ma famille :

À Hugh, pour être tout à la fois : mon copilote en amour, dans la vie et en tant que parents. Mon plus grand champion, et mon épaule quand j'en ai besoin. Un grand merci, en particulier, pour t'être occupé des filles pendant que je cuisinais, que j'écrivais ou que je faisais des recherches. Pour nos conversations (sans fin) à propos du livre, et pour avoir accueilli l'irruption de ce livre dans notre vie avec tant de grâce.

À Arya et Yogi, pour toute votre magie, avec une grande pensée pour les mini-snacks chauds, les double-sauts de joie, les câlins et les bisous d'« amour vrai ».

À Meron, ma sœur éthiopienne, merci pour ton soutien incroyable et de prendre soin de nous tous. Et à maman, papa, Peter, Roubina, Barbara et Kevin pour toute votre aide si gentille.

Merci à mon équipe :

À Hannah C. M. : chapeau bas pour avoir été la meilleure testeuse de recettes et la meilleure assistante dont je puisse rêver ; pour t'être souciée de chaque recette autant que moi et pour avoir toujours défendu les intérêts des cuisinières et cuisiniers amateurs. Merci aussi pour notre très heureuse amitié qui dure depuis dix ans et qui s'étend maintenant de la Manche à l'océan Indien ; et pour être encore là après le grand déménagement. Bravo à Conor, Oisin et Marlow pour leurs dégustations enthousiastes.

À mes autres testeurs de recettes, Anna Ansari et Nicola Roberts, qui m'ont accompagnée dans ce voyage particulier et qui ont vraiment tout déchiré, un grand merci également. À Ben Benton, pour les bons moments, mais surtout pour l'inspiration et l'aide qu'il m'apporte dans l'élaboration de nouvelles recettes. Tu es un cuisinier et un écrivain extrêmement talentueux et je te suis incroyablement reconnaissante pour l'aide que tu m'as apportée au fil des années. À Anais Ca Dao, pour avoir été une excellente chercheuse, mais aussi compagne de table et de voyage en Thaïlande, à Taïwan et au Vietnam. Merci de m'avoir initiée à de nouvelles saveurs et techniques, de m'avoir fait rire (les animaux des machines à sous), et d'avoir juste été incomparablement toi.

À Kali Jago, Matai Jowitt, Anshu Ahuja et Mitra Nataraj, pour avoir travaillé sur des recettes ou y avoir contribué ; à Ben Adamo, pour son inspiration ; et à Chris Evans, pour ses réflexions sur la confection de pizzas à la maison et les couteaux à pain.

Merci aux pingouins (de Penguin Books) :

Je serai éternellement reconnaissante envers mon ancienne éditrice, Juliet Annan, avec qui j'ai travaillé sur mes trois premiers livres. Merci pour vos nombreuses années de service et votre confiance en moi, ainsi que pour avoir commandé ce livre.

À mon éditrice actuelle, Helen Garnons-Williams, pour son soutien (sa tolérance), ses encouragements et son ouverture d'esprit tout au long du processus. Ce fut un plaisir de travailler avec toi.

Merci également à toute l'équipe : Richard Bravery, Saffron Stocker, Jon Gray, Chris Bentham, Gail Jones, Ella Harold, Rosie Furlong, Emma Brown et Jane Gentle, pour la super ambiance de travail, mais aussi pour leur extraordinaire talent et leur esprit de collaboration.

À Annie Underwood, qui s'est efforcée de faire imprimer et distribuer le livre. Et à ma correctrice, Caroline Pretty, pour avoir examiné attentivement le manuscrit et l'avoir rendu accessible aux cuisinières et cuisiniers de tout le pays.

Merci à l'équipe du photoshoot pour le livre :

À David Loftus, pour son sens de la beauté éternelle ; pour avoir su capturer mes plats de manière qu'ils semblent parfois meilleures que dans la vie réelle (c'est un peu embarrassant). Pour ton style calme et intuitif. Chaque page reflète magnifiquement la passion qui t'anime.

Emily Ezekiel, la perle des perles. Quel talent naturel, quel œil pour les couleurs, quelle grâce sous la pression et quelle collection de bijoux ! Merci à toi et à ton équipe travailleuse : Jodene Jordan, Joseph Dennison Carey, Poppy Bertram, Lu Cottle et Sophie. Et merci encore à Alex Cunningham et Jo Clayton qui m'ont aidée à réaliser la photo de famille.

Merci à Poppy Royds et à l'équipe de Natoora® de nous avoir fourni, à l'équipe du photoshoot et moi, certains des plus beaux légumes et ingrédients disponibles au Royaume-Uni.

Merci aux gardiens du *Guardian* :

À Tim Lusher et Bob Granleese, pour m'avoir accueillie. Et pour votre soutien et votre compréhension infinis pendant mes congés maternité et mon congé pour travailler sur ce livre. Et merci, Bob, pour tout le travail d'édition.

Merci à mon agent :

Agent Jane Finigan ! J'ai une chance exceptionnelle de te connaître et je suis très fière de travailler avec toi. Merci d'être la meilleure agent qu'une auteure puisse avoir.

Merci à celles et ceux qui me soutiennent :

À Julie Beckett et Alexandra Knowles, pour m'avoir offert de nouveaux yeux avec lesquels voir le monde – je ne connais pas de plus beau cadeau. À mes amis qui m'ont encouragée depuis les coulisses (et les portes de l'école), mais surtout à Matt Maude, Anouk van den Eijnde, Chris Chapman, Sonal Sodha et le petit Dick Whittington.

Et enfin, merci à toutes les cuisinières et tous les cuisiniers « à domicile » : un grand merci pour tous vos gentils messages, photos et courriels au fil des années. Vous lire et voir les plats que vous préparez me donne l'impression d'être au bon endroit et de bien faire les choses – ce qui est une sensation merveilleuse.

Index

Les références de page en italique indiquent des images.

d

e

f

g

r

s

t

z

Publié pour la première fois en anglais en 2024 sous le titre *Dinner* aux éditions Fig Tree.

Cette édition est publiée avec l'accord de Fig Tree, une marque Penguin General,
appartenant à Penguin Random House UK.

Retrouvez toutes nos nouveautés et actualités sur www.laplage.fr
Écrivez-nous :
Pour toute demande ou réclamation : info@laplage.fr
Pour envoyer vos manuscrits : edition@laplage.fr

Éditions La Plage
58, rue Jean Bleuzen – 92178
Vanves cedex
Dépôt légal : octobre 2024
NUART : 3205375
ISBN : 9782383385202

Direction éditoriale : Céline Le Lamer
Traduction : Aurélia Capello
Mise en page : SKGD Studio
Correction : Margaux Delaunay
Relecture : Charlotte Maillot
Adaptation de la couverture : Annabelle Mollet
Fabrication : Amélie Moncarré
Responsable marketing et communication: Charlotte Couture (ccouture@laplage.fr)
Cheffe de produit marketing et communication: Lucie Ollagnier (lollagnier@hachette-livre.fr)
Responsable partenariats : Dana Lichiardopol (dlichiardopol@hachette-livre.fr)

Imprimé en France sur du papier certifié sans chlore issu de forêts gérées durablement, avec des encres végétales sur les presses de PPO Graphic, un imprimeur reconnu pour ses pratiques respectueuses de l'environnement.

PAPIER À BASE DE FIBRES CERTIFIÉES

la plage s'engage pour l'environnement en réduisant l'empreinte carbone de ses livres. Celle de cet exemplaire est de : 2,1 kg éq. CO_2

Achevé d'imprimer en octobre 2024.